北语对外汉语教学法研究丛书

主　编 崔希亮　**副主编** 陈贤纯

对外汉语读写课

课堂教学研究

北京语言大学出版社
BEIJING LANGUAGE AND CULTURE
UNIVERSITY PRESS

图书在版编目（CIP）数据

对外汉语读写课课堂教学研究 / 崔希亮主编 . -- 北京 ：北京语言大学出版社，2015.6（2016.9 重印）
ISBN 978-7-5619-4168-3

Ⅰ. ①对… Ⅱ. ①崔… Ⅲ. ①对外汉语教学－阅读教学－课堂教学－教学研究－文集 ②对外汉语教学－写作－课堂教学－教学研究－文集 Ⅳ. ① H195.3-53

中国版本图书馆 CIP 数据核字（2015）第 088994 号

对外汉语读写课课堂教学研究

DUIWAI HANYU DUXIEKE KETANG JIAOXUE YANJIU

排版制作：北京创艺涵文化发展有限公司
责任印制：姜正周

出版发行：北京语言大学出版社
社　　址：北京市海淀区学院路 15 号，100083
网　　址：www.blcup.com
电子信箱：service@blcup.com
电　　话：编辑部　8610-82303647/3592/3395
　　　　　国内发行　8610-82303650/3591/3648
　　　　　海外发行　8610-82303365/3080/3668
　　　　　北语书店　8610-82303653
　　　　　网购咨询　8610-82303908
印　　刷：北京九州迅驰传媒文化有限公司

版　　次：2015 年 6 月第 1 版　　印　　次：2016 年 9 月第 2 次印刷
开　　本：787 毫米 ×1092 毫米　1/16　　印　　张：15
字　　数：242 千字
定　　价：45.00 元

PRINTED IN CHINA

总 序

崔希亮

喜闻北京语言大学前两轮教学观摩研讨活动的建设成果荣获2012年北京市高等教育教学成果一等奖，甚感欣慰；第三轮活动——对外汉语读写课教学观摩研讨活动的成果又即将面世。一项活动能持续五六年而不衰，既有赖于北语人对汉语教学事业的热爱和不懈追求，也有赖于汉语国际教育形势大发展的客观要求。

成果命名为“国际汉语教师专业发展实践探索”，我看到了教师的质量与人才培养质量的密切关系，而“观摩、讨论、研究”的方式则为教师的成长提供了一种途径。教育改革的成败在教师，只有教师专业水平的不断提高，才有高质量的教育水平，因此教师专业发展成为世界教育改革的共同目标，从这个角度来说，这样的建设成果弥足珍贵。为此，与教师发展息息相通的两个问题：教师的知识与能力、教师的学术自觉，就必须给予高度的重视。

一个高素质的汉语教师，应具备什么样的知识结构和能力结构呢？要教外国人汉语，教师自身应该具备汉语知识、外语知识，还要具备语言学知识、教学法知识，另外，中国文化知识和百科知识也很重要。能力结构应该怎样？我认为，汉语教师应具备较好的语言表达能力、理解能力，具有发现问题、独立研究和解决问题的能力；要有跨文化意识、尊重不同民族文化的文化敏感性；知道怎么控制课堂节奏和课堂气氛的管理能力；去海外任教还要有外事交往能力；此外，还应该有一些才艺，如会打太极拳、会书法、会做饭等，要有一技之长。汉语教师是杂家、全才。

曾经有人认为教外国人是小儿科，没有什么学术含量和技术含量。现在这种看法不能说完全绝迹了，但毕竟已经很少了。我们且不说汉语国际教育这个事业有多么重要，单就汉语教师这个职业来说，它也是三百六十行中一个不容易做好的行当，我们要把它当作一个具有特殊要求的职业来看待。

语言教学是一种实践性很强的教育行为，在这种教育行为的背后存在着各种各样的学习理论和教学理论。毋庸讳言，就我们目前的知识范围而言，我们还不能明确地知道语言学习的奥秘到底是什么。为什么孩子学习语言的能力优于成年人？为什么女性的语言能力优于男性？在相同的课堂环境中为什么学习成绩会出现那么悬殊的差异？学习汉语和学习其他语言是否遵循相同的原则？我们的很多教学研究也还没有完全跳出西方语言教学的理论框架，以汉语作为第二语言教学为出发点的细节研究还很不充分。我们对汉语本身也存在诸多疑惑，如为什么韩国学生把“釜山”说成“普山”？为什么美国人把“人”说成“ruen”？为什么“我爸爸”“我的爸爸”都可以说，“我的猫”不能说成“我猫”？我们的汉语教师在具备必要的知识和能力的同时，还应该研究汉语学习问题、汉语教学问题以及汉语本身的问题。如果不具有学术自觉和理论准备的话，我们很容易在各种理论、各种问题面前迷失自我。

真正适合汉语教学的经验和理论需要第一线的老师们去发现、实践并总结。学术研究的目的是为了解释现象、解决问题，因此所有的理论都应该建立在对问题的观察、分析和解释的基础上。汉语作为第二语言的教学研究更应该从问题出发，以问题为导向开展研究。我们提倡用教学来引领科学研究，先有教学实践，而后才有研究的问题；我们也提倡用科学研究来促进教学，提升教学质量。没有科研保障的教学是没有底气的。基础理论研究和应用研究，两者都重要，并应找到一个合适的接口。

在教书和研究方面，汉语教师是介于学者和匠人之间的一种特殊人才。汉语教师不仅要做一个匠人，还应该做一个未知的探索者。学问之间是相通的。赵元任先生学的是物理学和数学，朱德熙先生本来是学物理学的，周有光先生本来是学经济学的，后来他们研究语言卓有成就，都成了语言学的大家。探索就需要广泛涉猎，教师要通过阅读不断充实自己。古今中外，多读一点。每个人每年都要定一个读书计划。这似乎是老生常谈，可是现在的确有很多人不读书。一个不读书的民族是很危险的。

总之，教师要有学术自觉，要融通，要超越。汉语教师要有好奇心，做个有心人；要有书卷气，不断充实自己；要有烟火色，了解各阶层人民的生活；要有雨露功，教书育人，润物无声。

教师还要有赤子之心，我们要把汉语教学作为一生的事业，不要仅仅把它作为谋生的手段。汉语教师应该敬业、乐业，以此为荣，以此为乐。乐在其中，那么就可以达到鲍照所说的“荡然任心，乐道安命”的境界，至此，教师的发展也才达到一个较高的境界。

是为序。

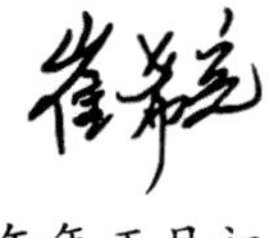

甲午年正月初三

前言

首先祝贺这本论文集出版。

这本论文集研究的是读写课，加上以前的综合课研究和听说课研究两本论文集，我们已经在教学研究方面出了三本论文集。

语言教学需要研究。无论我们的教材还是教法，都还有很多需要改进和提高的地方。通过研究，我们会更加了解语言教学的规律，从而提高教学效率。

语言教学是比较特殊的，它需要研究教学本身。中文系的老师教中国文学史，他研究中国文学史，他不需要研究教学；数学系的老师研究数学难题，也不需要研究怎么教数学。

教语言的老师去研究怎么教听说读写，是不是层次太低了？

不是。事实上到现在为止，全世界的外语教学仍然是不太成功的。外国人学汉语觉得很难，中国人学英语也觉得很难。学外语的人那么多，但是真正学会的人却很少，不少人学了很多年仍然听不懂也不会说。这是为什么？

为什么中国学校的英语教学教出来的是哑巴英语？为什么扩大生词量那么困难？

不管你教什么课型，在教学中可能遇到过各种问题，比如教学不顺畅、教材不好用、生词太多、教学效果不够好、学生没有兴趣，等等。

我们应该抓住这些问题，不要放过。这些问题能够成为研究的起点。如果这样教不行，那么我们就去研究，为什么不行？应该怎么教？当把这个问题研究明白的时候，论文也就有了。同时今后的教学效率就有可能提高。

如果你觉得这本教材不好用，那么就去研究，为什么它不好用？哪些地方不好用？应该怎么改进？同时还要研究，好用的教材应该是什么样的。假如把这些问题研究明白了，那么你就能编出更好的教材来。

如果你发现学生在学习过程中，总是会犯同样的错误，那就去研究他们为什么老是犯这样的错误、怎么改进就能减少错误，你可以做试验，拿出数据来。

总之，教学中的问题都是值得研究的。当然，写论文，题目应该小一点。一个小题目深挖下去，说出一些深刻的道理来，这样的研究才有价值。要是题目太大，就没有办法研究得很深入，很容易成为泛泛之谈。如果题目很大，你说得又很浅，那就是说，你没有做什么研究。

对外汉语教学从20世纪50年代开始，到现在已经有五十多年历史了。很多问题前辈教师们都研究过，所以做研究应该先看一看文献。这个问题以前有没有人研究过？他们研究到了什么程度？还有什么问题没有解决？要在他们研究的基础上，做更深入的研究，而不是把他们说过的话再说一遍。所以，做研究以前一定要先看文献。否则，你辛辛苦苦写了好些日子的论文，可能别人早就写过了，你的研究就没有意义。

我们也要关心外语教学，特别是英语教学研究在各方面的进展，作为借鉴。

我们的研究不能只谈自己的经验，你的经验也许很成功，但是那不是研究，研究要有深度，要有理论。

什么理论能够指导语言教学？是认知心理学。

语言的获得是一个复杂的心理过程，最近三四十年来认知心理学关于语言获得的研究取得了很多成果。这些成果对我们非常重要，足以颠覆我们过去一直做着的那一套。

比如说，认知心理学把知识分为两类，一类是陈述性知识，另一类是程序性知识。陈述性知识可以用语言来表达，就是我们知道的一般性知识，比如中国文学史、数学等都是这一类知识。程序性知识就是技能，是不能用语言来表达的。骑自行车是技能，语言的听说读写也是技能。

知识的这种分类，对语言教学有什么意义？

意义在于，获得这两种知识的心理过程是不一样的。获得一般性知识，是新知识与头脑中已经存在的旧知识建立联系的过程，两者如果建立了联系，那么就对新知识产生了理解，学生会说“懂了”。所以，获得一般性知识，老师的讲解是必要的。

获得技能需要的是操练。比如学骑自行车，别人告诉你怎么怎么骑，那一点用都没有。不管他说得多么清楚，都不能使你获得骑自行车的技能。技能是怎么获得的呢？你必须自己去练，练几次就会了，练得越多就越熟练。技能是通过操练获得的，语言的听说读写技能也一样。

所以，如果是语言技能课，你的课上得好不好，只要看学生练得够不够就行了。如果练得不够多，学生的技能就很难提高。

知识分类的理论让我们明白了，选一篇课文念一念，然后做一做练习，用这样的方法教语言为什么是不对的；也让我们明白了，中国的英语教学教出来的为什么是哑巴英语。

认知心理学关于语言认知的研究还有很多成果，对我们也是非常重要的。比如，关于语言生成的理论、关于记忆规律的研究、图式理论，等等。

就说记忆。学生总是说记不住生词，这是为什么？我们自己学英语的时候，也觉得生词记不住。我上学的时候，是怎么记生词的呢？把生词写在一个小本子上，每天一大早，就跑到操场去念生词，比如说要记 language（语言）这个词，就“language 语言”“language 语言”，不断地念。这样的方法对吗？

心理学家研究的结果说，这样念，念一百遍跟念一遍一样。

为什么？

心理学研究表明，要记住一个词，就必须让这个词在不同的上下文中不断重现。学过的词再一次听到、读到时，学习者就必须从记忆中去提取已经储存的信息，当他提取了所需要的信息，对听到、读到的内容产生理解时，对这个词的记忆就得到一次巩固。下一次当他再一次听到这个词时，他仍然必须经历这种信息提取过程。信息的每一次提取都会使信息更加巩固，并且使以后提取信息的速度加快。

现在，你明白学生为什么记不住生词了吗？

简单地把生词念一百遍，没有经历信息提取过程，所以并不能使记忆巩固。

一个生词在课文里出现一次以后，就不再出现了，或者很少出现，这个词就记不住。用这样的方法，扩大词汇量就很难很难。

那怎么办呢？

办法是，我们必须让每一个生词尽可能多地在不同的上下文中重现。

很多使我们困惑的问题，其实认知心理学早就已经研究过了。把认知心理学研究的成果运用到教学中来，语言教学的效率一定会大大提高。

陈贤纯

2013 年 12 月 10 日

目　录

汉语阅读教学

汉语报刊、经贸阅读教学

汉语写作教学

对外汉语读写课 · 课堂教学研究

汉语阅读教学

认识·问题·对策

——对外汉语阅读教学漫议

鲁健骥

阅读能力的培养，是对外汉语教学中非常重要的一环，但迄今在我们的教学安排上，阅读能力的培养还基本上是一条腿（精读）粗、一条腿（泛读和其他阅读）细。这种“瘸腿”状况，成了教学质量进一步提高的瓶颈。一条腿再强壮，仍然是跛子，走不了路。出路在于要加强精读之外的其他阅读，这是当务之急。在我看来，关键是对阅读能力的培养在认识上仍然有一些不足、有一些误区，因而在行动上就跟不上，在教学安排上不落实。现在就来谈谈笔者对阅读能力的培养及教学法的认识。

一、阅读能力的培养

（一）应该有阅读教学，而不应该有“阅读课”

我们现在常常把阅读教学和阅读课混为一谈。我曾经说过，在外语教学中，“读”即“阅读”是一个宽泛的提法，它包含各种阅读，如精读和泛读；就阅读技能的训练来说，有快速阅读；就阅读的内容说，有报刊阅读和各种专业阅读；就阅读目的说，有研究性阅读等；从汉语特点出发，还有文言阅读。所谓阅读教学，应该与这些不同性质的阅读相适应，分别开课，而不应是内涵宽泛不清的“阅读课”。“阅读课”属于上述各种阅读的哪一种呢？哪一种都不是，又都有各种阅读的影子，所谓“精不精，泛不泛”。这就是目前各种不同类型的阅读在教学内容、教学方法上互相“串门”的症结所在。因此我一直持一个看法：应该有阅读教学，而不应该有“阅读课”。然而，现状是，“阅读课”开得非常广泛，用“阅读课”代替了除精读课之外的几乎各种阅读（只有报刊阅读、文言阅读单独开课）。有的阅读课上虽有“泛读”“快速阅读”等环节，但就其内容与方法而言，与这些阅读训练的要求还有距离。因此，学生的阅读能力没有得到很好的训练。自从 HSK 出来之后，阅读课又按照 HSK 的路子设计，成了考前培训。这是应试教育在对外汉语阅读教学方面的反映，实不可取。如前所述，阅读是多种多样的，教学也各有其自身的规律、技巧和方法。一个 HSK 阅读测试，涵盖不了丰富的阅读训练。把阅读限制在 HSK 阅读测试的范围内，学生的阅读能力不可能得到全面的训练。

（二）阅读能力是各种阅读训练综合起来形成的

关于阅读能力的重要性，似乎已经是不成问题的问题。但我觉得，假如大家对阅读能力的重要性已经有了充分的认识，那么又为何这种认识与教学的实际相脱节，阅读长期以来都是教学的薄弱环节呢？

阅读能力不是抽象的，而是具体的。上述各种阅读，在阅读能力的培养上，各有各的功用。2001 年我写过一篇《说“精读”和“泛读”》（《海外华文教育》，2001 年第 3 期），阐述了精读与泛读的历史沿革和各自的特点，以及二者之间的关系。关于泛读的重要性，我援引了老一辈英语教学专家、南京大学陈嘉教授在上个世纪 50 年代说过的话：“精读也是为了泛读。”他的意思是，学生将来出去工作，主要是泛读，但泛读要有精读的基础。这是非常有见地的。这使我想起一段往事。1958 年北外英语系曾经做过两个试验，一是突击词汇，一天要记的生词从 70 几个增加到 200 多个，之后阅读刚刚创刊的英文版《北京周报》和苏联出版的英文版《莫斯科晚报》（*Moskcow Evening News*）、《新时代》（*New Times*）等报刊；另一个试验是变精读为“阅读”。理由是“精读”量太少、进度太慢，于是就开了一门既非精读亦非泛读的课。还是一篇一篇的文章，教学处理上比精读粗、比泛读细一些。一时不知道这门课叫什么名字，就名之曰“阅读”。这两个试验的结果都是效果不佳，都是“温吞水”，学得不扎实，一总结，都被否定了，最后还是回到精泛并举的路子。1987 年，时任北外院长的胡文仲教授在《对北京外国语学院外语教学的基本经验的探讨》一文中，这两项试验都作为英语教学的教训总结进去了。我当时作为学生亲历了这两个试验，所以也是感同身受的。诚然，自从上世纪 80 年代以来，对于“精泛读并举”这条路子的争论，在外语教学界一直起起伏伏。但不管持什么意见，前提是要了解历史，才能对这条路子做出客观的评价，而不至于去撞别人几十年前已经撞过的走不通的南墙。

外语教学中的泛读，是与精读相对应的阅读训练，其目的是扩大精读课上学到的知识的使用范围；通过大量的阅读，使学生“从游泳池游到江河湖海”，真正学会“游泳”。去年《北京晚报》登载了一条消息，说人大附中的一位高中女生，在美国哈佛大学的入学考试中取得第一名，其写作尤为突出。她说自己是得益于泛读。原来，她从初中开始就坚持读系列的英语简易读物，三年中共读了100本，因而扩大了知识面，也扩大了词汇量，获得了语感，用起来得心应手。

再说快速阅读。快速阅读是通过浏览、跳读、摘录、摘要等技巧，教会学生迅速地抓到需要的信息，或者掌握所读内容的要点。快速阅读的能力对于学生将来的实际工作非常有用。我在美国进修时，听他们的外语教学法课，几门课的周阅读量，从七八十页到200来页不等。前些日子，凤凰卫视采访美籍女作家严歌苓，她回忆自己在美国读文学系的时候，每周的阅读量达到250页。如果没有速读的能力，就很难完成这么大的阅读量。

研究性阅读。这是为学生进行研究（具体说就是为撰写学位论文而进行的研究）做阅读能力的准备，要教会他们善于围绕自己的研究吸取相关成果，占有资料。

报刊阅读、专业阅读、文言阅读，也各有特点和作用，都与上述几种阅读相关。此处不展开讨论。

学生的阅读能力是以上几种阅读的训练综合起来形成的，而不是靠一种训练形成的，更不是靠一种内涵不清的“阅读课”形成的。

阅读训练还有一个作用，就是因为能够广泛、深入地接触中文材料，所以能够增进学生对中国、对中国文化的了解。我们主张，对外国留学生也要进行“通才”教育。现在有一种提法，叫作要培养“知华”“友华”的人，我以为可以理解为“通才”教育在来华留学生教育上的具体化。而多种多样的广泛的阅读训练，应该是对外国学生进行“通才”教育的重要手段。我们不能以把学生培养成会说中国话的工具（机器）为目的，工具（机器）是不能深入地了解中国的，当然“知华”“友华”也就无从说起。学生只有通过深入的学习，深入了解中国，才能“知华”“友华”。我举个例子。西方人对中医很不了解，普遍认为它不科学。这是因为他们根本不了解中医是怎么回事。有少数西方人对中医感兴趣，来中国学中医，学进去了，就对中医推崇得不得了。再举个例子。外国人对中国的文学（特别是古代文学）不了解，也根本没有兴趣了解，包括《红楼梦》在内，在西方都没有多少读者。可一旦有人对中国的古代文学了解了，他也佩服之极。日本有位相浦皋教授，20 世纪 30 年代在北大学习，专门研究唐诗。他有一次来北语演讲，说研究了唐诗，再读西方的诗歌，觉得西方的诗歌是“小儿科”。西方诗歌是不是小儿科，自当别论，但像这样深入地了解了中国文化的人，才真正是“知华”“友华”的。对外汉语教学的阅读教学，可以起到帮助学生“知华”的作用，从“知华”到“友华”，是水到渠成的事。

（三）阅读能力的培养目标

前面讲过，各种阅读训练，都各有目标。比如，泛读的特点是量大，使精读课上学到的词汇、语法能够在更广泛的语境中得到重现、扩大用法，获得对中国文化的了解，获得语感。泛读量要有多大才合适，至今并没有共识。我们的大纲规定四年阅读量要达到 80 万字，我没有见到相关的报告，不知道实际能达到多少。但从我们目前开课的情况看，我持比较悲观的态度。俄罗斯对外俄语教学提出，各种阅读的量大约是精读的四倍，五年阅读总量约 150 万词（约 800 页）。泛读的速度要求是每分钟 200 ～ 250 个词。假如把我们的 80 万字折合成词，大约是 40 万（按平均两个字一个词计算），也就是说，我们理论上的阅读量只有俄语的四分之一。我们是否要重新审视泛读量的规定呢?

再如快速阅读，顾名思义，是训练学生的阅读速度，对速度的要求远高于泛读。俄罗斯要求每分钟 500 词，美国有一本训练快速阅读的书里提出的目标是从每分钟 500 词增加到 800 词。当然这都是要经过科学系统的训练才能达到的。我说这些数字，是想说明，我们由于缺乏科学系统的快速阅读的训练，学生的阅读速度还远远达不到快速的要求。

（四）设课与设计

目前只设“阅读课”，对全面训练学生的阅读能力是不利的。应该开设真正意义上的精读课、泛读课、快速阅读课，高年级还要开设研究性阅读课（报刊课、文言阅读课如何设计，当另说）。

泛读。对于学中国文化、语言、文学、汉语教学专业的学生，应该起码开设到四年级上学期，阅读内容则应以文学作品为主，从简易读物到简写读物再到简易原文，有计划地训练。泛读原则上应该在课外进行，实际上，泛读（extensive reading）在英文里还有另外一个名称，叫home reading——家庭阅读。课上主要是检查、答疑、讨论。要减少读物的随意性，特别是高年级的泛读，应该跟学生的专业学习配合，跟毕业论文的撰写配合。

快速阅读。快速阅读可以单独设课，也可以在泛读课中安排一部分时间。快速阅读包括浏览、扫描式阅读、检索性阅读等技能，要训练学生抓住主要信息或需要检索的信息，而跳过没用的信息。只有做到这一点，阅读速度才能达到英文快速阅读的每分钟 500 ～ 800 词（1000 ～ 1600 字）的目标（汉语快速阅读的速度要求如何定，尚需研究）。我们汉语教学大纲中早就提出“跳障碍”的要求，但据我所知，落实得并不理想，我看过一些教案，有的虽然提出“跳障碍”，但在教学过程中没有具体体现出来。快速阅读的内容、体裁可以广泛一些，要包括 non-prose（非成文作品）的阅读，如火车时刻表、飞机时刻表、广告（影视广告、商品广告等）、地图、黄页电话本、产品说明书等，都是训练快速阅读的有效材料。

研究性阅读。这是跟学位论文的撰写直接挂钩的阅读，也是一种综合性很强的阅读，学生必须调动各种阅读手段，才能进行研究性阅读。这种阅读应该纳入毕业学位论文撰写的过程。学生必须广泛涉猎，从中发现对自己撰写论文有用的材料、论点等。我曾经就学位论文的问题跟美国的黎天睦（Timothy Light）教授谈过一次话，他告诉我，美国的大学对学位论文的要求跟我们不太一样，他们不要求学士、硕士论文有创见，而把重点放在训练学生的研究能力上面，其中一条要求是学生必须读够相关的文献。例如硕士论文，要求必须读够 100 种以上参考文献，博士论文则必须读够 200 种以上，否则，论文就被认为不合格。

二、教学法问题

（一）教学法原则

无论什么课，教学都要有一个总路子，在我看来，就是要能够激发学生的创造能力，使他们在创造中学习。阅读教学中学生有充分的独立工作的时间，更应该发挥学生的创造力。无论是课上还是课外，都要组织他们进行创造性的工作。

比如，课堂上往往会出现不同程度的“冷场”，严重的情况甚至形成老师在“唱独角戏”。出现这种情况有多种原因，但我觉得关键还在教学。假如我们把预习环节改进一下，使学生到了课堂上明确老师的教学步骤，而且每一个步骤都已经在课下做了准备，那么课堂上大概不会冷场。改进预习，就不能只布置学生读读生词、课文。教师要发给学生一个预习的单子，按教学步骤列出每一步中要他们课前做的工作。上课的时候，教师就按这个步骤，每一步都让学生展示预习的内容，同时互相补充、讨论、归纳，教师答疑，并在必要时加以总结。

这个教学过程，各种类型的阅读课都适用。即使快速阅读的训练，也有预习工作要做。比如，一篇快速阅读的材料，往往最前面一段或者两段是不能快速阅读的。因为从内容上说，前面常是对全文的概括，从语言上说，一般会包含全文的关键词（跳不过去的词）（泛读材料也大致如此）。可以把这两段先给学生预习，并提出要求：这两段说的是什么，猜测全文可能说些什么，找出关键词，并查出词义。上课时先检查预习内容，再进行全文的快速阅读训练。

有的老师担心这样的预习学生不配合。我觉得这是不必要的担心，主要是学生对创造性的工作不会反感，反而会有兴趣、有积极性。而且据我了解，西方学生比较习惯于这样的学习。有的老师吸收了这种做法，学生积极性很高，取得了很好的效果。

（二）具体的教学方法

阅读理解应该是阅读能力训练的关键。要解决什么是阅读理解，如何进行阅读理解的训练，如何检查学生的理解情况等问题。现在的阅读教材，有些练习（或曰训练方式）是从应试出发设计的，其实不太符合阅读能力训练的要求。真正的阅读能力的训练，要比应试能力的训练丰富得多。在仍然使用现有教材的情况下，教学中不妨对其练习方式做一些改造和变通，甚至适当地删减、补充。比如现在广泛使用的多项选择题，就要慎重对待。因为据我理解，多项选择题，实际上是为了解决大规模测试而设计的一种客观测试方法。如果不是大规模的测试，不一定采用这种形式。再者，编得好的多项选择题，是一种很好的训练理解能力的形式，但任何一种好的形式都有其适用范围，也都有其编题的技巧。现在的倾向是多项选择题泛滥，很多并没有遵循出题的原则。

可是真正属于阅读能力训练的练习又阙如，通过阅读扩大词汇、扩大学生的语言视野、跳跃障碍、猜测等，都显得不够。查字典、查资料是提高阅读能力的重要手段，我们应该引导和指导学生查字典、查资料。

再说预习。以上这些既是课上的练习内容，又是学生课外预习的内容。比如，语素教学是扩大词汇很有效的方法。我们给学生的预习单子上就可以列出若干语素，让学生找出这些语素的意思，并从阅读材料中找出含有这些语素的词，并猜测词义。再如，阅读材料中往往有一些专名，与其教师在课上交代，不如预习中加上一项：查找专名的解释。如地名，让学生在地图上找出这个地方的地理位置；人物，让学生查出其简单的生平（开始时，为了简单起见，可以让学生填表）。上课时，先让学生说他们查到的信息，互相补充，教师再给学生系统化。

我们主张应该创造条件，使学生主动地学习、创造性地学习、透明地学习；使学生在这样的学习中学到学习方法，终生受用。在这方面，我们每一位老师都可以创造一些方法。所谓教无定法，前提是要明确教学原则，不然就会陷于盲目。

以上所讲方法和建议，目的是使对外汉语阅读教学走上更为科学的轨道，符合课程的性质、规律，在方法上能以改进，提高教学效果和效率。

图式理论与初级阅读教学

张熙昌

摘　要：图式理论认为阅读的过程是已有知识结构与文本信息相互作用的过程，读者的知识图式在理解中起着非常重要的作用。本文探讨了将该理论应用于对外汉语初级阅读教学的可行性、必要性以及应该采取的具体策略。

关键词：图式理论　知识图式　初级阅读教学

一、图式理论的基本观点

现代认知心理学的图式理论 (schema theory) 认为，"人的知识是以图式的形式储存在长时记忆中的。这些图式大小不同，层次不同，相互连接，纵横交错，在长期的记忆中形成一个巨大的立体网络系统，它包括各种各样的知识，图式的总和便是一个人的全部知识。图式是认知的基石，人们处理外界的任何信息，都需要用大脑的图式，依据图式来解释、预测、组织和吸收外界的信息"。（李景艳、卢世伟，2001）

依据图式理论的观点，阅读心理过程被看作是读者的知识图式与文本的文字信息相互交流的过程。读者以知识图式帮助预测文本信息，这个过程被称为"自上而下 (top-down)"的阅读模式；与此同时，读者还通过对文本具体语言单位的解码，不断获取文本信息，进而对预测做出证实和修正，这个过程被称为"自下而上"的阅读模式。当读者通过两种阅读模式获得的信息相互吻合的时候，理解就得以实现。

读者的阅读理解能力主要取决于三个方面：语言图式（linguistic schema）、内容图式（content schema）、修饰图式（modification schema）。语言图式指的是学习者对各类文本中语言的掌握程度；内容图式指的是有关文本内容方面的知识图式；修饰图式指的是有关各种文本的结构知识，也称形式图式、结构图式。读者对以上三类图式越熟悉，对于文本的理解也就越深刻、越透彻。

二、人类知识图式的共通性与差异性

来自不同地域、不同文化的人们之所以可以交流，是因为他们有共通的知识图式。

比如，无论是中国人还是外国人，当看到“狗”这个词的时候，他们的头脑中都会自然地联想到狗的一般性特征和习性：有四条腿的动物，身上长有毛发，会摇尾巴，会汪汪叫，与猫是一对死敌，等等。人类知识图式的共通性是交际的基础。

人类的知识图式也存在着差异性。生活在不同地域的人们，由于受不同文化的影响，对于相同的事物所形成的图式往往并不完全相同，有时甚至存在着很大的差异。人类知识图式的差异性常常成为跨文化交际的障碍。

比如，在中国上涨的股票用红色表示，下跌的股票用绿色表示，而西方则刚好相反。为什么会出现这样截然相反的表示法呢？这是因为红色在中国文化中代表着吉祥喜庆、蒸蒸日上，而绿色为红色的反色，因此，以“红涨绿跌”来表示股票是符合中国的文化传统的。而在西方，红色常被看作是警示色，而绿色被看作是安全色，用绿色表示上涨，用红色表示下跌，在他们看来也是合情合理的。

尽管随着全球经济一体化的发展，文化趋同的现象也越来越明显，但是不同地域、不同国家间的文化差异依然是跨文化交际的巨大障碍。其实如果换个角度来看，也正是因为不同文化之间的差异性才使得人类的交流成为一件有意义的事情。

三、对初级阅读教学对象的分析

国内的院校通常把从零起点开始的第一学年的教学称为初级阶段，初级阶段包括两个学期。按照《高等学校外国留学生汉语言专业教学大纲》规定，第一个学期应该掌握 795 个汉字、993 个词，到第二学期应该掌握 1491 个汉字、2704 个词。由于第一学期学生掌握的字词太少，而且基础的语法还没有学完，所以初级阶段的阅读教学一般从第一学年的第二学期开始。

对外汉语阅读教学的对象是外国留学生。这些留学生绝大多数都是成年人，其中很多人正在接受或者已经接受过高等教育。一方面，他们的头脑中已储存了丰富的生活常识、文化知识和专业知识；另一方面，由于受到生活环境的限制，他们头脑中的有关中国政治、经济、历史和文化的内容图式又十分有限。与内容图式的缺乏相比，留学生有关汉语的语言图式则更显不足，甚至是一无所知。

按照图式理论的观点，读者只有具备必要的知识图式，才能运用自上而下的模式对文本信息进行推测。而留学生由于缺乏跟汉语及中国文化相关的知识图式，因此无法对文本信息进行预测，对文本的解码也很吃力，造成阅读速度很慢。

因此，《高等学校外国留学生汉语言专业教学大纲》将初级阅读教学的目标确定为：巩固已经学过的词汇和语法，扩大汉语词汇量，逐步增加对中国社会和中国文化的了解，为今后的中高级阅读打基础。

四、图式理论在汉语阅读课上的应用策略

（一）阅读材料要配生词表，要有英文注释

语言图式是指一定量的词汇和语法知识，即读者对文本材料的语言的掌握程度。语言是传递信息的工具，没有相应的语言图式，就无法识别文章的词句，也就无法利用文章提供的信息和线索去调动大脑中的内容图式、修饰图式，因此也就谈不上对文章的理解。教师的首要任务是帮助学生解除语言障碍，为学生调动内容图式和修饰图式创造条件。

由于留学生在第一学年的第一个学期结束后，只掌握不到1000个词，因此在第二学期开始的初级阅读课上，他们首先遇到的就是词语问题：生词太多，读不懂。 而有些初级阅读教材，比如《汉语阶梯快速阅读》和《汉语系列阅读》，它们的课文都没有生词表。教材的编者这样做的目的，很可能是想以此训练学生猜测生词的能力。而实际的情况是，初级阅读教材常常偏难，阅读材料中出现的词绝不仅仅限于1000个规定的词。这样一来，不管你承认与否，生词都是客观存在的。

在遇到生词时，学生最常用的策略就是查词典。但是“阅读中频繁查词典会产生两个不良结果：一是因为输入的新词太多，这些词多数都不可能记住，查过了就忘了，以至于下一次遇到时还需要一一查找；二是因为理解经常中断，

推论、预见、概括策略不能通畅地应用，因此对读物的理解就差得多”（陈贤纯，2008：24）。

对于初级阶段的学生来说，如果课文附有生词表，并且配以英文注释，将大大降低他们阅读中文的难度。因为众所周知，英文是国际语言，很多学生在来中国学习汉语以前都学过英文，而且水平普遍不错。这为开展中文阅读教学提供了一个十分便利的条件，我们完全可以借助他们的英文知识来为汉语阅读服务。虽然生词的翻译很难做到十分准确，但是学生仍然可以借助英文注释很快明了这些生词的意思。这比老师煞费口舌用中文解释中文，效率不知要高多少倍。由于扫除了生词的障碍，他们从读物中提取信息的速度就会加快，阅读的效率就会提高。

所以我们在编写阅读教材时，千万不要高估学生的水平，一定要给阅读材料配上有英文注释的生词表，至少是关键词的词表，这将给留学生带来极大的方便，同时也会收到事半功倍的效果。这样的生词表对于初级阶段的阅读课教材是必不可少的。

（二）生词表要注音，对于细读的文章学生要跟读

生词表不但要附有英文注释，而且还应该标注拼音。没有拼音留学生就不知道汉字怎么读，这样就不能从听觉方面来对学生形成刺激。“生词没有注拼音，学生即使看懂了，仍然不会念，这对学习词语不利。”（陈贤纯，2008：69）

汉语不同于西方语言，西方书面语的词语之间有一定的间隔，而且大多数的词语可以按照字母的发音以及一般发音规则大体读出这些词来，但是汉语的书面语则不然，汉语书面语的词语之间没有间隔，而且对于外国初学者来说，汉字的字形上没有任何可以提示读音的线索，他们根本无法猜出汉语词语的读音来。

陈贤纯教授虽然主张给生词注音，但是他却反对让学生朗读阅读课的课文。他的理由是“阅读课要培养的是学生的阅读理解能力和阅读速度，……朗读必须一字一句地进行，而我们的阅读训练要培养学生逐渐摆脱一字一句的阅读层次”（陈贤纯，2008：88）。

其实，对于阅读课的课文是否要朗读的问题，也不能一概而论，要视具体的课文而定。内容离开学生的日常生活很远的课文，阅读速度有严格要求的泛读、跳读、略读的文章，中高级阶段的说明文、议论文、专业性及学术性很强

的文章，当然不适合朗读。而对于初级阅读阶段的课文，特别是作为细读的文章，一般以叙事性的课文为主，内容贴近学生的生活，可读性较强。另一方面，初级阶段的阅读课其实还不具备完全独立的地位，还有很浓的作为综合课复练课的色彩，通过阅读巩固已经学过的词汇和语法，是这一阶段阅读教学很重要的一项任务。这些词汇和语法正是汉语语言图式的基础部分，只有对这部分语言知识进行大量的操练，才能使留学生逐步形成汉语语言图式。

因此，我认为，对于大部分需要细读的篇章，留学生不但要朗读生词，还应该朗读课文，而且最好在阅读前跟着录音或者老师朗读课文。这样他们不但可以把每个汉字的读音和相应的汉字联系起来，而且还可以把其中的词语和意群听出来，从而感受到汉语的韵律和节奏。经过这样不断的听觉刺激，他们就会慢慢形成汉语的语感。一旦汉语的语感建立起来，那么他们在阅读中文时，头脑中的语感就会像其他已有的知识图式一样，对阅读具有提示和引导作用，这无疑对提高阅读效率大有好处。当然阅读课上的朗读不能像在综合课上的朗读一样，不需要读得滚瓜烂熟。因为阅读课毕竟还是要靠大量阅读来实现扩大词汇量和了解中国文化的。

另外，阅读课上的朗读还有一个很重要的作用，就是活跃课堂气氛。对于开设阅读课的大多数院校来说，专门的阅读课每节 50 分钟，一般两节连着上。“如果我们只重视阅读，课堂上总是让学生不停地阅读，课堂气氛将过于沉闷；而且学生长时间地进行阅读，不断地进行联想、猜测、归纳、理解等思维活动，大脑很容易疲劳，这时即使再有趣的内容也会使他们感到兴味索然，或者心有余而力不足。因此，适当辅之以‘听说’是完全必要的，它可以有效地改变这种状况。”（马惠玲，1998）其实，用朗读代替听说也会达到类似的效果。

（三）利用直观的形象来激活学生的内容图式

在阅读活动开始前，教师要根据文章涉及的内容，尽量通过给学生展示有关的实物、图片、视频，或者通过动作、表情等肢体语言来解释课文中的生词、词组以及疑难的句子。这是因为直观的形象比抽象的概念更容易为人所接受、理解和记忆。由于学生一看就懂，所以教师无需做过多的解释。这样做不但可以节约时间，而且还可以把中文的概念与具体的形象联系起来，有利于激活学生头脑中的内容图式。

我们拿《汉语阶梯快速阅读》第一册的第四课为例，在短文《绝处逢生》中，出现了一系列的名词，比如“船、岛、（白）布、房子、火”，作为文本的重点词语，这些词都可以用图片加以展示说明。而作为重点动词的“开（船）、（船）翻、喊、救”则可以用动作的形式加以解释说明。无论是图片还是动作都会因为比文字更生动有趣而使学生印象深刻。如果这些图片、动作在阅读以前就呈现或者演示给学生看的话，有些学生甚至可以借助头脑中已有的知识图式，把故事的梗概猜出来。在这种情况下，学生的阅读效果一定会又快又好。

（四）阅读材料的内容应该是学生熟悉的

很多人认为，既然初级汉语阅读教学的任务之一就是要增加学生对中国文化和中国社会的了解，那么就应该让留学生尽量多地接受中国文化知识，因此他们以为，在阅读材料的选择上越有中国特色越好。其实这种做法也是有违图式理论指导下的阅读规律的。

我们知道，读者只有把头脑中已有的知识图式与文本的内容相比较，不断做出推测和证实的时候，才能进行持续的阅读理解。因此，如果阅读材料是他们熟悉的内容，比如他们的衣食住行、风俗习惯等等，当他们阅读这样的文章时，就会觉得很熟悉、很亲切，有的内容他们甚至不用看都能猜得出来。熟悉的内容将有助于他们感知汉语词汇、语法的意义和用法，有助于他们积累词汇和巩固学过的语法。如果留学生大量阅读这样的文章，他们就会逐渐养成利用自上而下的阅读策略来进行阅读的良好习惯。

因此在向留学生介绍中国文化的过程中，也应该遵循循序渐进的原则，切不可操之过急，否则会欲速则不达。只有当他们利用自己熟悉的内容增加了词汇量、打牢了语法的基础以后，才能逐渐增加中国元素的东西。初级阅读的教材“不要涉及特定的比较复杂的文化和社会背景。如果学生没有这样的知识图式，教师解释起来会非常费劲”（陈贤纯，2008）。初级阅读的教材一定要浅显易懂，要让留学生体验到阅读的快乐、树立起阅读的信心。千万不要以为往教材里加入中国元素越早越好、越多越好，这样的教材很可能在一开始就会把学生吓跑。

当然，除了在课堂上运用各种策略帮助留学生建立和激活知识图式以外，老师还应该积极引导和鼓励他们在课堂外大量阅读中文报刊、杂志，多看电影、多看电视，多与中国人接触交流，在不断提高自己语言水平的同时，不断丰富自己的知识结构，建立更多的有关汉语和中国文化的图式系统。

五、结　语

图式理论的建立，使我们对阅读过程有了更深的理解。对外汉语阅读教学应该主动运用图式理论来指导教学，努力帮助留学生建立和丰富与汉语和中国文化有关的知识图式，引导他们逐步养成自上而下和自下而上相结合的阅读方法，这将有助于他们提高阅读中文的速度和理解水平。

参考文献

陈贤纯　2008 《对外汉语阅读教学16讲》，北京语言大学出版社。

何新敏　2001　图式理论对阅读教学模式的影响，《中南民族学院学报》（人文社会科学版），第5期。

胡　平　2008　论关联理论和图式理论对阅读理解的解释力，《长江师范学院学报》，第2期。

李景艳、卢世伟　2001　图式理论与英语阅读教学，《长春工程学院学报》（社会科学版），第3期。

李禄兴、幺书君　2005 《汉语阶梯快速阅读》，北京语言大学出版社。

马惠玲　1998　对外汉语阅读课教学原则初探，《河南大学学报》（社会科学版），第5期。

苏　跃　2006　图式理论英语阅读教学模式的构建，《黑龙江高教研究》，第9期。

唐汝萍　1996　阅读教学理论及其能力的培养，《湘潭大学学报》（哲学社会科学版），第2期。

张丽娜　2006 《汉语系列阅读》（修订版），北京语言大学出版社。

张永花　2009　图式理论在高级英语阅读教学中的应用与研究，《牡丹江师范学院学报》（哲社版），第1期。

张熙昌，男，1968年出生。1992年参加工作，北京语言大学进修学院讲师。研究方向为对外汉语教学，代表性研究成果有《论形声字声旁在汉字教学中的作用》等。

留学生猜词策略与阅读能力的培养

赵秀娟

摘　要：在第二语言阅读中，猜测生词词义是学习者通常采用的阅读策略。虽然一些学者对猜词策略的作用持怀疑态度，但本文通过对汉字及汉语构词特点的阐释，同时借他人实验结果分析了依据造字法、构词法以及语境猜词的可行性，并提出培养学生猜词能力的具体思路。

关键词：词义猜测　造字法　构词法　语境　阅读能力

一、猜词训练是阅读课词汇教学的任务

词汇是构建语言的基本单位，是提高学生语言水平的基础，任何一项语言技能都离不开“词汇”这块基石。就阅读能力而言，词汇量是直接影响学生阅读水平的一个重要因素，没有一定的词汇量，学生就不能准确获得句子以及文章所传达的信息，更谈不上准确理解和把握文章的意义。有学者针对学生阅读困难做过调查，其中“词汇量小”被列在了第一位，因此词汇学习被认为是语言学习中最关键的环节之一。

张和生（2006）在对外国学生汉语词汇量以及汉语词汇学习难点的调查中发现，学习者进入中级水平以后，词汇量扩大的速度呈明显衰减趋势，而且，“误猜词义或误认同素异序词语都是学习者词汇辨识中的多发性错误。缺乏辨析近义词的能力，缺乏由汉字类属推断词义的能力，也是中级以上汉语水平的欧美学生存在的问题”。之所以有这样的结果，我们认为，一方面源于汉字与拼音文字的巨大差异，汉字作为表义性的方块文字，在使用拼音文字的欧美学生眼中可能是一堆笔画繁复、读音无规律的“图画”。徐子亮（1999）对澳大利亚学生做过一个汉字感知的调查，结果显示，以拼音文字记录母语的学生在初次接触汉字时，大部分人把汉字看作是一种复杂的线条或线条加符号的无规律的文字。可见，学习汉字对外国学生来说难度很大。

一些学生经过一段时间的学习后发现，学习汉字耗时多、收益小，于是就

产生了畏难情绪。首先，面对每课约 40 个生词的学习，学生会出现注意力不集中现象，甚至出现焦虑情绪，这势必影响生词的记忆效果。根据输入假说理论，语言是在输入知识被理解和学习者情感因素影响低的情况下习得的，换言之，学习者只有在强动机和低焦虑的状态下才能更好地消化可理解的输入，从而习得语言知识。比如，对于那些透明度高的字词（构字成分或构词语素的意义能完全表示字或词的意义），教师不讲解，让学生在阅读中猜测词义，这样不但能减轻学生的学习压力，而且可以训练学生的猜词能力。其实，猜测词义也是一种词语学习。第二语言的词语学习基本有三种学习途径：课堂词语教学、通过查字典等方式自学以及阅读中的伴随性学习。而伴随性学习的过程，也就是学生运用自己所有的汉语知识猜测词义的过程，虽然有些学者认为，汉语词汇构成与意义之间的复杂性使学生猜词的正确率不高，因此反对词义猜测训练，但我们认为，学生总要脱离课堂进行无教师指导的阅读，遇到生词，随文猜义也就不可避免，所以，对学生进行猜词训练应该是阅读课词语教学的任务之一。

二、汉语猜词悟意的基本依据

（一）依据造字法猜词

汉字作为汉语的书写形式，是以象形字为基础发展起来的，其突出特点是表义功能强，但经过从古至今的演变，汉字形体发生了很大变化，因此我们不能期待学习者以独体字的外形悟出字义，独体字的形义联系还需教师利用展示汉字演变过程等形象的手段帮助学生记忆。但随着汉字的发展出现了合体字，合体字包括会意字和形声字。会意造字，是比并二字，会合其意，以成新意。其构成部件是象形字或指事字，部件本身代表意义范畴，选用的部件具有意合性。部件与部件结合，依靠的是结构性二合。阅读课教学中对于那些各部件意义自然加和而成新意的会意字，比如“孬”为不好，“甭”为不用，“歪”为不正，可实施猜词悟意的教学方法。而大多数会意字是由两个或两个以上表意字符依照意义关联构成表达意思，如“休”字，其构形思路是“一个人靠着一棵树”，意思是“休息”。“尖”字上小下大，形成尖状。这类汉字虽有“理”可讲，但很难通过联想准确悟意，不适合让学生猜测词义。

形声法是汉语中造字能力最强的构字方法，也是现代汉语数量最多的汉字类型。据统计，3500 个现代汉语常用字中有 2522 个形声字，占常用字的 72%。施正宇（1994）曾对 2522 个形声字的形符进行测查，发现现代形声字形符的有效表义率为 83%。形符所提供的信息，无论是形体还是意义，都有章可循，它为学生的汉字学习提供了双重信息。形声字中形旁的主要作用是表示字的意义，大体表示字义的类属或范围，形符相同的字基本都和同一事物有关，反映了这一类事物的共同属性及它们之间的内在关系。要达到让学生根据形声字的形符，猜测出词语义域的训练目标，教师应在教学中系统安排汉字常用表意部件的教学，比如，对形符相同的汉字的字形、字义进行分析、归类，让学生认识到该部件存在的相同表义的属性。比如引导学生分析“饭、饮、饿、饱、饼、饺”等字意义上的相同点，从而使学生认识到“饣”是一个表意符号，与食物相关。这一过程中教师可以复习学过的汉字，也可以介绍新字，扩大学生的识字量，但前提是所介绍的新字要为常用字，而且学生已知新字中表示发音的独体字。同样，教师可以利用形声字声符的表音功能，帮助学生找到同声符的一组字的发音特点，如“青”作为声符构成的“请、情、清、晴”等常用汉字，它们的发音都是“qing”，其中的差异只表现在声调上。若学生掌握了这些汉字的表音特点，使形声字的声符能成为提示学生汉字读音的成分，教师通过对学生声符意识的训练，可以帮助留学生发现并掌握汉字的构成成分与字音之间的对应规律。这就使得华裔学生或口语水平明显好于认读水平的学生，可以根据猜测出的字词读音而获得词语的意义。所以说，适当的汉字结构分析以及部件与意义的对应识记都是阅读课汉字教学中不可缺少的内容。

（二）依据构词语素猜词

词是由语素构成的，汉语中 70% 以上的词汇是由两个或多个语素构成的合成词。这些合成词的词义与构词的语素义有着不同种类的关联。那么学习者的语素意识与其阅读能力有无关系呢？第一个研究语素意识在阅读中的作用的研究者 Brittain（1970）发现英语儿童的语素意识和阅读成绩之间存在显著相关。以后又有多位学者通过实验进行相关研究，结果都证明，语素意识与阅读成绩的高相关。吴思娜等（2005）通过研究内部差异较大的儿童，对包括语素意识在内的三个对阅读有影响的认知变量进行研究，发现语素意识是唯一显著预测两种不同阅读任务的认知变量。张琦（2007）通过对中高级留学生的实验考察，得出一致结论，语素意识是可以独立预测阅读能力的认知变量。

符淮青（1985）把词义与语素之间的关系概括为五种类型：（1）语素义直接地完全地表示词义，如：平分、哀伤；（2）语素义直接地但部分地表示词义，如：平年；（3）语素义间接地表示词义，如：铁窗、反目；（4）表词义的语素有的失落原义，如：船只；（5）语素义完全不表示词义，如：东西。可见大部分词语的语素义以不同的方式通达词义，换言之，学生通过语素来推测词义可能成为他们理解新词的一个重要策略，因此培养学生的语素意识是阅读课词汇教学的任务之一。语素意识最基本的方面是将词分解成语素，并通过对语素的重新组合来构建整词的意义。我们认为，学生的语素意识一方面通过学习一定量的汉语词语，通过归纳部分语素的意义而自然获得，比如，学生学习了"早饭""午饭""晚饭"后自然会认识到其中的"饭"表示"吃的东西"，学了"商店""书店"后会意识到"店"表示"卖东西的铺子"，有了这样的语素意识之后，再学习"饭店"一词时，进一步验证了学生之前对"饭"和"店"语义的认识，如此逐渐形成语素意识。另一方面是通过教师的语素教学法获得的。

两个或多个构词语素根据不同的语义语法关系形成多种结构，比如联合、偏正、述宾等是最基本的结构方式。结构是语素组合成词的理据。冯丽萍（2005）、邢红兵（2003）都发现，中级水平的留学生已有较强的合成词结构意识。但有时学生会因词语结构而误解词义。干红梅（2009）曾就词语结构及其识别对汉语阅读中词汇学习的影响进行了实验研究，发现学生的不少错误明显是由对结构的错误判断带来的，例如"这么多货物需要很多钱"，学习者判断"货物"为动宾结构，整词理解为"卖东西"。又例如"这座山十分险峻"，学习者认为这是一个偏正结构，解释为"危险的峻"。这些例子都说明词语结构对学生猜测词义有一定的影响。但学生之所以猜错词语的结构关系，究其原因还是学生不了解"货"的语素义为"商品"，"峻"的语素义为"高大"。相反，若学生掌握了二者的语素义，自然能判断出"货"是名词性的，"峻"是形容词性的，"货物"和"险峻"都是联合式的词语，也就能准确判断词语的意义了。可见，语素识别所起的作用强于词语结构意识。

（三）依据语境猜词

本文所说的语境是指语言性环境，即词、短语、句子等的上下文。王文英

（2012）将语境视为制约语义传释的所有因素的结合。该定义直接地诠释了语境对词义的限定作用。我们知道，不少词的静态意义往往不止一个，可在具体的语境中，我们并不会产生理解上的困难，原因是语境的限制功能在发挥作用。多义词一旦进入具体语境中便呈现出单义性。也就是说，阅读中目标字词及其周围语言单位的关系是语境的核心，是我们猜测和推断词义的依据。因此我们可以利用语言性语境帮助学生猜测生词的词义。比如《汉语阅读速成·基础篇》第九课的补充课文《踢毽子》中有如下一段：

一日，妻买回一只鸡。一见那亮丽的羽毛，便想起少年时代的游戏：踢毽子。我对妻说："给我几根鸡毛。"妻问："干啥？"我说："做几个毽子踢踢。"妻笑："哟，头发都白了，你以为自己还是十几岁的少年啊？"妻随手给我几根鸡毛。三五分钟毽子就做成了。

整篇课文围绕"踢毽子"展开，但"毽子"一词对学生来说是陌生的，根据语境，学生起码可以了解"毽子"是用来踢的，用鸡毛做的一种游戏用具，这些信息通过语境，均可获得，而且关于"毽子"一词，学生了解这些就足够了。但值得注意的是，学生要基本了解该词，前提是已认识"鸡毛"一词。可见，利用语境猜词与学生的知识水平相关，越来越多的研究表明，影响第二语言阅读者使用语境能力的主要因素是词汇知识。如果一段文字对于读者来说生词密度过大，语境猜词便不可能实现。刘颂浩（2001）曾做留学生语境猜词的调查，结果显示，语境有显示词义的作用，可以解决用造字法、构词法难以解决的问题。比如在"男人购物也比较即兴，事前很少做计划，也很少列出清单，总是缺少什么时才去购买"一句中的"即兴"，学生若能有效地利用上句提供的语境，则不难猜出"即兴"的意思。但他同时也提出，利用语境会碰到许多问题，首先，语言水平制约着对语境的使用；其次，学生往往会把语境中的具体因素理解为某种词的固有意义；最后，很多情况下，多种解释在语境中都可能是合情合理的。其实第二点和第一点一样，也是学生的语言水平问题。而最后一点只能说明目标词的语境不足以限定其意义，不适宜做猜词训练。我们不能由此而否认阅读材料中的每个词都与它前后的词语或句子甚至段落有着相互制约的关系。只要我们抓住这些内在的联系，利用各种已知信息，有些生词是可以推测和判断其意义的。这样就可以改变那种每遇生词都查字典的阅读习惯，大大提高汉语阅读的速度和能力。

三、培养猜词策略的教学思路

（一）针对不同目的有计划地实施猜词训练

要培养学生的猜词悟意能力，教师应就以上三种猜词策略进行“先分项，后综合”的训练。但由于教材中的训练材料分散且不成系统，所以教师应在做好整体训练计划的基础上，编写目的性强的练习，按计划实施，逐步实现教学目标。分项训练可分为以下三个阶段：

第一阶段：在学生掌握常用独体字的基础上，以形声字为主要目标字词设计猜词练习，要尽量选择单语素词或形旁相同的词，目的是让学生建立起汉字形旁表意意识，并能掌握常用形旁的意义。比如：

练习要求：按要求，将下列词语分类。

海洋、心意、推、汁、打扫、汗、泪、抱、河流、怕、沏、跑、拍、拉、搀扶、相、位、揉搓、湿润、抢、枪、挂、饭馆、湖泊

和水有关的词	和手的动作有关的词	其他词

练习形式可以多种多样，只要能达到训练目的即可。

第二阶段：以双音节词语为主要目标词设计以构词法为线索的猜词练习，应选择具有构词理据，且学生已知构词语素的词语，依先分类、后综合的顺序设计练习，以（准中级水平）综合的结构练习为例：

练习要求：说出下列词语的意思。

预言、悦耳、正路、小看、失眠、纯净、分类、改进、健身、礼让、约定

对于这样的练习，只要学生能正确释义，就说明其词语结构分析以及对语素义的理解是正确的。若解词出现错误，教师在分析原因的基础上，再补充有针对性的练习，对于“正路”这种半透明词，要引导学生进行联想，加强学生

的语素知识及结构意识。

第三阶段：以先分析后实践的顺序实施语境猜词训练，使学生掌握利用语境的几种常见猜词线索，如定义、解释、举例为线索的，以及同义词替代、反义词对比以及因果等句义关系线索等，同时了解一些标志性词语及其功能，比如："所谓……就是、也就是、换言之、所以/因此，即使……也"等等。编写练习应注意，表示词语或句子关系的关键词应为学生已知词语。如：

练习要求：猜一猜画线词语的意思。

① 他后来发现要当画家实在太难了，所以他放弃了。

② 所谓暗示，是指人或环境不明显地向人们发出某种信息。

③ 这种病即使病人不打针吃药，也能痊愈。

④ 他睡觉的时候总打呼噜，吵得我半天睡不着。

本阶段的专门练习中，教师可引导学生先依据汉字、词语线索猜测词义，若有所得，再在句子中检验，如上例④中的"打呼噜"，学生可能根据"呼噜"的形旁"口"推断出呼噜与"嘴"有关，语境"睡觉的时候，吵得我半天睡不着"可以使学生推断出"打呼噜"的意义；若学生依词内线索无所得，则利用语境猜测。

（二）利用课文语料进行综合猜词训练

1. 运用猜词策略的条件

上文提及的三类猜词线索，都要求学生有相应的汉语知识储备。依据造字法，学生应具备汉字结构知识；依据构词法，要具备较强的语素意识以及词语结构意识；依据语境，要具备一定的汉语水平，即一定的词汇量，这是最关键的，此外还要掌握基本的汉语句法知识，甚至一定的文化知识。所以课堂猜词训练也必须在学生具备以上条件的前提下进行。

此外，让学生推断意义的目标词必须具有"可猜性"，也就是说，学生以三种线索能够独立或在教师的引导下完成猜词任务。比如《汉语阅读速成·中级篇》第十课细读课文：

网虫就是那种每天都忍不住想上网泡几个小时的人，上网已经成为他们生活的一部分。我也可以算半条网虫。两年前，在我一个人常住北京的日子里，我每天晚上的生活是看完新闻后，就打开电脑，和网上无数的人们一起体验着生活的酸甜苦辣，眼睛紧盯着屏幕上的文字，手指机械地敲打着键盘，忘记了手已变得麻木和没有知觉，分不清虚幻与现实。

上边这段课文中画线的词语都是生词表中的词语，但根据构词线索或语境线索是可以推测词义的。可以说以上几个目标词都具有一定的“可猜性”。比如“网虫”后是标志词“就是”，接着是对该词意义的解释。学生自然能了解“网虫”的词义，教师需要做的是，以“虫”为语素进行一定的扩展，如“书虫”“房虫”等，并要求学生做词义猜测。而像“我是这么想的，假如每个人都穿着讲究，那我也应该这样”一句中的“讲究”，就不具备可猜性。首先从汉字结构以及构词语素上，都不能提示该词“要求高，追求精美”之义，其次，其语境单薄，没有提供足够的信息，揭示该词的意义，而且从句法上学生还可能误以为“穿着”为“chuānzhe”，是动词结构，所以可能错误判断“讲究”为名词，指某种衣物。

2. 培养学生整合猜词策略的能力

从本文所述的三种猜词策略看，单纯以造字法猜词，往往只能猜出词语的义类，而不能准确推断词语的意义，只有综合运用猜词策略才可能准确推断词义。而学生在阅读中猜词策略的使用又因人而异。房艳霞、江新（2012）通过实验证明，使用语境线索和构词法线索在外国学生猜测汉语双音复合词词义过程中存在个体差异，有的学习者能整合信息，有的学习者不能整合信息，而是过多地依赖语境线索或构词法线索。同时江新、房艳霞（2012）也对各种猜词策略的使用所带来的不同效果进行了考察，结果显示，学习者在“词＋语境”条件下的猜词比在只有词或只有语境条件的猜词成绩好得多，原因是构词法和语境提供给读者的猜词信息是不同的，而且二者之间存在互相修正和检验猜测结果的作用。因此，教师应根据学生不同的猜词习惯，有针对性地训练学生整合汉字、构词、语境等信息猜测词义的技巧，提高学生猜词的准确度以及阅读能力。

参考文献

房艳霞、江　新　2012　外国学生利用语境和构词法猜测汉语词义的个体差异研究，《世界汉语教学》，第 3 期。

房艳霞、江 新 2012 语境和构词法线索对外国学生汉语词义猜测的作用,《心理学报》,第1期。

冯丽萍 2005 中级汉语水平留学生的词汇结构意识及阅读能力的培养,《对外汉语阅读研究》,北京大学出版社。

符淮青 1985《现代汉语词汇》,北京大学出版社。

干红梅 2009 词语结构及其识别对汉语阅读中词汇学习的影响,《语言文字应用》,第3期。

刘颂浩 2001 关于在语境中猜测词义的调查,《汉语学习》,第1期。

施正宇 1994 现代形声字形符意义的分析,《语言教学与研究》,第3期。

王文英 2012 浅谈语境的定义,《牡丹江大学学报》,第7期。

吴思娜、舒华、刘艳茹 2005 语素意识在儿童汉语阅读中的作用,《心理与行为研究》,第1期。

邢红兵 2003 留学生偏误合成词的统计分析,《世界汉语教学》,第3期。

徐子亮 1999 汉字的认知和教学方法,《中国对外汉语教学学会第六次学术讨论会论文选》,华语教学出版社。

张 琦 2007《留学生汉语语素意识的发展及其与阅读能力的关系》,北京语言大学硕士研究生学位论文。

张和生 2006 外国学生汉语词汇学习状况计量研究,《世界汉语教学》,第1期。

郑 蕊 2002《汉语阅读速成·基础篇》,北京语言文化大学出版社。

朱子仪 2002《汉语阅读速成·中级篇》,北京语言文化大学出版社。

Brittain, M.M. 1970 Inflectional performance and early reading achievement, *Reading Research Quarterly*, 6.

赵秀娟,女,1964年5月出生,硕士,现任北京语言大学汉语速成学院副教授。自1988年毕业到北京语言大学工作以来,一直从事对外汉语教学工作。1995年曾获得北京语言大学青年教师优秀教学奖二等奖;2005年获得高等教育国家级教学成果二等奖(集体);2008年获得北京语言大学教育教学成果奖一等奖(集体)。研究方向为对外汉语教学,主要代表性成果为论文《"或者"句与"要么"句的功能解析及教学策略》《来华留学生分班测试的笔试试卷建构研究》,以及两部教材《汉语听力速成·基础篇》和《新目标汉语口语课本5》。

留学生汉语阅读障碍及应对策略

张永奋

摘　要：阅读在留学生汉语学习过程中具有重要的地位和作用。开展广泛而逐步深入、循序渐进的阅读，有助于留学生扩大汉语词汇量，有助于提高他们对汉语书面材料的理解能力，也有助于他们增进对中国文化的认知。因此，阅读是提高留学生汉语水平的一条重要途径。由于词汇量的不足、语法的欠缺、阅读技巧的不完善、语感的薄弱以及文化知识的缺乏等原因，留学生在汉语阅读过程中常常会遇到各种各样的障碍，导致阅读理解的偏差与失误。本文通过考察留学生汉语阅读中存在的种种现象，分析造成其阅读障碍的主要因素，并提出有针对性的应对策略，以期为汉语阅读教学提供一定的借鉴。

关键词：汉语阅读　词汇量　阅读技巧　文化背景

一、问题的提出

阅读是通过书面材料获取信息、知识和体验的过程，是提高语言能力和文化认知的重要途径。作为对外汉语教学的重要组成部分，阅读对留学生增强汉语能力、提高对中国文化的理解有着至关重要的作用和地位。具体来说，其显性作用至少有三个方面：一是巩固并提高留学生对于汉语字词的辨识，扩大学生的汉语词汇量；二是提高留学生的汉语语义提取能力，增强汉语语感，提高理解能力；三是丰富留学生对中国文化的认知经验。因此，阅读历来被当作对外汉语课堂教学的一门重头课。实际上，我们对外汉语课堂教学的一些基本课型，比如，综合课、口语课、听力课、写作课等，都是以阅读为基础的教学实践，无不与阅读有着紧密的关联。综合课围绕阅读材料进行听、说、读、写，是对阅读材料的反复“深耕”，本身就是一种深度阅读；口语课重在培养留学生的口头表达能力，但大部分课文是对话体的书面材料，实际上是书面蓝本阅读基础上的拓展；听力课和写作课的教学过程也离不开书面材料，实际上还是以阅读为基础。因此有人认为对留学生来说，“得阅读者得天下”。这样的说法看似夸张，但对不满足于仅仅学会几句日常汉语对话而意在加强汉语言文化认知纵深的留学生来说，阅读乃是王道，再怎么强调也不为过。这也是为历史经验所证明的。早在十六世纪，西方第一位系统学习汉语的意大利耶稣会士罗明坚就努力学习汉字，苦读四书五经；其后的利玛窦、金尼阁等耶稣会士更是凭借着遍读中国经典古籍而成为“中国通”。阅读如此重要，所以对外汉语教学界历来重视阅读教学。

令人遗憾的是，师生们虽花大力气致力于学生阅读能力的培养和提高，效果却差强人意。根据国家汉办 2002 年制定发布的《高等学校外国留学生汉语教学大纲（长期进修）》的规定，完成初等阶段学习（掌握规定的 2410 个左右初等阶段的词及相应的汉字）的留学生阅读速度应该达到 90 ～ 110 字 / 分，完成中等阶段学习（掌握所规定的 2850 个左右中等阶段的词及相应的汉字）的留学生阅读速度应该为 120 ～ 150 字 / 分。笔者对已满 800 学时并掌握 2500 个左右词汇量的二年级第一学期的学生（相当于完成初等阶段的学习而刚升到中等阶段的学生）进行了随堂调查测试，发现基本正确理解一篇 1288 个汉字的文章（注：该文章为二年级第一学期教材第一课的课后扩展阅读文章），学生所需时间平均为 16 分钟，阅读速度为 80.5 字 / 分，远低于大纲要求。而且调查显示，大部分留学生不喜欢汉语阅读，甚至对汉语阅读有一种恐惧感。阅读是知识群体的本能需求，很多人把阅读当作“悦读”，视之为一种生活方式、一种生命方式。然而，在留学生群体中，当阅读遭遇汉语，阅读却好像成了苦差事，很难体会到由汉语阅读带来的乐趣。当他们硬着头皮应付着各种汉语阅读任务时，收获的不是成功的喜悦，而往往是一种挫败感，其原因是他们常常会遇到各种各样的阅读障碍，使得他们无法顺畅阅读，无法达到预期效果。

二、阅读障碍种种

通过与学生的交流访谈，以及对学生作业和考试情况的分析，可以发现，留学生汉语阅读主要存在以下几种障碍：

（一）词汇量不足

这是影响留学生汉语阅读的最大障碍。阅读是对书面材料的解码并提取信息的过程，而词是构成语言的最基本的元素，是解码的基础，是信息的载体。

如果阅读者对阅读材料中大部分的词都比较熟悉，那么就比较容易提取信息；如果没有足够的词汇量的支持，就难以保证解码过程的顺利进行，那么阅读过程就不可避免地会被生词打断。因此 Wilkins D.A.（1978）曾指出："没有语法不能很好地表达，但如果没有词汇则什么也表达不了。"郭树军（2006）通过对 HSK 阅读理解试题的分析则发现："词汇是阅读的基础，词汇量的大小及熟练程度与阅读理解有着最直接、最重要的关系。研究表明，考生的词汇水平与阅读理解水平存在着很高的正相关性。"

有一个学习很努力的法国奖学金生，二年级时找来《四世同堂》等原著当作课外读物。坚持读了几天，汉语水平没提高，对汉语阅读的恐惧感倒是加深了。因为她当时掌握的词汇量大约在 2500 个左右，《四世同堂》对她来说有大量的"超纲词"。这就像一个口袋里揣着五十块钱的顾客到五星级酒店吃饭，他点菜时就不能很从容，也很难有享受美食的愉悦。

除一般词汇外，中国人长期以来习用的、简洁精辟的成语、惯用语、俗语等，也往往构成留学生阅读理解的明显障碍。我们的教材里编录了许多成语，如《桥梁》上册有"乘人之危、乐极生悲"等20多个成语，下册有"模棱两可、惹是生非、如泣如诉"等 50 多个成语。对留学生来说，要正确理解这些成语并非易事。从教学实践来看，成语（尤其是那些很难从表面看出含义的）成为留学生学习汉语的一道关卡。如有学生把"好为人师"理解为"很适合当别人的老师"，认为"洛阳纸贵"是"洛阳的纸非常好，所以非常贵"，等等。这种误读极易造成留学生的阅读困扰。

简而言之，没有一定的词汇量支持，留学生在阅读过程中就无法提高阅读效率；另一方面也容易削弱学生的汉语阅读兴趣，无法使他们的汉语阅读形成良性循环。

（二）汉语语法知识欠缺

这是造成留学生汉语阅读的隐性绊脚石。语法是语言构建的一整套规则。汉语有一些独特的表达方式，如特殊的构词法、固定的语法结构以及词性的临时兼类等，常常是学生学习的难点，容易产生障碍。如汉语中常见的正反构词和偏义构词往往造成学生的困惑。如"买卖、东西、出纳、表里、开关、得失、进退、动静、迟早、先后、是非”等，这种正反义词素并列构成的词，有的比较容易理解，如“买卖、开关”；有的词意往往并不是原来两个词素的简单相加，如“动静”，不是指“动”和“静”，如“是非”指的是纠纷的意思。而像“恩怨、离合、好歹、缓急、悲欢”等由两个意义相近或相反的词素组合而成的偏义词，其意义只偏重于其中的一个词素，另一个词素的意义消失或弱化，只起陪衬作用，但学生理解起来容易产生偏差。再如，中国人喜欢用缩略的方式压缩音节，比较常见的是对语词进行双音节化，如称利玛窦为“利氏”，把温哥华市称为“温市”，等等，有时两个专有名词也会合在一起被再次缩略。如：

无论海维两人的思路相去多么远，我以为他们的哲学仍然具有共同的时代关怀，这一点我们最后将稍加概括。

这个例子中的“海”指“海德格尔”，“维”指“维特根斯坦”，作者将两个人名的首字提取出来合成“海维”。这些缩略词往往是留学生汉语阅读中一个可怕的拦路虎。

（三）阅读技巧不完善

这是妨碍留学生汉语阅读速度和效率的一个重要原因。有些留学生阅读习惯不太好，如阅读时喜欢发声朗读；或以手指跟着眼动划读，有的还配合以嘴唇轻微颤动；有的学生喜欢读几句然后不自觉地反复回视；有的学生喜欢逐字逐词阅读，不能快速有效地提取语义；有的喜欢遇到生词必查词典，不敢或不会猜生词。诸如此类，不一而足。这些不良的阅读习惯都会降低阅读速度和效率。

（四）汉语语感薄弱

这也是影响留学生汉语阅读理解的一个重要因素。语感是人们对语言文字的一种直觉感知和领悟能力。语感强的阅读者，能较为轻松地对语言材料进行全方位的综合把握，而不必过分着眼于语言要素的各个细节（如字、词的形体、意义、语法结构等）的咂摸探究上，而语感不强的留学生，常常在个别词语或细节上花费过多的精力，对阅读材料无法形成整体的感知，当然就无法高屋建瓴地领悟作者所要表达的语义和情感。所以，有些留学生即使“主谓宾定补状”

分析得头头是道，但却不能很好地完成一些综合性比较强的问题，原因可能就在这里。可以说，语感从一定程度上反映了留学生汉语能力和水平的高低。

（五）文化知识缺乏

这是妨碍留学生汉语阅读深度理解的重要原因。文化是一个民族物质和精神的历史积淀，其最重要的载体就是语言。要正确把握语言材料，就要对其相关文化背景知识有所了解。如果文化积累不够，有时就会出现理解障碍。在阅读教学实践中，我们发现包括地名、人名、机构名等在内的专有名词，以及一些具有独特文化内涵的词语、典故等往往比较容易造成学生阅读上的障碍。如果说词汇量是衡量学生汉语阅读水平的硬指标的话，那么文化知识往往体现的是学生阅读水平的软实力。比如学生知道“老、黄牛、票”等单个词的意思，但不能准确把握“他这个人就是条老黄牛”“他买了黄牛票”等句子的意思。而文化知识的积累在较短时间内很难体现出效果，这也是一些留学生宁愿把时间和精力花在背生词上而不愿花在文化知识的学习上的原因之一。

三、应对策略

针对以上留学生在汉语阅读时常常碰到的各种障碍，总结对外汉语教学实践，作为施教者，我们可以采取以下一些应对策略帮助留学生顺利通过阅读关。

（一）培养留学生汉语阅读的兴趣

心理学研究表明，阅读能力与阅读兴趣有关，学生阅读兴趣越高，动机愈强，越有利于广泛阅读，提高技能，培养和改善阅读习惯。（朱纯，1984）兴趣是阅读的内在动力，阅读者有了兴趣，阅读行为就能变得积极主动自发，把阅读当作一种享受。而如果没有兴趣，阅读就成了一个苦差事。美国学习心理学先驱桑戴克（Thorndike）认为：“学生读与不读的动力基础在于阅读的快乐或惩罚度。能够领会作者意图的学生收到快乐刺激信息，并且乐于重复令他满意的行为（而不是使他烦恼的行为）。”（周松，2004）这种区别类似于主动吃饭和被动喂食，都是吃饭这一行为，但两者感觉却迥然相异。作为教师，我们要提高留学生的汉语阅读能力，主要应该从兴趣入手，有兴趣才能有学习的主动性和积极性。那么怎么提高留学生的阅读兴趣呢？首先，还是要选择一些内容有趣、难易度相当的材料。应惠兰、徐慧芳（2001）曾做过“以学习者为中心的阅读材料的选择”的调查研究，发现“58.4% 的学生认为最能影响阅读的因素是阅读材料本身。在诸如教材、教学法、教师素质、教学环境等有关阅读课的方方面面中，82.3% 的学生认为最不堪忍受的是阅读材料的枯燥乏味”。可见，选择合适的阅读材料对于提高阅读兴趣有着多么重要的作用。笔者也曾对北京语言大学汉语学院二年级 67 名学生做过一次关于阅读兴趣的问卷调查，其中 62.7% 的学生同意“阅读时最重要的是看文章有没有意思”，有的学生甚至表示“喜欢读有意思的文章，没有意思的文章读起来很累，不想读下去”。这也印证了应惠兰、徐慧芳的调查结果。调查还显示，大部分学生认为好的阅读材料，其内容应该是真实的、新鲜的、多元的，可以有一点难度但不要太难，他们希望读了材料后能感觉开心（比如令人会意而笑的故事）、学到新知识（比如涉及科学及文化背景知识的文章）、引发思考和讨论（比如涉及社会问题的文章）等等。

针对学生的要求，我们应该在选择和编排阅读材料时加以注意，摒弃内容陈旧单一、枯燥乏味的材料，并使阅读材料呈现多元立体的特色。如把内容相关但体裁（如议论文、说明文、记叙文、诗歌等）不同的材料编在一起，还可以配上各种图片资料，以丰富视觉感受，形成相关主题的立体呈现，使学生从中学到新的知识、体会新的情感、加深各种体验。

（二）加强留学生汉语阅读量

俗话说：“熟能生巧。”阅读效率与阅读量无疑有着极大的关联。阅读量越大，学生脑中原有的各种信息被激活的次数也就越多，存储的信息也就越多，这对其后的阅读效率大有裨益。因此提高阅读效率，需要有大量的阅读实践的配合。但是由于课时有限，我们课堂所能提供给学生的阅读实践毕竟是非常有限的。所以在课堂上学的很多生词和语法往往因为在各种语境中的复现率过低而无法真正为学生所掌握。这就导致学生边学边忘，学习效率低下。而如果刚学过的生词或语法知识，在不同的阅读材料里反复出现，学生就容易产生熟悉感，再通过对上下文的揣摩，该生词或语法在脑子里就容易生根，然后补充到心理词典里，使心理词典不断得以丰富充实。在这一过程中，学生还能从具体语境中自然习得许多生词和语法知识。这种方式比起单纯的“背词典”，更能有效扩展词汇量、巩固语法知识。当然，大量的阅读还有利于提高学生的语感，加强信息整合能力；还能扩大学生的文化背景知识。所以，我们必须努力提高学生的汉语阅读量，使学生能“操千曲而后晓声，观千剑而后识器”，这就需要课堂内外两方面的配合，双管齐下。

然而目前适合留学生汉语阅读的材料并不丰富。据此，我们不妨改编一些名著为梯度读物，以满足汉语水平不同的留学生的课外阅读需要；也可以在课文之外补充一些内容相关而体裁不同的阅读材料，使阅读立体化多样化；也可以编写各种梯度的中外习俗、历史故事、人物传记、成语典故等。在这方面，鲁健骥教授（2008）曾提过一个很好很详细的建议，即编制一份汉语专业外国学生的阅读书目。如果真能有这样一份阅读书目，留学生选择课外读物时就能减少盲目性，可以加强阅读的计划性。

（三）加强留学生阅读方法和技巧的训练

无论做什么事，“得法者事半功倍”。阅读也不例外。美国心理学家KennethS. Goodman认为阅读的有效性取决于技巧。他说：“阅读是一种心理语言的猜测游戏。这种游戏牵涉到思维和语言的互相作用。有效的阅读并不产生于对全部语言成分做精确的知觉和辨认，而是取决于阅读者的技巧，即选择最少的、最有生产力的和对产生第一次正确的猜测所必需的提示。”（宋惠芳，1983）在对外汉语教学中，我们也一直把阅读技巧的训练当作阅读课的重要任务。《高等学校外国留学生汉语教学大纲》明确指出：“单项技能课包括口语课、听力课、汉字课、阅读课、写作课、翻译课，这些课是单项技能的强化训练……”据此阅读课可以定位为专门训练阅读技能的专项技能课。遗憾的是，我们目前的阅读教材或课外读本，大多没有充分重视阅读专项技巧或方法的训练，很少在编排上按照专项训练来设计。对此，我们或可在今后阅读材料的编排上下点功夫，如分单元进行分词断句、跳读、结合上下文猜词、同位语释义、抓关键词句等专项训练。在这方面，周小兵教授（2007）在《怎样教阅读——阅读教学理论与实践》及《对外汉语阅读研究》（周小兵、宋永波，2005）等著作中有详细论述，很值得参考。当然，阅读技巧的培养需要长期积累、聚沙成塔，并经常练习，才能运用自如，在关键的时候往往能帮助扫除阅读障碍。

（四）加大文化背景知识渗透力度

著名语言学家 David Nunan（2004）认为："在阅读理解中，背景知识比语法知识起的作用更大。"阅读过程是我们运用脑中原有知识帮助理解新材料、提取新信息的过程。没有一定的背景知识储备，留学生是很难了解有文化内涵的阅读材料的。著名语言学家胡明扬早在十多年前就发现很多人"因为没有同时学习有关语言的社会文化背景，就很难掌握这种语言的精髓，在实际运用这种语言时就会发生种种意想不到的问题"。由此他分析了在对外汉语教学中注入文化因素的必要性、方式和内容，并提出在语言教学中注入文化因素时"要根据不同对象组织教学"等观点。这些观点至今对我们仍有很好的指导作用。我们在教学过程中就遇到过类似的问题。如在教学《尔雅中文——中级汉语综合教程》上册第一课《缘分》的过程中，很多欧美学生对"缘分"这一概念极为不解，而日韩学生很快就可以意会。这造成同一班学生对于理解课文相关语句的水平存在明显差异。按照图示理论这种现象可解释为欧洲学生与日韩学生的内容图示本身有所差异，即学生对文章讨论的主题的熟悉度是不同的，这必然导致他们对材料理解的难易感受不同。这就要求我们一方面要重视加强对学生文化背景知识的渗透力度，另一方面还要因材施教，充分注意到教学对象的特点。

可喜的是，对外汉语教学发展至今，对文化背景知识的重视逐步得以加强。体现在阅读材料的选择上，我们可以看到材料越来越多样化。但专题性的跨文化对比、较有深度的文化知识渗透力度尚显不足。所以我们一方面要适当加强各种相关课型中的文化阐释含量，另一方面还应要求学生课外阅读尽量"多一点、杂一点"，以扩展和丰富文化背景知识。

总之，提高留学生的汉语阅读能力非一日之功。要提高学生汉语阅读的速度和阅读质量，使学生真正做到善于汉语阅读并乐于汉语阅读，这需要教师和学生长时间的不懈努力。

参考文献

陈　灼　2006　《桥梁》，北京语言大学出版社。

郭树军 2006 汉语水平考试（HSK）的题目设计与题库建设问题，张凯主编《汉语水平考试（HSK）研究》，商务印书馆2006年版，第299页。

国家对外汉语教学领导小组办公室 2002 《高等学校外国留学生汉语教学大纲（长期进修）》，北京语言大学出版社。

胡明扬 2002 对外汉语教学中的文化因素，《语言学习散论》，北京语言大学出版社。

刘苏乔、聂凤春 《尔雅中文——中级汉语综合教程》，北京语言大学出版社，2013。

鲁健骥 2008 对外汉语教学随想七则，《教学督导的实践探索》，北京语言大学出版社2008年版，第233页。

应惠兰、徐慧芳 2001 以学习者为中心的阅读材料的选择，《外语教学与研究》，第3期。

周小兵、宋永波主编 2005 《对外汉语阅读研究》，北京大学出版社。

周小兵、吴门吉、王 璐 2007 《怎样教阅读——阅读教学理论与实践》，华东师范大学出版社。

朱 纯 1994 《外语教学心理学》，上海教育出版社，第287页。

转引自周松 2004 教师在大学生阅读兴趣培养中的几点做法，《辽宁农业职业技术学院学报》，第2期。

D.A. Wilkins [英] 1978 *Linguistics in Language Teaching*，Edward Arnold，第111页。

David Nunan 2004 *Second Language Teaching and Learning*，外语教学与研究出版社，第259页。

KennethS. Goodman [美] 著，宋惠芳译 1983 阅读是一种心理语言的猜测游戏，《国外外语教学》第1期。

张永奋，女，出生于1969年。现任教于北京语言大学汉语学院，副教授，语言学与应用语言学博士。1991年7月参加工作。1996年起从事对外汉语教学工作，主要承担口语及阅读课教学。研究方向为对外汉语教学、汉意语言文化对比以及汉学研究等。主要成果有《对外汉语口语教学中的常用先见原则》《对外汉语阅读中的语感与切分》《汉意委婉语对比研究》以及《意大利汉学概说》等。

任务型初级汉语阅读课教学模式构建*

王 磊

摘 要：初级汉语语法阶段的阅读教学一般安排在复练课当中。在不单独设课，没有专门教材的情况下，如何进行初级汉语阅读教学值得研究。本文试图构建任务型初级汉语阅读课教学模式，并进行了教学实验，结果显示该教学模式对提高学生阅读能力和阅读兴趣很有帮助。

关键词：阅读教学　图式理论　任务型教学法　教学模式

一、引言

汉语阅读课是对外汉语教学中一门专项技能训练课，重点训练学生的阅读理解能力，进而促进汉语水平的提高。阅读课在对外汉语教学的课程设置中，具有十分重要的地位。（周健，2000；乔印伟，2001；陈子骄，2003；王辉，2004；徐子亮，2009；王尧美、张学广，2009）然而，在初级汉语语法教学阶段，很多学校并未分技能设课，而是采取"主讲—复练"的教学模式。主讲课负责生词、课文的教学和新语言点的讲练，复练课负责课文的复述、语言点的操练、听力和阅读练习。在没有专门的阅读课，更没有阅读教材的情况下，阅读技能训练包含在复练课之中。教师的基本做法为：选一篇或一组让学生阅读的文章，把这篇或这组文章介绍给学生，让学生阅读，然后向他们提问，检查他们是否了解掌握了这篇或这组文章。（吴平，1995：7）这样的阅读教学或者因为材料太难，学生读不下去，或者为读而读，缺乏实用性，无法激发学生的阅读兴趣，都不能满足学生的学习需求。在不改变课程设置和教学体系的原则下，教师需要并有可能进一步在认识上和实践上做某些改变，以促进阅读教学工作。（吴平，1995：6）

* 本研究得到北京语言大学校级教育教学改革重大项目的支持，项目编号为 AZ201208。谨表谢忱。

鉴于此，本文试图构建任务型初级汉语阅读课教学模式，首先在图式理论的指导下选编出适合阅读训练的材料，然后将任务型教学法引入阅读教学中。教学实验发现新教学模式在提高阅读能力和提升主动阅读的意识方面取得了良好效果。

二、图式理论指导下的阅读材料选编

（一）图式理论简介

图式理论（Schema Theory）是德国心理学家巴尔利特（F. C. Bartlett，1932）最早提出来的。到20世纪70年代，美国人工智能专家鲁梅尔哈特（D. E. Rumelhart）等将其发展成了一种完整的理论，用于研究阅读理解等心理过程。

图示理论认为，读者的阅读能力主要由三种图式决定：语言图式、内容图式和结构图式。语言图式是指读者对构成阅读材料的语言的掌握程度；内容图式是指读者对文章的主题以及背景知识的熟悉程度；结构图式是指读者对文章体裁特点、逻辑结构、修辞方法的了解程度。（王辉，2004：67）因此，读者对阅读材料的理解程度取决于其大脑中上述三种图式与阅读材料的语言、内容和结构的相互作用。从这一点来看，图式理论对阅读材料的选编具有指导意义。

（二）阅读材料选编的原则

1. 按照语言图式，控制材料的语言难度

语言图式主要指一定数量的语法和词汇知识。对于初级阶段的大部分学生来说，其掌握的语法和词汇知识有限，阅读的困难主要表现在语言上。“太难的读物不适合作为训练材料”（高磊，2005：52），所以选编材料首先要注意控制好语言难度。控制语言难度最方便有效的办法是紧密结合主讲课所学，可以将对话体课文转写成叙述体，也可以运用当课的生词和语法，联系课文话题，结合学生实际，编写阅读材料。《高等学校外国留学生汉语教学大纲（长期进修）》中要求初级阶段的学生在无词典条件下，能理解已学词汇占 90% 以上的文章的主要内容。语法教学阶段是初级阶段的前半段，因此，阅读材料的生词比例应控制在 5% 以内。来看下例。

例（1）

这几天，丁老师病了。她感冒了，头疼，咳嗽，流鼻涕，嗓子也很疼。今天，她觉得有点儿发烧，就去医院了。大夫让她量一下体温，37度8。大夫说不用打针，给她开了点儿药，让她回家多休息，多喝水。丁老师不能来上课，同学们很想她，就约好去丁老师家看她。他们给丁老师买了水果和鲜花，她很感谢同学们来看她。

例（1）是《成功之路 · 起步篇2》第21课《你怎么了》之后的阅读材料。从语言的角度看，课文生词的复现率达90%，新生词4个（约、水果、鲜花、感谢），占5%，难度适中。从内容的角度看，主题与已学课文保持一致，均为谈论生病看病、探望病人，学生对此十分熟悉。这样的阅读材料难易适中，能够有效训练学生的阅读能力。另外，“深浅、难易适度能保护阅读的积极性”（李如龙，2012：52）。

2．结合内容图式，把握材料的内容范围

内容图式主要指与阅读材料有关的背景知识。阅读过程中，读者已有的背景知识与材料内容相互作用，背景知识越丰富，对材料内容的理解越透彻。而背景知识与读者的人生阅历、知识水平、文化修养和日常积累等关系密切。因此，选编阅读材料时要注意以下几点。

第一，联系学生实际情况，激活已有内容图式。（1）初级汉语语法教学阶段“主讲—复练”的教学模式下，学生最为熟悉，并且已经掌握的内容是主讲课的课文及其话题。在阅读训练之前，它们已经成为学生已有的内容图式。因此，选编阅读材料时应重点参考课文内容和话题。（2）来华留学生中，大部分是成年人，他们的生活经验、社会阅历和文化知识等十分丰富，阅读材料的内容应与之密切联系。对于初级阶段的学生而言，商品的说明书、街头的广告、路边的交通指南、广告宣传单、出租广告、招聘启事、宿舍规定等经过改编均可作为阅读材料。如朴贞姬、郭曙纶所言（2007：210）“学习材料越接近实际生活越有效度”，经过背景知识与阅读材料的相互作用，这样的阅读材料理解难度有所降低，更适合阅读训练。

第二，增强阅读材料的实用性，激发阅读兴趣。吴平（1995：7）认为“当学生产生了阅读兴趣后，他们对文章的理解程度更高，而且敢于越过那些影响阅读的障碍词，敢于推测不熟悉的句法结构的意义”。然而“兴趣的产生和发展是以需要为基础的”。（景萍、石彩霞，2009：55）阅读材料越能满足学生汉语生活的需要越能激发其阅读兴趣。因此，选编阅读材料时要考虑学生的实际需求，从生活中提取真实语料，让学生读后能学以致用，理解生活中的文字材料，甚至解决生活中的问题。

第三，融入中国文化知识，丰富学生的内容图式。外语阅读教学有两个目的：一个是练习从读物中获得信息；一个是通过阅读积累更多的语言文化知识。（陈子骄，2003：76）汉语阅读要向学生介绍中国文化知识，一方面完成通过阅读积累文化知识的教学目的，另一方面丰富学生的内容图式。学生了解的文化知识越多，内容图式越丰富，对理解新材料越有利。因此，在阅读材料中融入中国文化知识可以使阅读训练进入良性循环当中。来看下例。

例（2）

我叫大山，是美国纽约人。三个半月以前刚到中国，那个时候什么汉语都不会说。有一天，我买了饮料在收银台交钱的时候发现没带钱包，非常着急。旁边一个又高又瘦的女生对售货员说：“我帮他交钱吧！”就这样，我认识了我的语伴田田。她是个地道的北京人。记得她第一次邀请我去家里做客。因为我不熟悉中国人的做客礼仪，就上网看了好久，最后了解中国人去做客时，喜欢送主人水果、糕点或者酒，所以我买了一些水果。

到了田田家，我看见她的父母就说：“师傅、阿姨好！这是我的一点心意。”他们听了以后笑着让我坐下休息，不要客气，就像在自己家一样。他们去厨房做菜时，田田告诉我应该叫朋友的父母“叔叔阿姨”，不能叫“师傅”，可以对出租车司机或者水果店老板叫“师傅”。看来，上课学习的“师傅”不能随便用，我还要继续学习才行。

例（2）改编自学生的口头报告，是其亲身经历，属真实语料。作为成年学生，留学生都有做客的经历，文中“做客”的信息能够激活已有的内容图式，帮助阅读理解。材料具有一定的实用性，读后学生能了解中国人的做客习俗，可以激发阅读兴趣。材料不但介绍了中国人做客时的文化知识，还说明了汉语称呼语的特点，能够丰富学生的内容图式，为以后的阅读奠定基础。

3．根据结构图式，丰富材料的体裁

结构图式主要指读者对文章体裁和结构的了解程度，它对读者对文章的整体和主题的把握具有较大影响。阅读材料涉及各种体裁，可以帮助学生了解不同体裁文章的结构特点、行文习惯和组织层次。只有这样，才能训练学生自上而下的处理技能、养成整体把握的习惯和概括能力。（王辉，2004：69）在初级语法学习阶段，学生接触的教学内容基本都以对话体呈现，形式单一，阅读材料可以将对话体转写成叙述体。叙述体短文除了记事性强的以外，还应涉及描写人物的。另外，在以记叙文为主的情况下，还应适当增加说明文和应用文阅读，比如学生常见的通知、书信、广告和产品介绍等。到了后期，可以增加议论文阅读，比如选择某种运动方式，并阐述理由的简单议论文。

三、任务型初级汉语阅读课教学模式

任务型教学（task-based language teaching）是20世纪80年代兴起的一种强调“做中学”（learning by doing）的语言教学方法。所谓“任务”，Nunan（1989：10）认为其为学习者使用目的语来理解领悟、处理问题、发挥创造、相互交流的课堂教学活动。Willis（1996：52～62）认为任务型教学的课堂活动分为三个阶段。第一个是任务前阶段（pre-task），一般先是教师介绍单元主题，然后学习者进行活动。第二个是任务环阶段（task cycle），学习者一对一或分成小组来进行活动（通常是阅读或听力练习或是解决问题的练习）。最后是语言焦点阶段，梳理任务中一些特殊的语言形式并进行练习。

“把任务型语言教学应用于汉语阅读课的教学能为目前阅读课教学过程中出现的问题的解决提供帮助”（范文苑，2006：100）。为初级语法阶段的学生设计阅读任务，使其在完成任务中加深理解，并获得语言知识，可以提高阅读理解能力，促进汉语学习的发展。根据任务型教学的一般做法，任务型初级汉语阅读课教学同样分为三个阶段：阅读前阶段、阅读阶段和阅读后阶段。

（一）阅读前阶段

即准备阅读阶段，包括四个步骤。

（1）唤醒学生的背景知识。教师可以直接介绍阅读材料的主题，引导学生进行讨论；可以就材料的主题，联系学生实际，与学生问答。由此开发已有的背景知识，为阅读进行热身。

（2）提供新的知识信息。教师帮助学生学习生词、语法等语言知识。遇到新体裁的阅读材料，教师说明体裁特征和结构特点。

（3）引导学生大胆预测。对文章内容的预测是阅读理解的基础。（李遐，2000：90）在背景知识和新信息都具备的情况下，教师引导学生对阅读材料的主要内容进行预测，为阅读理解奠定基础。

（4）设置问题，使阅读具有目标感。教师在读前设置两三个概括性问题，要求学生带着问题阅读，使阅读具有明确的目标感。

（二）阅读阶段

即实施阅读阶段。语法学习阶段，阅读材料较短，学生要了解大意，掌握关键词，获得重要信息，最终完成课后练习。阅读过程中，教师将学生分成小组进行合作学习。具体包括以下步骤。

（1）带着读前问题，小组合作，快速浏览短文，了解大意。读前问题概括性强，对了解短文大意有指导作用。浏览后，组员间集体协商，概括出短文大意。

（2）弄清课后问题，组员带着问题分头细读短文，边读边将与问题相关的重要信息画出来。读后，组内结合问题进行讨论。组员间在语言知识和背景知识方面互相弥补，通过讨论，既能减少各自的阅读障碍，又能提高组内整体的理解水平。

（3）小组合作，细读短文，一边读，一边合作解决文中的生词、关键词和语法难点造成的问题。如果解决不了，画出来，读后与老师共同解决。

（4）组内合作完成课后练习。因为“学生和教师对于任务的完成都要承担责任”（高磊，2005：53），所以小组在答题时可以跟老师进行对话，针对问题，做更深入的理解。

在这个阶段，教师还要教会学生一些阅读技巧。比如提取短文主题句；结合上下文跨越生词障碍；根据体裁特点，提高概括能力；根据汉字构形特点，猜测词义等。

（三）阅读后阶段

即总结评价阶段，包括四个步骤。

（1）订正答案。教师引导组间互相订正练习答案，加深对阅读材料的理解。

（2）总结语言知识。教师帮助学生学习阅读材料中的关键词和复杂的语法结构，并做适当练习。

（3）读后交流。教师可以引导学生就阅读材料的主题进行讨论，也可以帮助学生反思阅读的结果，包括目标是否完成、存在的阅读问题以及如何调整阅读策略等。针对真实语料的阅读练习，教师可以引导学生联想学习，说一说在什么地方、什么情况下，见到过类似的文字内容，以便巩固并扩大学生的背景知识。

（4）总结评价。学生根据阅读任务的完成情况，先做自我评价，然后组内互相评价，最后教师对此进行评价。

四、教学实验

2012 ～ 2013 学年第一学期，我们在北京语言大学汉语进修学院初级系两个零起点班进行了教学实验。实验班进行任务型初级汉语阅读教学，对照班进行传统的阅读训练。实验班学生 21 人，对照班学生 23 人。两班生源都为中国政府奖学金预科生，他们大多来自非洲、拉丁美洲和太平洋岛国，还有一部分来自中亚和东欧等国，均为非汉字文化圈背景。

经过一个学期的教学实验，实验班和对照班参加了学院统一的读写期末考试，考试结果请看表 1。

表 1　实验班与对照班读写期末考试成绩表

班型	90 分（含）以上	80 分（含）以上	60 分（含）以上
实验班（21 人）	29%（6 人）	57%（12 人）	76%（16 人）
对照班（23 人）	22%（5 人）	48%（11 人）	70%（16 人）

如表 1 所示，实验班的读写期末考试成绩好于对照班。实验班和对照班的学生在 2013 年 5 月参加了学院统一组织的 HSK（新）四级考试，考试包括听力、阅读和书写三部分，每部分为 100 分，60 分为通过。阅读部分的考试成绩请看表 2。

表 2 实验班与对照班 HSK（新）四级阅读部分成绩表

班型	90 分（含）以上	80 分（含）以上	60 分（含）以上
实验班（21 人）	19%（4 人）	38%（8 人）	71%（15 人）
对照班（23 人）	13%（3 人）	30%（7 人）	65%（15 人）

如表 2 所示，实验班在 HSK（新）四级考试阅读部分的成绩也好于对照班。可见，任务型初级汉语阅读课教学模式在教学实验中取得了较好的教学效果，对提高学生的阅读成绩有所帮助。

实验班的学生除了成绩明显高于对照班以外，我们发现他们的阅读热情很高，见到任何文字材料，诸如通知、考场规则等，都会主动阅读。这可能跟学生在新阅读教学模式下取得的阅读成就感有关系，也可能跟平时训练以真实语料为基础、可以学以致用有关系。

五、结　　语

汉语阅读既是学习手段，又是学习目的。它是为了“使学习者广泛地接触言语实际，逐步建立语感并提高二语学习的兴趣和热情；同时，扩大词汇、巩固已经学习过的语法知识”（李如龙，2012：50）。基于图式理论的阅读材料的选编，源于真实语料，融汇了大量学过的生词和语法，并且体裁多样、文化知识丰富、实用性强，能够更好地达成阅读教学的目的。教学过程中，引入任务型教学法，将阅读的过程任务化，师生在合作与对话的教学中达成提高阅读理解能力和提升阅读速度的目标。教学实验发现，在新的阅读教学模式下，学生不但阅读成绩明显提高，而且阅读热情和学习主动性强于对照班。

当然，“根据汉语学习的特点，认知心理学将阅读教学作为程序性知识对待”（乔印伟，2001：96），这就意味着阅读只有经过一定量的练习才能提高。因此，课堂的阅读任务需要延伸到课后，加强课外阅读的质和量，才能不断提高学生的汉语阅读能力。

参考文献

陈子骄　2002　对外汉语阅读教学的新探索，牡丹江师范学院学报，第 5 期。

储诚志　1994　知识图式、篇章构造与汉语阅读教学，世界汉语教学，第 2 期。

范文苑　2006　任务型语言教学在对外汉语中级阅读教学中的应用，现代语文，第 6 期。

高　磊　2005　元认知技能训练在对外汉语阅读教学中的应用，《语言文字应用》。

国家对外汉语教学领导小组办公室　2002　《高等学校外国留学生汉语教学大纲（长期进修）》，北京语言文化大学出版社。

景　萍、石彩霞　2009　汉语阅读教学模式初探——兼谈大学预科汉语阅读教学，《新疆教育学院学报》，第3期。

李如龙　2012　论对外汉语的阅读教学，《国际汉语学报》，第1辑。

李　遐　2006　建构主义学习理论对汉语阅读教学的启示，《喀什师范学院学报（社会科学版）》，第2期。

李智涛　2011　任务型教学在民族学生汉语阅读教学中的应用探究，《洛阳师范学院学报》，第1期。

朴贞姬、郭曙伦　2007　我看对外汉语阅读教学——"从留学生角度看对外汉语教学"系列研究之一，《第四届全国语言文字应用学术研讨会论文集》，四川大学出版社。

乔印伟　2001　汉语阅读教学任务及其量化分析，《世界汉语教学》，第2期。

王　辉　2004　图式理论启发下的对外汉语阅读教学策略，《汉语学习》，第2期。

王尧美、张学广　2009　图式理论与对外汉语阅读教学，《语言教学与研究》，第6期。

吴　平　1995　浅谈对外汉语阅读课教学，《北京第二外国语学院学报》，第3期。

徐子亮　2009　回顾与探讨：近五年的对外汉语阅读教学研究，《第九届国际汉语教学讨论会论文集》，高等教育出版社。

周　健　2000　探索汉语阅读的微技能，《第六届国际汉语教学讨论会论文集》，北京大学出版社。

Nunan, D.　1989　*Designing Tasks for the Communicative Classroom*，Cambridge University Press.

Willis, J.　1996　*A Framework for Task-based Learning*，Longman.

王磊，男，1983年生，硕士，北京语言大学进修学院讲师，2008年参加工作。主要研究方向为对外汉语教学法、教材研究。代表成果有论文《关于汉字教学的体会和实例分析》《任务型教学法在汉语"第二课堂"的探索与实践》《在华留学生礼貌用语敏感程度的调查研究》《试论高级汉语口语教师的"导演意识"——以《电视这东西》一课的教学为例》，参与编写教材《中职医用汉语》（提高篇、听说篇、阅读篇），《体验汉语》（高级1）。

汉语阅读课引入任务型教学的构想

朱　彤

摘　要： 近年来，任务型教学的理论与方法在对外汉语教学领域日益受到重视。本文从阅读课引入任务型教学的意义、任务型阅读教学的操作步骤以及原则等几个方面展开论述，提出在汉语阅读课的教学中引入任务型教学法的构想，以期达到解决目前阅读教学中存在的问题、提高阅读课的教学效率的目的。

关键词： 汉语阅读　任务型教学　阅读技能　阅读策略

一、引　言

作为一门语言技能课，阅读课在第二语言习得过程中起着至关重要的作用。特别是随着信息化时代的到来，阅读在人们的生活工作中的重要地位日益凸显。可是，在对外汉语阅读课教学当中，长期以来存在着一些问题，影响到了阅读课的教学效果。目前阅读教学中存在的问题突出表现为：

1. 课型性质的把握不准确，课型特点不突出。（韩经太，2008：67）在阅读课教学中，大部分沿用教师讲解生词、学生阅读课文、回答问题、教师串讲的教学程式，教师授课时对词汇和语法点的讲解过多，无论是教材还是教法都与综合课相近。2. 整体认读训练匮乏，阅读量偏小。3. 学生阅读缺乏主动性，课堂气氛沉闷。

造成上述问题的原因，可以从三方面分析：

一是从教材的角度看，语料偏难，教师不得不花费时间讲解文中的词汇和语法；一些短文的文学性或专业性太强；教材提供的阅读量偏小，教师不得不对现有的阅读材料做深入的挖掘，这样阅读课和综合课就很难区别开来。

二是从学生的角度看，有些学生掌握的词汇量小，语言知识有限，没有建立起有效的阅读策略，缺乏相应的汉语阅读技能。

三是从教师的角度看，对于阅读教学的目的、任务和性质缺乏正确的认识，虽然备课与讲授都很认真，却达不到应有的效果。

要解决上述问题，教师进一步明确阅读课的目的、任务和性质固然很有必要，但同时，也应改进教学理念与授课的方式。在以语言形式为核心的传统教学模式下，教学程序习惯于自下而上，从个别到一般，从局部到整体，按照生词、句子、段落、篇章的顺序步步为营向前推进。阅读教学也是如此。讲授式的教学方法往往以课文为中心，词汇和语法成为教学的重点，而练习不过是为了检查和强化学习成果，这样很容易使阅读教学变成承担词汇、语法等语言基础知识教学任务的综合课。

近些年，在对外汉语教学领域涌现出了大量关于任务型教学法理论和实践的研究成果，尤其是在口语教学方面，任务型教学的理念与方法得到普遍的认可，任务型口语教材也已问世。相对来讲，任务型教学在阅读教学中的应用则是一个有待开拓的领域。如果能够借鉴新的教学理念与方法，并将其引入到阅读教学当中，将有助于解决目前阅读教学中存在的问题，提高阅读课的教学效率与教学效果。

二、阅读课引入任务型教学法的意义

兴起于20世纪80年代的任务型教学，是交际教学法的发展。在教学活动中，教师围绕特定的交际和语言项目，设计出具体的可操作的任务，学生通过表达、沟通、交涉、解释、询问等各种语言活动形式来完成任务，以达到学习和掌握语言的目的。

（一）任务型教学法充分体现了阅读教学交际性与实践性的特点

阅读是一种言语交际活动，是语言与思维相互作用的过程。阅读课的课型特点在于它的书面交际性与阅读实践性。阅读作为一门语言技能课，在教学当中应贯彻交际性与实践性的原则。对于交际性，一直以来强调的是口头交际，而对于阅读当中的书面交际重视不够。任务型教学强调通过口头或书面交际获得意义，主张在“做中学”，让学习者在课堂上成为语言的使用者，让语言在课堂上成为交际的工具。以表达意义和传递信息为目的的学习活动，为学生提供了真实交际的机会，有利于学习者形成真正的交际能力和在真实交际环境中运用语言的能力。阅读课堂上，始终围绕着完成任务而展开教学，在完成任务的过程中学生自然地习得语言，充分体现了阅读课交际性与实践性的特点。

（二）任务型教学法有助于阅读教学目标的实现

提高学生阅读理解能力、掌握阅读技能，是阅读教学的目标。汉语阅读能力不是教师教会的，也不是学习者掌握了语言知识、阅读技能就自然形成的，它是学习者在掌握了语言知识的基础上，在阅读实践当中建构发展起来的。任务型教学从培育学生在实际生活和学习中的阅读能力入手，阅读材料成为参与社会交际的工具。教师在进行阅读课堂教学时，布置不同类型的任务，学生根据不同的目的和要求，采用通读、略读、查阅等不同的阅读方法，灵活运用各种阅读技能，以达到完成任务的目的。当阅读以获取信息为主要目的时，学生在阅读过程中才不至于纠结于语言形式，而将注意力放在对于阅读内容的理解上，从而实现通过大量语料的阅读实践提高阅读理解能力、掌握阅读技能的教学目标。

（三）任务型教学法有助于调动学生阅读的积极性与主动性

任务型教学强调以学生为中心，教师的主要责任是设计任务，提供必要的材料，提出活动要求，引导、帮助学生完成任务，并根据学生完成任务的情况，进行有针对性的训练。形式多样的任务活动，使阅读有了明确具体的目标和具体的操作要求，可以激发学习者的学习动机。同时，这些是与学习者现实与未来息息相关的阅读任务，而不是枯燥的语言形式操练和单调的信息重复，使整个阅读活动变得更实用、更自然、更有意义，充分调动了学生的学习积极性和主动性，也培养了学生解决实际问题的能力。在这一过程中，学生真正成为阅读实践的主角、教学活动的主体，为了完成任务，学生不知不觉中从“要我读”变为“我要读”。

三、结合任务的阅读教学的操作程序

任务的设计是进行任务型教学的关键。不同的专家学者对任务的类型有不同的划分方法。Prabhu（1982）提出了教学任务的三种类型，即信息差任务（information-gap tasks）、观点差任务（opinion-gap tasks）和推理差任务（reasoning-gap tasks）。Pattison（1987）提出了更为详细的活动类别，如问和答、对话和角色扮演、匹配活动、讨论和决策等。Jane Willis（1996）则提出了列举、排序与分类、比较、解决难题、交流个人经历和创造性任务等六种任务类型。这些任务类型主要围绕培养学习者的口语技能而展开。针对阅读教学，Grellet（1981）归纳出给图画排序（ordering a sequence of pictures）、将文本与画面进行比较（comparing texts and pictures）、拼合式阅读（jigsaw reading）、重新组织信息（reorganizing the information）、总结（summarizing）、记笔记（notes taking）等十一种课堂阅读任务的类型。在实际的阅读教学中，教师可以根据具体的语言知识、阅读技能及材料的文体类型，设计与之相应的阅读任务，如解决问题式的任务，给学生不同的房屋广告（信息差任务），让学生通过阅读查找到重要信息（阅读策略训练，也可看成是一种任务），为新同学选择一个估计会令其满意的房子租住（推理差任务），或各自为自己找到租住的房子（观点差任务）。这一任务还可以比赛的形式，看谁或哪组最先找到合适的房子（训练阅读速度）。这样开放式的阅读任务为学生提供了交换信息、交流观点、沟通情感的自然而真实的语言环境，鼓励学生将所学知识与生活中的实际需要相结合，达到读以致用的目的。同时，学习者通过完成任务（如获取信息完成信息差、观点差、推理差任务），逐步培养阅读策略，提升阅读速度。

对于任务型教学的过程，各家不尽相同。与第二语言教学的主流模式展示（presentation)、练习（practice）、表达（production）的3P教学模式不同，Jane Willis将任务型课堂教学的过程，概括为任务前（the pre-task phrase）、任务链(the task-cycle）和语言分析（the language analysis）三个阶段（程晓堂，2004：94），恰好将传统三段式教学的第一阶段和第三阶段调换了位置，体现出任务型教学“在用中学”的宗旨。Ellis也将任务型语言教学过程概括为前期阶段（即“任务前阶段”）、展开阶段（即“任务中阶段”）和反馈阶段（即“任务后阶段”）三个阶段。两人都强调各阶段围绕着特定的任务进行活动，达到促进语言习得的目的，但具体内容和形式上有所不同。我们可以综合二人的观点，根据三个阶段的构架，从阅读前期活动、阅读中期活动和阅读后期活动这三个阶段来设计任务型阅读教学的操作程序。

（一）阅读前期活动

根据阅读课文话题的不同，组织设计不同形式的活动。这是开始阅读前的准备，包括语言准备和心理准备，如：

（1）演示与课文相关的实物、图片、视频等，引入本课话题。

（2）阅读介绍课文背景的浅显易懂的材料。

（3）演示课文中的关键词语，即对于理解文章内容至关重要的词语，这些词是既不可能跳过也无法猜测的词语，如文中每一段的中心词。演示的词语不包括在行文中可以跳跃障碍或根据上下文猜测出词义的生词。

（4）在演示重要词语的基础上，可以让学生联想拓展相关词语，绘制语义图。

（5）根据文章题目，猜测文章内容。

（6）根据课文前面的阅读提示，猜测文章内容。

（7）对于一些结构上有特点的文章，可以快速浏览文章的第一段和最后一段，或是快速浏览每一段落的首句，以便确定文章的要点。

这些前期准备活动的目的，一是可以帮助学生了解相关的背景知识和主要内容，激活学生的语言文化知识图储备，为正式的阅读活动扫清障碍、做好铺垫。这里的语言准备不同于一般的词语学习，演示这些词语的目的是为完成下一阶段的任务做准备；二是集中学生的注意力，激发他们的阅读兴趣，引导他们积极参与完成任务。阅读心理学指出，只有当学生对阅读内容产生了兴趣之后，才有可能进行意义层次上的阅读，才不会被文章中的生词和不熟悉的句法结构所困扰，敢于大胆推测、跨越障碍，在理解意义的同时也提高了阅读技能。例如在《中华民族与龙》这一课的学习前阶段，可以展示龙的图片或视频；或让学生展开联想，扩充带“龙”字的词语，如果能够配合相应的图片，学生会获得更直观的感受。在学习《藏羚羊的命运》一课时，可以先让学生读一篇关于藏羚羊的生活习性的介绍资料，并配合图片，使学生对于藏羚羊有一个初步了解；在看到《学习汉语的乐趣》这一题目时，让学生猜一猜作者是谁，并结合学生自身实际，说说文章可能写了哪些内容。（以上课文出自彭志平编著《汉语阅读教程》第三册，北京语言大学出版社，2010 年 8 月）

（二）阅读中期活动

这是任务型教学最重要的阶段，是执行任务和完成任务的过程。首先教师要给出具体明确的任务内容和要求，根据任务的难易度和学生水平的不同限定时间，学生分组或独立在规定时间内完成任务。

阅读教学中这一阶段任务可以分为两个层次，第一层次的任务可以概括为把握文章主旨，即在学生对文章的内容、语言和结构都不熟悉的情况下，为学生快速浏览阅读文章、了解文章相关信息而设计相应的任务。教师根据文体的不同，布置给学生不同的任务。如记叙文类文章要求找出事件发生的时间、地点、主要人物等，并说出大致情节；议论文要找出主要观点是什么；游记类的找出呈现的顺序，是时间顺序、空间顺序还是重要程度的顺序；有明显的主题句和中心句的文章，要求找出每段话的主题句和文章的中心句。这一层次的任务，侧重于对阅读材料的整体理解，不宜过多、过细、过深。

在快速浏览文章之后，教师布置第二层次的任务。这一层次的任务可以概括为对文章的深入理解，包括对文中重要事实和细节的理解，要求学生在通读文章的基础上，运用相关的阅读技能，理解文中信息，捕捉文中细节。对于长篇文章可以分段阅读，预测下一段可能出现的内容。学生可以提出自己不懂的问题，在小组内部或小组之间展开讨论。

在这一过程中，还可以选择不同形式的阅读材料，包括广告、菜单、节目单、时刻表、统计数据等，设计与学生现实、未来学习生活相关的真实交际任务（如点菜、问路、求医、求职、购物、旅行等），有意识地培养学生采用不同的阅读方法和阅读技能，解决实际问题的能力。

（三）阅读后期活动

这一阶段也被称为反馈阶段或语言聚焦阶段，大部分研究者提出要针对一些重要的语言项目进行操练，使学习者达到对语言形式的自觉。根据阅读课教学的特点，可以设计以下活动：

（1）对阅读材料的结构特点、叙述方式、描写手法等进行归类。

（2）总结本次课涉及的阅读方法与技能。

（3）根据学生在完成任务过程中阅读的文章，设计一些以语言为焦点的活动，如生成性强的语素的扩展、同义词反义词的归纳、重要的句式和语法点等。

上述三种活动都可以设计成填表格、连线、排序等形式的任务，由学生独立或合作完成。

（4）拓展性的阅读。运用本课学习的阅读策略与阅读技能，阅读几个新的语篇，完成跟本课主题相关的任务。

（5）布置一些对于任务的思考探究式题目。在理解了文章的内容和作者的写作意图之后，学生往往会对文章中出现的人和事、作者表达的观点和态度做出评价，教师设计一些活动让学生表明立场，或同意或反对、或肯定或否定、或喜欢或厌恶，将阅读所学得的知识、技能和情感应用到同类或异类的事物中去。在输入能力提高的基础上，提高语言输出能力，而一定量的语言输出反过来又强化了所学习的语言知识和阅读技能，让语言真正成为有效的交际工具。

阅读后期的这些任务有助于巩固学生对于语言形式的把握、培养学生使用阅读技能的自觉性，从而达到学以致用的目的。

四、结合任务的阅读教学的几个原则

目前普遍为研究者所认可的任务型教学的原则，有真实性原则、形式 / 功能原则、连贯性原则、可操作性原则、实用性原则、趣味性原则等。根据汉语阅读教学的实际情况，本文认为结合任务的阅读教学应该把握以下几个原则：

（一）将交际性任务与阶段性的语言学习重点以及阅读课教学的总体目标相结合

在语言教学的不同阶段中，阅读课有不同的教学内容及教学要求。初级汉语的语音阶段侧重训练学生识字、辨字，培养其认读字、词、词组的能力；语法阶段是阅读的起始阶段，侧重训练学生对汉语的字义、词义、句义的理解能力；短文阶段则是阅读的提高阶段，侧重对段落、篇章大意的理解能力及概括能力的培养和训练。由一年级升入二年级的留学生已经基本掌握了3000多个汉语词汇，这时阅读课的教学内容和教学重点应放在各种语言技能和阅读策略的训练、提高学生的阅读理解能力上。贯穿于各阶段阅读教学过程中的是对于学生阅读技能的培养，如通过表意偏旁、构词法以及上下文猜测字义、词义；通过压缩法和关联词语阅读长句、难句；根据中心句和提示词语把握理解段落内容；通过题目与主题句或主题段理解篇章等。任务型教学的交际性任务应该与阶段性的语言学习重点和阅读课教学的总体目标相结合，使学生在完成一系列真实、有意义的任务的过程中，学习语言、使用语言、掌握相应的阅读技能。

（二）以任务为纲，将阅读技能的训练与语言知识的巩固相结合

第二语言教学中的阅读教学，影响学生阅读理解的因素有语言因素和非语言因素，但目前影响学生尤其是低年级学生阅读的主要因素还是语言水平，学生普遍反映阅读过程最大的困难是词汇量太少。因此，阅读教学特别是初级汉语阅读教学必须将语言形式作为一个重点，把识认汉字、掌握词汇、扩大词汇量作为初级汉语阅读教学的一个重要任务来抓。在阅读课上，充分利用阅读的语料巩固所学的字词与语法结构，扩大词汇量。同时，阅读技能的培养也不容忽视。虽然阅读能力是受过教育的人所应具备的，不是非得经过第二语言教育才能获得的，阅读的方法和技能也不是唯有阅读外文资料才有用，但母语和外语毕竟是两种语言，具有不同的特性，尤其是作为以象形文字为基础发展起来的表意文字的汉语，在阅读方法和技巧方面也有很多独特之处，而中国人特有的思维方式和文化传统也对于文章的段落、篇章结构等具有不可忽略的影响，因而针对留学生进行汉语阅读技能方面的训练是必要的。

初级阶段的学生汉语词汇量很小，语法知识有限，对于词义、句义的猜测能力低下，阅读中常用的根据上下文猜测词义等阅读技能在实际操作中效果不明显。但根据汉字的构字、构词特点猜测字义和词义、扩展新词的确是可行的。当学生遇到生字生词时，教师应避免直接讲授词汇的意思和用法，而是引导学生寻找字形、语素线索或上下文线索，强化猜词能力的同时，也加深了学生对生字生词的理解。针对阅读过程中学生过多地将注意力集中在字词上的问题，阅读技能训练中不应把猜字词与句子理解截然分开，而应该适当设计一些把二者结合起来的任务项目。从初级短文阅读开始，可适当地设计一些段落篇章方面的任务，比如抓主要观点、了解文章大意等。中级阅读技能训练侧重于篇章，但学生在字词方面的问题还不少，因此应该穿插着随文进行一些字词句方面的阅读技能训练。

在结合任务的阅读教学中，教师可以根据课程的总体目标和教学内容，设计出接近于真实的交际性任务，与学习性任务结合起来，以任务为纲，在完成任务的过程中学习并使用语言和阅读技能，将语言知识的巩固与阅读技能的训练结合起来，更好地实现阅读课的教学目标。

（三）以读为主，结合听、说、写的技能，全面提高学生的综合语言素质

任务型教学强调交际任务，某些任务型教学理论甚至只承认口头交际任务和真实交际任务。其实，任务的外延可以扩大些，“思考性的任务、查找性的任务”（鲁健骥，2010）都是任务，而且是阅读教学当中很重要的任务。另一方面，由于任务型教学强调小组活动，强调交流合作与讨论汇报，因此，学生在课堂上说的机会较多，而“阅读类课程其交际形式更多的是阅读者与所读文章的交际”（陈田顺，1999），因此，必须保证学生的阅读时间，将学生通过阅读而完成的任务放在最核心的位置上。在学生从事讨论、汇报等非阅读活动时，应该控制时间，以免喧宾夺主，将阅读课变成口语课、讨论课。

（四）将任务延伸到课外，将课堂上的任务与课前的预习与课后的作业结合起来

第二语言学习者的阅读熟练程度，很大程度上取决于阅读数量的积累，没有一定量的积累，就难以提高阅读理解能力和培养阅读技能。但事实上每周阅读课的课时数量是有限的，仅利用上课的时间阅读是远远不够的。目前学生在课外基本没有用汉语阅读的习惯。课外读什么？教材的内容有限，而中文的报纸杂志书籍对于初中级水平的学生来说太难。没有合适的读物是一个问题，如何检查学生的课外阅读情况也是一个问题，如果只是将课外阅读作业布置下去，而不进行检查督促，对于学习缺乏自觉性的学生来说课外阅读就会流于形式。结合任务型的课堂教学，我们可以将阅读行为延伸到课外，将课堂上的任务、课前的预习与课后的作业结合起来。

在这方面，鲁健骥（2010）曾给出了一个很好的建议，即课前“对预习提出具体的要求”，可以是语言方面的准备，如下次课要讲的是关于茶的内容，预先让学生搜集跟茶有关的词语。也可以是对于内容的准备，将下一课的教学任务预先告知学生，布置学生在报刊书籍和网络上查阅搜集相关的信息，包括图片、新闻、评论等。如下次课的内容是关于租房的，可以让学生找几条租房的广告，看看是否符合自己找房的条件；下一课是关于吸烟的危害的，可以让学生课下查一查吸烟有哪些危害。为了完成任务，学生必须提前做准备，如翻阅书刊或到网上查找资料。同样，还可以将课堂上的阅读后期活动中的思考探究式任务放到课后来完成，如将自己的观点和理由写出来。比如在学习完关于课余打工的内容后，可以写下自己对于打工的利弊分析，也可以写一写自己打工的经历等，下一次上课时与同学阅读分享。如果把课后阅读作为阅读后期或者是下一次阅读教学的前期活动的一部分，就可以有效地提高学生参与的迫切性，提高了课堂上所学语言形式的复现率，增加了阅读量，有利于培养学生的阅读习惯，扩大词汇量，掌握阅读技巧，从而提高阅读理解的能力。

五、结　　语

正如吴中伟、郭鹏（2009）在《对外汉语任务型教学》一书中所言，“没有哪一种教学法是十全十美的，也没有哪一种教学法是一无是处的”。本文所构想的结合任务型教学的阅读教学，并非严格意义上的任务型教学，只是借鉴任务型教学核心理念与方法的初步构想，希冀对传统的教学方式加以改进和补充。其实，不论是哪种教学法，最重要的是适应教学的需要，保证教学获得最佳的效果，因此，必须在阅读教学实践中根据实际情况，不断对教学方法加以调整和完善。

参考文献

陈田顺　1999　《对外汉语教学中高级阶段课程规范》，北京语言文化大学出版社。

陈田顺　2000　关于《中级汉语阅读教程》的构想，《语言文化教学研究集刊》，第四辑，华语教学出版社。

程晓堂　2004　《任务型语言教学》，高等教育出版社。

龚亚夫、罗少茜　2006　《任务型语言教学》，人民教育出版社。

韩经太　2008　《教学督导的实践探索》，北京语言大学出版社。

李　杨　1997　《对外汉语教学课程研究》，北京语言文化大学出版社。

鲁健骥　2009　澄清对外汉语教学模式演变过程中的两点重要事实，《暨南大学华文学院学报》，第3期。

鲁健骥　2010　关于创造型对外汉语教学与创造式汉语学习的思考，《语言教学与研究》，第4期。

吴中伟、郭　鹏　2009　《对外汉语任务型教学》，北京大学出版社。

赵　雷　2008　建立任务型对外汉语口语教学系统的思考，《语言教学与研究》，第3期。

赵 雷 2009 任务型中级汉语口语教材的编写设想,《汉语国际教育标准与多元化教学》。
David Nunan 2011 《任务型语言教学》, 外语教育与研究出版社。
Ellis, R. 1994 *The Study of Second language Acquisition,* Oxford University Press.
Grellet, F. 1981 *Developing Reading Skills,* Cambridge University Press.
Lai, J. 1997 *Reading Strategies:a study guide,* Chinese University of Hong Kong.
Prabhu. N. S. 1987 *Second Language Pedagogy: A Perspective*, Oxford University Press.
Willis, J. 2000 *A Framework for task-based learning*, Addison Wesley Longman.

朱彤，女，1970年出生，博士，讲师。教学专长为对外汉语阅读、写作教学，研究方向为对外汉语、比较文学。代表性成果有论文《新感觉派小说的主题研究》《左翼文学叙述模式的流变》《多媒体技术在汉语教学中的应用》等；编有教材《汉语普通话教程》《汉语阅读教程》《高级经贸汉语教程》等。

对外汉语阅读教学中移动智能设备应用探索*

郭姝慧

摘　要：本文探讨了在对外汉语阅读教学中依托移动智能设备，如何通过订制化软件以实现课堂内外的交互式教学活动。此类订制化软件可从三个方面入手，一是阅读内容的建设，二是阅读过程的监控，三是阅读效果的评测。

关键词：对外汉语阅读教学　订制化软件　交互式学习

一、引　　言

随着技术的进步，基于移动智能设备（如智能手机、平板电脑等数码产品）的阅读日益流行，移动设备的便携性、阅读体验中的交互性以及阅读材料的多样性广受人们称赞。近年来不断有学者探讨移动智能设备在语言学习中的应用，如徐娟等（2010）、沈锐等（2012）、付星（2011）等，但鲜少见到对外汉语阅读教学中移动智能设备的应用研究。以往的对外汉语阅读教学研究，多着力于学生阅读能力的培养、阅读技能的训练以及阅读教学的模式等（徐子亮，2008）。

移动智能设备的一大特点是其移动性，基于移动智能设备的阅读不管是借助网络的在线阅读还是无需借助网络的离线阅读，都同传统的纸质阅读在阅读过程、阅读效果方面存在一些差异。人们普遍将这种阅读模式等同于浅阅读，认为它是一种基本不太需要思考而进行的粗略的、跳跃性、浏览式的阅读方法，内容的选择上具有随意性、时间的利用上具有碎片化（一般不会是课堂内的学习）等特点。笔者认为，基于移动智能设备的对外汉语阅读课学习，如果仅将着眼点集中于移动，则难免会遇到上文所涉及的问题。如果我们将着眼点偏向于智能，则能充分发挥移动智能设备的优点，让其贯通课内课外的学习，融合

* 本研究得到教育部人文社会科学 2010 年度基地重大项目（10JJD740002）资助。

正式或者非正式的学习，从而推进学生为主体的个性化学习以及交互式学习。

本文拟探讨在对外汉语阅读教学中，教师和学生依托移动智能设备开展阅读教学的发展方向和前景。我们可通过专门开发的用于对外汉语阅读教学的订制化软件，进行阅读内容的建设、开展阅读过程的监控、落实阅读效果的评测，以期更为便利地实现课内外的交互式阅读教学活动。

二、对外汉语阅读内容的建设

阅读本质上是对信息进行理解和接受的一种言语行为。阅读者首先接触文字载体，把接收到的信息传导到大脑，大脑再对这些信息进行筛选、分类和预测。二语习得有一个先决条件就是足够的语言输入，如今移动智能设备能够方便地下载电子阅读软件，这使得语言的存储量大大增加，从而保证了学生能够开展足够量的阅读。基于移动智能设备的对外汉语阅读不仅具有更为开放的阅读内容，还可对相应内容进行更为灵活的编排，同时也能给阅读内容提供更为便利的细节处理。

（一）更为开放的阅读内容

对外汉语初、中、高三个阶段各有不同的阅读任务。初级阶段主要完成从识字、辨字到词、词组的认读，从单句、短句的阅读训练到长句、复句的阅读训练，再到段落、篇章的阅读理解以及快速阅读技能的训练。中级阶段则“要使学生读得多，读得快，理解率高并且记得牢”（陈田顺，1999），这个阶段的报刊语言基础课程重点要求学生熟悉报刊句式，了解报刊新闻文体特点及语篇结构规律。高级阶段的报刊阅读课则希望学生能借助工具书阅读报刊杂志上的一般性报道文章。不同阶段的不同教学任务要由相应的教学内容来体现。初级阶段和中级阶段一般阅读课往往不过分追求内容的新颖，而报刊课教材则“必须规范与新颖兼顾……所以报刊课在以固定教材为范本的基础上还必须选取时新的报刊文章作为补充教材”（陈田顺，1999）。以往的报刊阅读课，教师对纸质报刊的依赖性很强，往往要花费大量的时间去查找并复印资料，如果拿原始的报刊材料，版面上的其他内容也容易分散其注意力，学生不易集中注意力于所要阅读的文章。

基于移动智能设备的对外汉语阅读教学，则可以解决教师的上述烦忧。移动智能设备的海量存储可以容纳更为开放更为丰富的阅读内容，我们既可将原有的纸质教材全部实现电子化，还可不断提供用来阅读的新材料。比如我们可将全部报刊的电子版本作为阅读材料收录进教学内容，纳入到订制化软件的目录管理中，这些阅读材料可保持与纸质报刊同步更新。纳入软件系统的阅读内容还可通过对关键词的提取等实现对话题的分类，区分哪些是强调文化知识和文学题材的阅读材料，哪些是强调实用性（如交通时刻表的查询、广告的分类等）的阅读材料等等，以保证阅读内容能够涵盖尽量多的话题。在收录阅读内容时也要注意对阅读体裁的分类，区分记叙文、议论文、说明文等。教师还可根据学生的不同水平对阅读材料的内容加以进一步的选取和编辑修订。

（二）更为灵活的编排方式

保证足够的可阅读量并不意味着阅读技能的自动获得和提高，可供阅读的语言输入材料会有难易和优劣之分，阅读技能的获得和提高最终要靠阅读教材对技能训练点的合理编排。教材对教学内容的编排方式并非一种，传统的普通阅读教材一般会根据初、中、高不同的等级，区分不同的话题单元进行阶梯式编排。有的阅读教材属于专业阅读理解，如文学阅读、商务阅读、科普阅读，等等。这些专业阅读理解的篇目难度也是循环上升的，编排时同普通阅读教材一样都会考虑到阅读技能的训练，通常会以阅读技能训练为主线来编排单元或课文。阅读技能的训练点有的教材编排时处理得非常细致，会涉及句子理解、段落理解、抓标志词、抓主题句、猜测、预测、跨越障碍，等等；有的教材在以阅读技能训练为纲的同时，还会按照阅读的类别如查读、略读、通读、评读等，编排阅读教学内容（刘正文，2001）。

传统的纸质教材囿于成本和材料，编排方式一旦固定，一学期内教师甚少中途更换，课与课之间顺序也基本不会变更。而基于移动智能设备的对外汉语阅读教学，则可通过订制化软件，根据不同教学目的教学需要轻松实现编排方式的更改。在阅读内容资料库中，我们可为学生自动搜寻与本文内容有联系的其他篇目，按照话题的匹配程度、词汇的复现程度、文本难度的匹配程度、阅读技能训练的匹配程度等几个维度将这些文章进行排序，以供学生展开进一步的阅读。而同一话题的阅读材料，我们既可以按传统的初中高等级分散在不同教学阶段的不同单元；也可按照话题特征重新将其整合归类为一个单元。如要培养学生“抓主题句”这样的阅读技能，可通过方便的查找功能将有主题句的段落予以归类，方便对学生进行集中的强化训练。当然这样的编排需要教学者做大量阅读内容建设工作，即幕后标注工作，比如要区分阅读材料所属的体裁类别，要标明阅读材料更适合哪种阅读类别，等等。幕后的标注工作做好，教师才方便因教学需要而临时重新编排。如果条件允许，教学者在实施教学时，还可根据学生水平，为其编排特定的课外阅读内容并选定适当的阅读篇目数量。

（三）更为便利的细节处理

利用订制化的软件进行阅读教学，可以充分利用软件中的功能进行细节处理。比如我们可为教师和学生设置不同的阅读权限，包括阅读材料的多少、阅读时间的选择，如课堂内教师控制权限的阅读材料可在课外对学生予以开放。对于汉语阅读水平较高的学生，因材施教为其开放更多阅读篇目的权限。

再如阅读时学生可翻行翻页，设置阅读字体大小缩放、查阅生词等。学生可利用阅读软件中的嵌入式词典查找生词的读音和意义，嵌入式词典的应用给学生的自主性学习提供了便利的条件，对于阅读水平较高的学生，无需借助这种词典就可以完成全文的阅读，而对于阅读水平低于文章难度的学生，则可在嵌入式词典的帮助下完成全文的阅读。教师可根据学生实际水平提前进行生词选取，使嵌入式词典适用于本次阅读中的生词。为了训练学生的“猜词”技能，教师也可取消嵌入式词典的应用。

通过订制化的软件，学生还可通过查找，获取链接中设置的与本课学习内容相关的语言或文化背景知识。学生也可在阅读材料中添加文字或语音批注，以文字高亮或添加色彩的形式划出重点，插入或删除用于个性化笔记的书签，这些内容还可通过短信或者其他形式即时推送给学生或者教师，这种交互式的学习方式有助于调动学生主动学习的精神，也利于增进师生间或学习者之间的关系。

三、对外汉语阅读过程的监控

基于移动智能设备的对外汉语阅读教学，要能通过订制化的软件实现对学生阅读过程的监控。传统课堂教学中，教师只能通过肉眼来观察学生在阅读过程中的表现，移动智能设备为教师对学生阅读过程的监控提供了数据化的可能。通过订制化软件，教师可监控学生的整体阅读时间及查读时间，监控学生查找生词的数量，监控学生停留在难点上的时长以及难点的数量等。

（一）阅读时间的监控

快速阅读技能训练是阅读教学中的一大内容，在正确理解 70% ～ 80% 内容的基础上求速度是最有效的阅读教学。快速阅读是要在保证这一正确理解率的前提下，以尽可能快的速度进行的阅读活动。在传统的课堂教学中，教师需提前统计纸质教材中的文字数量，然后按现阶段要求学生达到的阅读速度进行所需时间的计算，继而限制学生阅读该部分文字的时间。在规定的时间内，学生完成阅读的时间有早有晚，甚至有些学生难以完成任务。传统的课堂上无法一一搜集学生的阅读时间数据，教师只能根据学生的课堂表现进行猜测。通过订制化软件，我们不仅可以轻松地统计阅读文本的字数，预估完成阅读所需的时间，还可在软件中设置一个阅读完成后确认提交“已阅”的功能，这些数据会逐一反馈到教师平台，最后做出一个阅读时间的统计表格。这个功能不仅可应用于文章的整体阅读，也可用于“查读、略读”这样的阅读类别。查读的目的是为了查找某一个具体问题的答案，一旦找到，即可宣布阅读完成。略读的目的则是要了解文章大意，不求全面、透彻地了解全部内容。对于教师来说，了解学生完成不同类别阅读的时间，对于改进阅读教学是非常有帮助的。

（二）生词查找数量的监控

初级阶段阅读理解的最大障碍就是词汇。虽然学习生词不是初级阶段阅读课程的重点任务，但目前的阅读教材篇目中基本都涉及了生词。为培养阅读技巧和提高阅读能力，我们主张阅读中遇到生词，即使是关键性的词语，不建议学生马上查词典，而应引导学生猜测词义。但这不是强制性的，碰到实在难以猜测且影响理解的生词或者虽然经过猜测但需验证是否正确时，应允许学生在第二次或第三次阅读后，听取老师的解释或者自行查询词典。具体到移动智能设备，我们允许学生通过随文的嵌入式词典，查找生词的音义及用法。学生每查找一个，教师的系统中就会得到反馈。等到阅读完成，教师可以掌握有多少个学生查找了某个生词，某个学生查找了多少个生词等等。对于被查找次数最多的词语，教师有必要再做解释或者扩展以便巩固。对于查找生词数量最多的那些学生，教师要根据其实际阅读水平区别对待，一些学生要提醒他尽可能多地阅读，以积累词汇进一步扩大词汇量，另一些学生则可能是希望通过查找的方式巩固这些生词的用法。

（三）难点时长及数量的监控

对于阅读时间的监控以及生词查找数量的监控，都可通过专门的订制化软件来实现。但要达到对学生在阅读难点上花费的时长以及难点数量的监控，则须通过专门的仪器——“眼动仪”。眼动仪同时也能实现对阅读时间及生词查找数量的监控，通过眼动仪来考察阅读过程已成为心理语言学和阅读心理学的研究的一个重要领域。据范琳、刘振前（2007），20世纪80年代以后已陆续发表一些对中文阅读过程眼动特征的研究文章，但以眼动为指标针对二语学习者阅读过程的研究成果尚不多见，已有的如付玉萍（2008）。这其中一个很重要的原因是眼动仪实验室的资金投入量较大。随着移动智能设备的大量应用，有很多技术公司开发出了基于这些手持设备的眼动追踪技术，现已被用于研究用户通过移动智能设备使用购物网站时的眼部关注度变化，获得的相关数据用来研究消费者网购特性以提供更好的服务。我们也可将此应用于针对汉语作为第二语言学习者的阅读过程研究，将眼动追踪技术与我们的阅读教学订制化软件相结合，用来研究学习者的各项眼动特征：包括注视特征（总的阅读时间、注视点持续的时间、注视次数、注视频率等），眼跳特征（眼跳距离、注视广度、眼跳速度、眨眼次数等）、回视特征（回视次数、阅读方式等）、瞳孔变化特征等（参见付玉萍，2008）。这种眼动追踪技术有着很广泛的应用前景，可拓展我们的汉语阅读教学研究视野，但对处于教学一线汉语教学工作者的课堂教学来说则略显复杂。课堂教学中我们要对各项眼动特征有所取舍，比如只关注学生在难点上花费的时长以及难点的数量，以便教师在学生完成阅读后对难点进行必要的讲解及练习。通过眼动仪观察到的阅读难点有可能不是本次训练的目标，而是可以忽视的内容或者可以跨越的障碍，对于难点时长的监控就有助于教师判断学生是否能够真正实现阅读障碍的跨越。

传统的阅读教学教师只能把握学生课堂学习的阅读过程特征，对于课外阅读过程则无法获取相应的信息。移动智能设备的参与使得对于阅读过程的监控并不止于课堂，教师只要可以远程监控，那么即使是在课堂之外，也能达到对于学生阅读过程的了解和掌握。

四、对外汉语阅读效果的评测

传统的阅读教学往往是教师先给学生讲解有关的阅读技能，继而针对这一技能做相应的练习，最后检查阅读的效果，在读后提问或练习解答环节评测学生的阅读效果。

基于移动智能设备的对外汉语阅读将使阅读效果的评测更加具体。首先阅读测试是阅读内容建设的一部分，为使测试更具科学性、客观性，可建立阅读教学的考试题库以及语料库，提前设计并存储好，课堂实施时针对不同水平不同班级，教师可对阅读题目进行微调以便进行不同的选择。读后回答问题也不再囿于学生逐一问答，而是让学生在规定的时间内统一提交，将数据上传至教师控制系统，教师能对阅读练习的答案进行及时汇总和统计评估，既能把握全部学生的整体情况又能充分了解某个学生的个体情况，从而进行更具针对性的讲解。与此同时，教师还能了解学生对每一问题的答题速度，使教师充分发挥对阅读课堂的主导作用。

我们也可开展基于移动智能设备的学生之间的互评，互评易激起他们的学习积极性，从而便于学生之间的交互式学习。通过订制化软件可方便地实现学生对阅读测试的互评工作。这在传统的课堂教学中也是可以实现的，但学生互相交换阅读后成果往往会浪费一些时间，而且很难通过板书形式呈现班级内所有学生的回答。而由教师控制的平台则大大节约了这些时间，每个阅读后的题我们都可以显示相应的链接，这些链接的内容包括其他学生的回答情况以及学生之间对该题的疑问和讨论，学生可通过自己的移动智能设备互相分享阅读感受，也可对回答进行打分来加强互动，促进交流与合作。系统中还可以呈现教师的回答，最终达到通过人机交互、师生交互的学习方式检测阅读效果的目的。

阅读效果的评测不仅仅包括答案正确与否，还应包括对学生阅读理解策略的评测。阅读完成后学生可通过选择题的形式或段落描述的形式向教师报告最终的阅读体验，如阅读过程中的情感和心理体验，是否焦虑，是否能够鼓励自己，是否能够理解他人、与人合作并交流感受，是否应用到了相关的阅读技能，等等。教师也可将自己对学生阅读理解策略的评判反馈给学生。移动智能设备为实现师生之间的互动提供了很好的平台，使得提交的数据更容易存储，更容易统计，对改进学生的阅读理解策略很有帮助。

五、结　语

移动智能设备应用于对外汉语阅读教学是未来的一个趋势。本文提到的对外汉语阅读内容的建设、对外汉语阅读过程的监控以及对外汉语阅读效果的评测，在现阶段实施起来还是有一定的难度。但现在的设想可能是未来课堂的常态，对外汉语教学界应积极培养具有语言学背景能够开发对外汉语阅读教学订制化软件的人才，同时有必要开设一些基于移动智能设备的对外汉语阅读教学实验班级，让移动智能设备更好地为对外汉语教学服务。

参考文献

陈田顺主编　1999《对外汉语教学中高级阶段课程规范》，北京语言文化大学出版社。

范　琳、刘振前　2007　阅读理解过程的眼动研究，《外语与外语教学》，第 4 期。

付　星　2011　基于智能手机的大学英语移动学习，《语文学刊》，第 8 期。

付玉萍　2008　以汉语为第二语言的留学生高级阶段阅读眼动研究，首都师范大学博士学位论文。

刘正文　2001　对外汉语阅读教材的创新——评《中级汉语阅读教程》，《世界汉语教学》，第 2 期。

沈　锐、黄　薇、王　燕　2012　对外汉语教学中移动学习应用探索，《语文学刊》，第 22 期。

徐　娟、董　政、曹　纲　2010　基于智能手机的情境汉语移动学习，《中国教育信息化》，第17期。

徐子亮　2008　回顾与探讨：近五年的对外汉语阅读教学研究，《2008年第九届国际汉语教学研讨会论文选》。

郭姝慧，女，1976年生，北京语言大学汉语学院讲师，文学博士，专业为语言学及应用语言学。2004年参加工作，主要研究方向为现代汉语语法及对外汉语教学，擅长中级汉语以及语法课程的教学。曾发表论文《倒置致使句的类型及其制约条件》《“使”字句的成句条件》等，教案《买彩票》收录于《对外汉语综合课优秀教案集》，参与编写了《商务馆学汉语词典》及《图解基础汉语语法》等教辅图书。

讨论式教学法在高年级留学生阅读课中的应用

——以经济评论选读课为例

孙　喆

摘　要：“经济评论选读课”以培养学生阅读较为专业的经济类文章的能力为主要目标。经济评论类文章经济理论难点多、语言复杂、篇幅较长，因此适合高年级经贸方向的留学生学习。本文探讨了讨论式教学法的应用效果，阐述了开展的步骤、分析了效果，并对教材的选取提出了进一步改进的建议。

关键词：经济评论选读　教材　讨论式教学法　经贸方向高年级留学生

“经济评论选读课”是针对经贸方向高年级的留学生开设的课程。本课程的教学目的，是让学生通过对所选经济学名家的文章进行认真研读，掌握其中的经济学原理、认识其阐述的现象，达到对当今经济热点问题的更深层次的理解，并提高其汉语阅读的能力。因此，对于经贸方向的留学生来说，这是一门既包含经济理论知识运用又重视汉语言训练的重要课程。

本课程开设在四年级上学期，作为高年级汉语言专业的留学生，在一至三年级每年均有阅读课程，特别是经贸方向的学生，从二年级起便学习经贸汉语阅读课程，因此，学生在此基础上继续学习经济类阅读，给这门课的开展带来了很大的挑战。鉴于该门课程的重要性及课时少等特点，笔者经过两年时间的实践教学，总结出了一些经验，有助于提高学生对经济类阅读课的重视，减轻其对阅读课程的倦怠感及对经济类专业文章的心理恐惧感。

一、教材的选择

“经济评论选读课”主要是通过学习所选取的经济名家文章，熟悉文章的语篇结构，掌握其中出现的语言现象，能够理解文章所运用的经济学原理，分析其经济现象，并能在恰当的场合运用文中所出现的专业词汇；通过大量的阅读，掌握国内外经济热点事件，拓展知识面，能够把握重点，培养独立思考的能力，形成自己的观点。在此基础上，能够进一步扩大词汇量，提高阅读效率，培养阅读能力。

受课时少的限制，一学期教授的文章仅有几篇，因此，教材的选择十分重要，力图做到少而精而全。首先时效性要强，还要尽量包含常用的经济专业词汇，并涉及学生所学过的经济学原理；同时，在经济现象方面还要同时涵盖宏观和微观、国内和国际等内容。

本课程使用的教材是笔者自编的讲义，所选文章分别为：第一课《经济开放成就中国三十年奇迹　最大的风险是不发展》（帮助学生首先了解中国改革开放历程，对中国总体经济的发展有一个宏观的认识）；第二课《影响中国消费率的七大因素》（贴合学生自身生活，包含宏观、微观理论，适于开展讨论）；第三课《换一个视角看物价》（以近年来物价增长较快这一热点现象为题材，从新角度认识物价增长背后所隐藏的原因）；第四课《中国企业海外并购的“机与险”》（结合学生所学过的国际直接投资理论，以及美国金融危机后的背景，分析中国企业海外直接投资所面临的问题）；第五课《入世给中国汽车业带来了什么》（以近年来中国汽车产销量跃居世界第一为背景，分析加入WTO十年来，中国汽车行业的发展，涉及贸易专业知识）；第六课《未来经济可持续增长的空间在哪里》（以美国发生金融危机为背景，使学生理解发展中国家所处的形势，以及政府的经济职能等宏观知识）；第七课《美国的巨额贸易逆差是中国造成的吗》（以历时已久的中美贸易矛盾为题材，使学生掌握汇率与贸易的关系、产业理论以及国际金融体系的发展概况）。

二、讨论式教学法的应用步骤

将讨论式教学法应用于经贸类阅读课的教学中，打破了传统阅读教学中讲词汇、看文章、做练习、讲答案的模式。讨论式教学以教师为主导，充分发挥学生的主体能动性，以反向思维和发散思维为特征，通过质疑、探讨，调动学生探索知识的积极性。讨论法的特点主要是教师根据教学要求，事先提出问题；学生通过各种途径，查寻、收集资料，做好讨论前的充分准备。

讨论法要求学生要做充分的准备。学生的准备过程，就是独立或半独立地自己学习的过程。通过讨论中的竞争、辩论、合作和问题解决，可以相互交流、相互启发，集思广益、取长补短，从而达到从不同的角度理解所学知识的目的。这样学得的知识，能保持较深的记忆，讨论中还能增长新知识、开阔思路，充分发挥学生的创造力。

（一）准备阶段

这一阶段是实施课堂讨论的前提。在开始一篇新课文前，挑选出文章中包含的较为典型的经济类词汇或者围绕课文设定的讨论题目，以作业的形式布置给学生，要求提前查好。

经济类专有词汇通常所解释的是一种经济现象，在遇到较多或者较难的词汇时，采取先分组再布置任务的方法，3 ～ 4 人一组，每个小组只负责查找解释一个词汇。例如，第六课《未来经济可持续增长的空间在哪里》中涉及“流动性陷阱”和第七课《美国的巨额贸易逆差是中国造成的吗》中的“特里芬难题”等词语，虽均属于宏观经济学的范畴，但留学生的宏观经济学课程相对简单，因此并没有学过这一词汇，但学生可以根据基本的宏观知识看懂其所描述的经济现象，因此，将这一词汇交给一个小组负责准备，并在讲解课文时由小组成员解释给其他学生。考虑到总体教学时间的限制，该类词语介绍的占用时间应控制在 10 分钟以内。

有些如文章的背景知识、数据等内容，也在讲新课前布置给某个小组来准备。例如，第五课《入世给中国汽车业带来了什么》中，提到中国在加入世界贸易组织后 5 年内汽车产业的产量和销量，但 2011 年已是中国入世 10 年整，因此，有必要使学生了解更新的数据，这一任务以作业的形式布置给一个小组准备，在讲课时由该组补充给学生们关于中国汽车产业发展变化的最新数据情况，可通过简单的 PPT 来进行展示，使得旧文章有了新价值。

事先给学生自主学习的时间和空间，让学生通过各种途径搜寻与问题解决相关的信息并进行初步的思考，为下一阶段的讨论创造了必要条件。

（二）讨论阶段

这一阶段是课堂讨论法的实质阶段。经贸阅读课程虽然以读为主，但因其所涉及的内容与学生所学过的经济原理及现实生活十分贴近，因此，通过讨论可以加深学生对经济原理的理解，开拓看待经济现象的视角，提高对现实问题的分析能力。针对部分具备典型正负两面性影响的问题，采取先小组议论，后综合双方观点以完善认识的循序渐进的步骤引导学生进行讨论。例如，第五课《入世给中国汽车业带来了什么》中谈到“落地完税”政策，为了使学生对这一政策有更全面的认识，采取了分组讨论，部分小组仅考虑该政策实施后对汽车产业的积极影响，另外的小组则只讨论负面影响，小组议论中学生们将自己的观点抛出，进行广泛的讨论。讨论后每小组选代表总结观点，最后由教师综合全部观点使学生对这一现象有了辩证的认识。这类辩论性质的讨论占用的时间应在 15 分钟以内。

因留学生来自世界各地，有时文章中所描述的现象在某些学生的国家有类似经历，针对这一问题采取了请这些学生谈切身感受和认识，以帮助其他学生更直观地了解文章中所述的内容。例如，在第一课《经济开放成就中国三十年奇迹　最大的风险是不发展》中，文章提到中国在实行改革开放前的背景，因考虑到俄罗斯、越南等国家均采取过计划经济体制，后转变为市场经济，有相似的发展历程，则挑选了俄罗斯或越南同学向其他学生介绍这一背景，使学生更深刻地理解改革开放的必要性及重大意义。这类内容通过简单的 PPT 边展示边介绍，时间不宜超过 10 分钟，教师要事先给定需要介绍的详细方面，避免学生过大范围查找资料，使学生介绍时做到少而精。

课文中有些内容可以扩展联系到多国家的情况时，则组织不同国家的学生谈自己国家在这一问题上表现。例如，在第二课《影响中国消费率的七大因素》中，虽然文章分析的是中国的消费现状，但考虑到要让学生对影响消费的因素有更深刻的认识，以及各国表现不同，组织学生根据文章中提到的七个因素，逐一结合自己国家的消费情况进行分析讨论，其他学生根据其分析结论进行提问和辩论。

（三）总结阶段

在学生热烈的讨论和激烈的辩论之后，教师对讨论活动进行总结。总结注意了全面性、辩证性和提高性。对学生讨论过程的各种思路、观点进行较为全面的点评，并在点评中肯定主流、指出错误，使学生通过教师的总结对问题的认识得到进一步的升华。

三、教学效果

（一）加强了学生的语言实践能力

汉语教学应加强教学实践内容，尤其对于即将毕业的高年级学生来说，面临着走向社会、从事具体工作的需要，因此，实践的意义更为突出。基于此，阅读课程除了培养学生阅读能力和提供给学生大量信息外，也应对汉语实践进行相应的配合。本课程此次实验内容重点将讨论引入阅读课程，打破了“以教师和语言传授为中心，学生只是被动地接受，讲答案、记笔记、画重点”的局面，一改沉闷的课堂气氛，把学生的主动性和创造性发挥出来。讨论过程中，学生加深了对所阅读文章内容的印象，又锻炼了分析问题的能力、拥有了更多应用汉语阐述观点的机会。

（二）理论联系了实际

本课程设置在高年级，目的就是在学生掌握了经济学微观、宏观原理后，通过阅读名家名篇，可以将所学知识与现实中发生的经济事件相联系，通过课堂讨论可以更深刻地理解该经济现象。本课程改革传统阅读课的教学方法，时时注重学生所学过的经济学原理知识，在设置讨论题目上，引导学生将理论运用于实际的经济事件分析中。

（三）开拓了学生知识面

本课程选取的阅读文章均出自经济学名家之作，内容涉及中国经济改革、可持续发展、跨国公司并购、产业发展、物价与消费现状、贸易摩擦等经济热点问题，目的是提高学生对经济发展动态的认识，不断吸收新信息，更新自己的知识结构，从而理解政府制定的经济发展战略，为以后的学习和工作打下基础。

（四）为毕业论文做充分准备

高年级的学生将在半年后面临着毕业论文写作，对其来说，这一学期将是其学习知识的尾声，也是最后可以有效提高汉语水平的关键时期。本课程选取的文章的难度与学生毕业论文资料难度相当，学生通过对文章的学习，可以提前感知正规经济学文章的特点，熟悉这类文章的写作方式，并通过讨论提高了全面认识问题、分析问题、解决问题的能力，有助于其在论文写作时更高效率地阅读大量资料，准确把握文章重点，并进行观念上的创新，规范其论文写作。

（五）培养了学生的合作精神

课堂讨论以学生为中心，采取小组的形式，每个学生均有表达思想的机会。讨论式教学强调了师生之间、生生之间的多边互动。学生在合作中信息互动、交流情感、共同学习、互相促进，从而达到共同提高的目的。在合作中还加强了学生之间的团结实践，降低学生的焦虑感，增强自尊心和自信心。

四、存在的问题及建议

存在的问题主要体现在文章的选取方面，本课程所选取的均为国内知名学者对于经济现状的评论文章，语言成熟规范但专业性强，部分文章难度略偏高，需要今后对文章进行进一步简化处理。

另外，选取文章时的角度过于注重中国经济现状，忽视了国际经济运行。虽然这类文章有助于加深学生对中国的了解，但作为留学生教育，还应注重多元文化背景，应在今后加入一些全球经济合作、区域经济合作、国际贸易等方面的文章。

再次，讨论式阅读课教学要避免和综合课重复，因此，讨论时间的把握显得尤为重要，每篇文章安排的讨论点要控制在两个以内，发言形式要多样，内容由教师把握不宜过大，时间控制在 10 ～ 15 分钟之内。

总体来看，学生经过讨论式的阅读课教学，不仅提高了阅读能力，同时在评论能力上也有所提高，从肤浅地看懂文章，提升到了能批判、深入分析问题的层次。将讨论式教学引入阅读课，尤其适合思想活跃、文化背景不同的留学生课堂。

参考文献

马　雪　2006　关于教师对学生学法指导的思考，《教育与职业》。

吴中伟、郭　鹏　2009《对外汉语任务型教学》，北京大学出版社。
张　冰　2006　抛锚式教学模式在英美文学选读中的应用，《黑龙江高教研究》，第 3 期。
张绍杰　2003　关于语言教学的两个基本问题：怎么教和教什么，《基础教育外语教学究》。
赵翠华、王　哲　2007　英语报刊选读课的教学实践与反思，《承德医学院学报》，第 4 期。

孙喆，女，1980 年出生，硕士，北京语言大学汉语学院讲师，2006 年参加工作。研究方向为国际经济与贸易，教学专长为经济学专业课程。

中级汉语阅读教材编写的新思路

——英语阅读教材 *More Reading Power 3* 的启发

于　淼

提　要：*More Reading Power 3* 是一套在欧美地区广泛使用的新型中级英语阅读教材，本文在借鉴这套教材以及考察中级汉语阅读教材的基础上，认为当今汉语阅读教材突出阅读理解，但对阅读技巧训练和阅读习惯培养重视不够。

关键词：阅读教材　编写体例　阅读技巧　编写启示

一、引　言

教材是“教师教学和学生学习所依据的材料，与教学计划和教学大纲构成学校教学内容的有机组成部分，在教学活动的四大环节中，教材占有很重要的地位”（刘珣，2002：312）。在学科建设中，教材是其中十分重要的组成部分。

阅读课教材是在实施专项技能训练的课程设置的基础上，为培养阅读技能、提高阅读能力而编写的分课型教材。现行的阅读教材一般以“话题—内容”为核心，以内容理解为重点，以机械作答为练习方式。到了中高级阶段，因为精读课本身就以阅读理解和选文学习为主，所以阅读教学开始按需设课，编写了报刊阅读、科技文阅读等专门型阅读教材。尽管阅读教材的类型更加细化，版式也愈加新颖，但是它还没能摆脱纯粹单调的“短文—练习”的编写体例。阅读教材在学生阅读技巧的训练、阅读主动性的培养和阅读习惯的养成等方面没能发挥其引导性作用。可以说，汉语阅读教材有待开发和进一步发展。

英语阅读教材 *More Reading Power 3* 集阅读理解、阅读技巧与策略、生词积累和泛读训练为一体，体例新颖，特点鲜明，是欧美地区使用广泛的阅读教材。然而，国内对这套教材的使用和介绍都很少。因此，本文将对 *More Reading Power 3* 进行全面考察和分析，希望对汉语阅读教材的编写具有借鉴意义。

二、*More Reading Power 3* 的编写体例

作为中级阅读教材，*More Reading Power 3* 积极倡导大量阅读，无论是阅读技巧的训练还是词汇学习，都依托在短文阅读的基础之上。因此，它在教材体例上具有鲜明的特点。*More Reading Power 3* 的体例编排请看下表。

第一部分 泛读	介绍	阅读及其意义		
	单元 1	阅读原则 1	阅读练习	
		阅读原则 2	阅读练习	
		阅读原则 3	阅读练习	
	单元 2	小说类阅读	阅读练习	
		非小说类阅读	阅读练习	
	单元 3	推荐书目	阅读练习	
第二部分 词汇积累	介绍	阅读与词汇积累		
	单元 1	利用词典	阅读练习	
	单元 2	积累生词	阅读练习	
	单元 3	上下文猜词	阅读练习	
	单元 4	词根猜词	阅读练习	
	单元 5	词语搭配	阅读练习	
	单元 6	结构标志词	阅读练习	
第三部分 阅读技巧	介绍	阅读与技巧		
	单元 1	略读	阅读练习	词汇聚焦
	单元 2	预测	阅读练习	词汇聚焦
	单元 3	段落主题	阅读练习	词汇聚焦
	单元 4	结构识别	阅读练习	词汇聚焦
	单元 5	长篇阅读	阅读练习	词汇聚焦
	单元 6	跳读	阅读练习	词汇聚焦
第四部分 快速阅读	介绍	快速阅读及其指导		
	单元 1	短文	阅读练习	
	单元 2	短文	阅读练习	
	单元 3	短文	阅读练习	

如上表所示，*More Reading Power 3* 共分为四个部分，即泛读、词汇积累、阅读技巧和快速阅读。从总体上看，每个部分都先向学习者说明该部分的内容简介和训练目标，然后通过若干单元，将训练目标融入到不同的短文中，从不同的方面对学习者进行阅读训练。

具体来说，第一部分先为学习者树立了不要轻易查词典、利用阅读资源猜词义和记忆阅读中的重点生词等三条泛读原则，然后向学习者介绍了不同文体的短文在阅读中应注意的事项，最后说明了适合作为阅读材料的文章特点，并推荐了一些阅读书目。这种泛读练习并没有局限于课堂上的大量阅读，而是将阅读训练与阅读习惯的培养以及阅读的延展性联系起来，帮助学习者更有理据性地泛读。

第二部分分为六个单元，从不同方面来训练学习者掌握生词、理解词义的能力。包括如何利用词典，如何利用上下文猜测词义，如何利用词根理解词义和记忆生词，如何利用词语搭配和结构标记来扩大词汇量等。这些积累词汇的方法都基于英语语言的特点，并且在大量阅读练习的基础上，系统地教给学习者，使他们在学习语言知识的同时，扩大词汇量。

第三部分分为六个单元，向学生介绍了略读、跳读、找主题句、对文章进行预测、分析长段文章的结构和依据词语搭配（语法结构的特征）来概括大意等阅读技巧。这些技巧不是用文字描述出来的，而是通过大量的短文阅读总结出来的，真正做到理论和实践相结合。这一部分的另一特色是词汇聚焦环节，将短文中的共核词汇挑出，进行归纳，进一步扩大学习者的词汇量。

第四部分先向学习者介绍了什么是快速阅读，它在生活中的具体表现，同时也介绍了如何进行快速阅读的方法和技巧。后面通过三个单元 24 篇短文的计时阅读来训练学习者的阅读速度。这部分的短文包含了不同的文体、不同的文化背景等，提高了短文的趣味性和可读性，能够吸引学习者继续阅读。

三、*More Reading Power 3* 的编写特点

（一）阅读训练与阅读技能训练相结合

More Reading Power 3 中，阅读训练都不是孤立、简单地进行的。每一篇阅

读材料的呈现都有其专门的目的，特别指向某一种阅读技能。所以某一篇阅读材料既是为了某一种阅读技能或者技巧的训练，也是在指导学生运用这项技能或者技巧来完成材料的阅读，从而提高理解水平。比如，在泛读部分，有一个单元是介绍小说故事类文章与非小说故事类文章的。在阅读之前，教材介绍了这两类文章的特点，每类文章包含的典型文体类型以及在阅读每类文章时应该注意的问题和遵循的阅读原则。然后给出了两类文章的例文，要求学习者进行阅读，并完成读后练习。学习者根据介绍中提示的信息和注意事项，一般都能够顺利完成阅读任务。

（二）阅读训练与阅读习惯培养相结合

More Reading Power 3 中，阅读不是单独为了语言训练，而是在训练的过程中，培养学生良好的阅读习惯，终生阅读。这种编写意识贯穿在整本教材当中。在泛读部分首先就提出了一条阅读原则"要享受阅读，不要用词典查阅每一个遇到的生词，如果经常停下来查词典，不但会忘记阅读内容，而且会影响阅读乐趣"（Linda Jeffries Beatrice S. Mikulecky，2012）。这条原则其实是对外语阅读的一种指导，它帮助学生养成连贯阅读、整体理解的阅读习惯。同时也强调在外语阅读练习中要享受阅读过程。有了阅读乐趣，学生才会慢慢养成终生阅读的习惯。

（三）阅读训练与国际视野的培养相结合

More Reading Power 3 在阅读材料的选择上十分考究，既力求做到文体丰富，又注意内容范围广阔。虽然是英语阅读教材，但是它的选材并不只着眼于介绍美国、英国等英语国家的文章，也非常注重选择介绍其他国家和地区的素材，尽量使教材选文从不同方面介绍整个世界。比如，在快速阅读部分，就有关于印度、尼日利亚、法国、中国、肯尼亚和意大利等国生活趣闻、特色艺术和生物活动等方面的短文。这些短文不但趣味性强，适合阅读训练，而且具有较广的地域跨度，向读者展示了不同地区的地理、生物、文化和实际生活等，对阅读者国际视野的培养大有裨益，真正做到了阅读不只为训练，更为阅读者打开了解世界的窗口。

（四）依据英语语言特点，扩大学习者的词汇量

词汇量是阅读理解的基础，扩大词汇量是提高阅读理解能力的关键。*More Reading Power 3* 中把词汇积累作为全书四大部分之一，进行专门训练。不过，教材中并不是单纯地把词汇列表，在记忆的基础上做短文阅读练习，而是将词汇记忆与词义理解以及英语自身的语言特点相结合，分别介绍了积累词汇的几个办法。包括利用词根猜词义、利用上下文猜词义、利用固定搭配记忆词汇和利用结构标记来理解句型的意义等。这些方法的讲解都是在短文的基础上进行的，一篇短文专门训练其中一项技能。这样讲练结合的方式既有利于阅读理解能力的提高，又对词汇积累、扩大词汇量有好处。

（五）阅读训练中强调目标明确地进行练习

More Reading Power 3 中每项练习之前都会有一个说明，告诉学生为什么要做该项练习，让学生清楚地知道练习的目的，进而激发学生做练习的主动性。这样的做法不仅是“授之以渔”，更是在训练学习者阅读理解时的一种逻辑条理。学习者在阅读理解练习的同时应该关注自身逻辑思维的发展。比如，阅读技巧部分的第一个单元是关于略读训练的。教材开篇并未讲如何略读以及略读对阅读理解有什么帮助，而是先讲明什么是略读，它在生活中的具体体现是什么，然后指出略读在阅读练习中的作用以及略读的具体方法，最后是具体的略读练习。这样的逻辑结构比较符合“知其然，更知其所以然”的原则，学生是在具有明确逻辑导向和练习目标的情况下进行略读练习的，因此更能调动学生的积极性，得到学生的配合，使训练更有效。

（六）学生用书与教师手册相配合

More Reading Power 3 是学生用书与教师手册相配套的阅读教材。教师手册中对教师的角色定位，阅读课教学的总体要求，学生用书每一部分应如何进行，甚至如何调动学习者的学习热情等方面都做了十分明确的指示。这样对于新教师的课堂把握具有重要的指导意义。我们常见综合（精读）课本配有教师手册，在阅读教材中单独配有教师手册的这种做法十分少见。*More Reading Power 3* 的做法值得借鉴。

四、以《这样阅读》为代表的中级汉语阅读教材的编写特点

《这样阅读》是近些年出版的中级汉语阅读教材，体例上既继承了传统教材的优点，又得到新的教学理念的启示而有所创新，是中级汉语阅读教材的代表。我们整理了这套教材的编写体例，以期了解现行中级汉语阅读教材的特点。来看下表。

细读	短文 1 篇	生词、练习、重点词举例
通读	短文 2 篇	生词、练习、重点词举例
略读	短文 3 篇	阅读练习
查阅	应用文查阅（如号码簿、时刻表等）	查找练习
字词句练习	从字、词、句、构词法等角度讲解词语，扩大词汇量	汉字与词汇练习
难句理解	短文中选出的句子	句子理解练习
中国文化点滴	结合课文内容，介绍文化知识（不包括在所有的单元内）	

如上表所示，《这样阅读》类的中级汉语阅读教材重点在短文阅读练习，通过细读、通读、略读和查阅等训练方式，加大阅读量，从而培养学生的阅读理解能力。教材中的字词练习是从汉语语言特点出发，帮助学习者辨别和记忆汉字、扩大词汇量。难句练习主要针对短文中出现的复杂句式进行句子理解练习。中国文化的介绍在大多数单元中都有，说明阅读教材将介绍中国文化作为其组成部分。

通过对《这样阅读》体例编排特点的分析，可以发现这套教材的编写特点：（1）《这样阅读》重点强化词汇积累。教材将生词列于短文之后，在阅读之前专门进行生词学习，并在课后练习中从字、词、句、构词法等角度进行词汇训练，扩大词汇量，教授积累词汇的方法，为阅读理解奠定基础。（2）作为中级阅读教材，《这样阅读》将细读、通读、略读和查阅四种阅读方法分别融合到不同的短文之中，使单篇的短文阅读目的更明确，集中训练某一种阅读方法。（3）快速阅读与整体理解相结合，重点训练学生的阅读速度。《这样阅读》每个单元的短文阅读量很大，基本上都达到 6 篇，读得快是读得多的基础，提高学生的阅读速度，加大学生的阅读量，有利于培养学生根据阅读材料中的部分内容快

速构建整篇文章大意的能力。（4）阅读材料凸显实用性。教材中每个单元都有一个查阅练习，这一部分的阅读材料一般都为日常生活中常见的应用文，学生通过课上的阅读和学习，在课下能解决实际问题，有利于提高学生的阅读兴趣。（5）阅读材料承载中国文化，使文化学习蕴含在阅读训练之中。

但是，与英语阅读教材 *More Reading Power 3* 相比，中级汉语阅读教材还存在着一些不足之处。（1）生词学习在阅读教学中比例过高。*More Reading Power 3* 的短文中都没有把生词单列出来，只是对短文理解起关键作用的生词进行了脚注式的解释，教材强调整体阅读，通过阅读来理解个别生词。《这样阅读》则将列出全部生词，阅读前要进行生词学习，这样难免压缩阅读理解的教学时间，使得阅读课生词学习比例过高。（2）强调阅读方法，对阅读技巧的训练有所忽略。*More Reading Power 3* 中一篇短文专门训练一项阅读技巧，因此，通过阅读练习，学习者可以获得通过上下文猜测词义、根据词根猜测词义、找段落主题句等阅读技巧，训练的针对性较强。《这样阅读》更强调在短文中训练通读、细读、略读和查阅等阅读方法，没有将单篇短文与单项阅读技巧相结合。（3）阅读材料的视野较窄。*More Reading Power 3* 的短文主题、内容涉猎广泛，同时短文的国际化程度较高。《这样阅读》的短文内容基本上都围绕中国这一核心话题，从文化习俗、日常生活等方面选材，视野不够宽泛。

五、*More Reading Power 3* 对中级汉语阅读教材编写的启示

汉语阅读教材与英语阅读教材之间存在着体例编排、单元设计等方面的差异，而这些差异正好为汉语阅读教材的编写提供了启示，可以从中取长补短。

第一，中级汉语阅读教材应更加强调“读”，要有效控制生词学习的比例。生词学习和积累是中级阅读教学的重点，但是不应该因为学习生词而影响读的训练。生词表中列出的应该是重点词汇，不影响整体理解的词汇可以不放到生词表中进行专门学习，让学生在读的过程中自我理解。

第二，中级汉语阅读教材应将课上阅读与课下阅读结合，培养学生良好的阅读习惯。*More Reading Power 3* 中的每个单元都向学生推荐了与本单元话题相关、可读性强的读物，要求学生课下阅读。汉语阅读教材也应向学生推荐阅读材料，在扩大学生阅读量的基础上，提高阅读理解能力。

第三，阅读理解与技巧训练相结合。阅读教材不但要向学生传授宏观上的阅读方法，也要教会学生微观上的阅读技巧。短文的选材应与某项阅读技巧的训练相配合，使单篇短文的阅读训练更具有针对性。

第四，向学生明确阅读练习的目的。*More Reading Power 3* 在每项练习之前都向学生简要说明设计这项练习的原因，让学生明确该项练习的目的，帮助学生有意识地学习和运用。

第五，教材短文内容应更广泛，尤其要加强短文视角的国际化。对于汉语学习者来说，中国文化知识的介绍是必要的，但是不能局限于此，应该增加用汉语介绍世界各地情况的选文，帮助学生在阅读中了解世界、拓展国际视野。

六、结　　语

新型中级英语阅读教材 *More Reading Power 3* 分为泛读、词汇积累、阅读技巧、快速阅读等四个单元，单元内再对专项技能进行集中强化。以《这样阅读》为例的中级汉语阅读教材大多以“话题—内容”为核心进行编写，主要突出短文阅读理解，很少将阅读技巧的训练和阅读习惯的培养等作为教材的重要部分。*More Reading Power 3* 的体例安排对中级汉语阅读教材的编写具有借鉴意义。

不过，本文只考察了一套国内中级汉语阅读教材——《这样阅读》，对教材编写体例和使用情况的概括仅基于此，代表性有限。因此，本文结合 *More Reading Power 3* 的特点对中级汉语阅读教材提出的编写建议，有的可能已经在一些教材中有所体现了。我们需要更多参考国内中级汉语阅读教材，并与 *More Reading Power 3* 相比较，进一步提出有针对性的编写建议。

参考文献

白娥今　2011　汉语阅读教学要重视学生的阅读体验，《延边教育学院学报》，第 2 期。

陈贤纯　2007　《这样阅读》，北京语言大学出版社。

程茹军、李学欣　2005　来华留学生汉语阅读能力的培养，《社会科学论坛》，第 4 期。

刘慧清　2003　留学生阅读教学的思考，《云南师范大学学报（对外汉语教学与研究版）》，第 8 期。

刘　珣　2002　《对外汉语教育学引论》，北京语言大学出版社。

熊云茜　2003　阅读模式与汉语阅读课教学思考，《云南师范大学学报（对外汉语教学与研究版）》，第 11 期。

周小兵、宋永波　2005　《对外汉语阅读研究》，北京大学出版社。

Linda Jeffries Beatrice S. Mikulecky　2012　*More Reading Power 3*，Pearson & Longman.

于淼，男，1984 年 12 月出生，北京语言大学汉语进修学院讲师，语言学与应用语言学硕士。研究方向为对外汉语教学法、教材研究、教育技术。代表成果有《听说教学法的改进》《预科生的商务汉语教学》，参与编写教材《新疆幼教专业基础汉语》《阳光汉语》。

论汉语读写课中“读”和“写”的结合

王瑞烽

摘　要：本文探讨了对外汉语读写课中阅读和写作如何结合的问题，主要从两个角度对这一问题进行了探讨，即如何结合阅读内容进行模仿性写作、如何结合阅读内容进行引发性写作。

关键词：第二语言教学　读写课　读写结合

一、引　　言

长期以来，对外汉语教学为“分技能独立设课”的课程设置模式，即针对不同的语言技能分别设置课程加以训练，如听力课、口语课、阅读课、写作课。在这样的课程设置模式中，阅读课和写作课是两个相互独立的课程，各自有独立的体系和模式，相互之间没有多少关联。

近年来，大量的研究（Shen, 2000；罗青松，2002；陈贤纯，2003；李晓琪，2006）发现，把阅读和写作结合起来综合训练具有认知心理学和教育学的理论依据，而且更利于留学生语言技能的提高。这样的结合可以“以写来体现阅读的理解，也以读来刺激写作的思路”（罗青松，2002），使得阅读和写作相互促进、有效互动。

在这样的背景下，对外汉语教学界开始尝试将阅读和写作结合起来设置为读写课，也出现了几部这样的读写课教材。[①] 但是，与其他课程比较而言，对外汉语教学中的读写课以及读写课教材还处于起步阶段，不论是理论还是实践的研究还相当薄弱，仅有少量针对读写课教学和读写课教材的初步的、探索性的研究。（李海鸥，2009；陆琳，2010；王瑞烽，2010；金丹，2012）读写课不是把阅读课和写作课简单地合并在一起成为一门课，而是应该将阅读和写作

① 以读写结合为目标的读写课教材主要有《初级汉语读写教程》（宋乐永，2000）、《初级汉语阅读与写作教程》（刘立新、张园，2007）、《成功之路进步篇——读和写》（1、2）（王瑞烽、于萍，2008）。很多以读写命名的教材其实并非是此类读写课教材，而是综合课等其他课程的教材。

更有机、有效地结合起来，使两者相互促进、协调发展，发挥出“1+1 > 2”的作用。阅读与写作的这种有机结合，对于读写课教学和读写课教材的编写来说，都是一个目前很缺乏研究，但是却特别具有实际意义的问题。

本文将集中探讨这一问题，主要从两个角度进行探讨，即如何结合阅读内容进行模仿性写作、如何结合阅读内容进行引发性写作，以期对读写课教学和读写课教材的编写提供一定的参考。

二、结合阅读内容进行模仿性写作

在读写课中，阅读课文不仅是提高学生阅读能力的工具，同时也是模仿的范文和引发写作的素材。阅读课文的许多内容都可以作为引发写作和提高写作能力的“资源库”，我们可以在教学中充分发掘和利用阅读课文的内容开展多方面、多层次的写作练习。读写课中的阅读课文可以作为学生进行模仿写作的范文，其中优秀的遣词造句、连句成段、组段成篇等都可以是供学生学习的“模板”。

（一）结合阅读内容中的书面语词汇和“语块”进行模仿性写作

阅读课文一般出自于书籍、杂志等书面语材料，其中包含有大量的具有书面语色彩的词汇，如“是否”“其中”等。除了这些词汇以外，有些书面语“语块”也值得学习。语块“就是以整体形式储存在大脑中的词串，可整体或稍做改动后作为预制组块供学习者提取和使用。这种预制组块普遍存在于人脑的记忆中，而且随着我们对记忆材料的熟悉程度而增加，预制语块的数量也相应增加，从而使大脑可以存储和回忆更多的信息”（Nattinger & DeCarrico, 2000）。Lewis（1993）将这种“语块”分成四类：多词词汇（poly-words）、高频搭配组合（high frequency collocations）、固定表达（fixed-expressions）、半固定表达（semi-fixed expressions）。对外汉语学界，也有学者指出在对外汉语教学中“语块”教学的价值，周健（2007）认为，“语块有助于生成地道的表达，培养汉语语感等功能”，“应该把语块运用于语法、口语、书面语的教学之中”。阅读课文中的书面语语块也有很多，如“……主要用于……”“在……之间”“以……的方式”。在初级汉语阶段，留学生学习和接触的多是口语体课文，对书面语词汇和语块的认读和使用的能力非常弱，在读写课教学中应该有意识地加强对这些书面语词汇和语块的写作训练，提高学生的书面语写作能力。如要求学生模仿课文中含有这些书面语词汇和语块的句子，进行完成句子和改写句子的写作练习。

请模仿课文中的句子，使用下面的书面语表达方式完成句子：

课文原句：转基因食品是否安全是世界关注的热点问题。
完成句子：＿＿＿＿＿＿＿＿＿＿＿＿是学好汉语的关键。
课文原句：这些"负翁"们负债消费主要用于住房贷款和汽车贷款。
完成句子：我每个月的生活费＿＿＿＿＿＿＿＿＿＿＿＿＿＿＿＿。

请模仿课文中的句子，使用下面的书面语表达方式改写句子：

课文原句：今年国内的百岁老人增加了 2000 人，其中大部分是女性。
改写句子：我们学校共有 8000 名学生，这些学生里大部分是留学生。→
＿＿＿＿＿＿＿＿＿＿＿＿＿＿＿＿＿＿＿＿＿＿＿＿
课文原句：这些敢于贷款消费的"负翁"们年龄一般在 25 岁到 40 岁之间。
改写句子：我们班的学生，最小的 18 岁，最大的 30 岁。→
＿＿＿＿＿＿＿＿＿＿＿＿＿＿＿＿＿＿＿＿＿＿＿＿

（二）结合阅读内容中的语句衔接方式进行模仿性写作

韩礼德（1976）将篇章的衔接手段分为五种：照应（reference）、替代（substitution）、省略（ellipsis）、连接词（conjunction）、词汇衔接（lexical cohesion）。阅读课文中某些衔接连贯、流畅的语句可以作为学生模仿写作的对象，训练学生句子之间的衔接能力。在初级汉语阶段，留学生学习和接触到的大多是单句，很多时候写出来的句子每句都正确，但是句与句之间却缺乏良好的衔接而显得文章内容非常散乱。这表现了留学生语句的衔接能力较弱，在读写课教学中有必要加强对语句衔接的写作训练，提高学生的书面语写作能力。如要求学生模仿课文中衔接连贯的复句和句群，进行完成句子和改写句子的写作练习。

请模仿课文中的句子，使用下面的书面语表达方式改写句子：

课文原句：他终于考上了大学，而这也从此改变了他的人生。
改写句子：父母送给他一辆山地车，他最喜欢的礼物就是山地车。→
＿＿＿＿＿＿＿＿＿＿＿＿＿＿＿＿＿＿＿＿＿＿＿＿

课文原句：工作和家庭相比，无疑后者更重要。

改写句子：在我看来，快乐和金钱都很重要，但是快乐最重要。→

____

课文原句：北京的温度比上海（的温度）高得多。

改写句子：汉语的发音比英语的发音难得多。→

____

课文原句：不仅学到了知识，而且提到了能力，另外，还提高了自信。

改写句子：我在中国留学学习了汉语，了解了中国文化，也认识了很多朋友。→

____

（三）结合阅读内容谋篇布局的方式进行模仿性写作

课文谋篇布局的写作方式与课文的体裁密切相关，对这方面内容的教学也是对于不同体裁文体特征的教学。如议论文往往是首先对某个问题或某件事进行分析、评论，然后通过论据论证自己的观点。如课文《QQ 生活》的前两段概述了 QQ 等网络聊天工具备受追捧的社会现象，接下来的一段以“李小姐”使用 QQ 的故事谈到了网络聊天工具给她带来的心理问题，最后一段着重讨论了网络聊天工具给人的心理和社会带来的不良影响。可以引导学生理解该议论文谋篇布局的方式，即首先概述现象，然后以事例带出讨论的问题，最后对问题进行议论和评价。再如课文“网络购物”第一段谈到了网络购物给人们生活带来的便利，第二段谈到了网络购物存在的问题，第三段谈到了作者对于网络购物的看法。整篇课文是“事物的积极面—事物的消极面—作者的看法”这样的写作结构，而且每段的第一句都是本段的主题句。可以引导学生有意识地以这样的文章结构以及主题句的方式来进行写作。如写作《网络游戏之我见》：

网络游戏丰富了我们的生活。______________________________

____

网络游戏也造成了很多问题。______________________________

____

对于网络游戏，我认为______________________________

____

记叙文一般是按照事情的发生、发展和结局的顺序结构来写，记叙文中一般包含时间、地点、人物、事件的起因、经过、结果等六个要素。在学习记叙文的时候，应该引导学生注意课文的这种顺序结构和其中的诸多要素，并在写作时加以注意。除此以外，课文中那些精彩的人物描写和环境描写的片段，也应该加以重点分析，然后让学生模仿这些片段进行人物描写和环境描写。

书信是最常用的应用文之一，一般也是留学生写作教学的重要内容。与其他应用文一样，书信也具有比较稳定的通用格式和体例。书信的结构一般为称呼、问候语、正文、祝颂语、署名和日期，在学习书信文体的课文时，应该引导学生理解书信的结构，在进行书信写作时依照这样的结构规范进行写作。

三、结合阅读内容进行引发性写作

罗青松（2002）指出导向写作的阅读与单纯的阅读教学或写作教学都有所不同：它要求读后完成一些具体的写作任务，用写的形式对阅读教材做出即时的反应。阅读材料既是范文，又是专题写作的资料来源。在设置阅读任务的时候应结合写作能力的培养，针对某个问题引导学生对阅读材料进行思考，并表述自己的观点，形成有效的读写互动关系。

读写课中的阅读课文除了可以作为供学生模仿学习的范文，还可以作为引发学生写作的素材。学生通过阅读课文认识了某一主题的词汇、句式，并了解了这一主题相关的知识内容，产生了一定的思考和表达欲望，可以引导学生使用学到的词汇和句式对自己的个人观点进行表达。阅读课文的主题和部分信息点都可以作为引发学生写作的“诱发点”。

（一）结合阅读内容中的信息引发写作

课文包含很多信息，如议论文中的某种现象，叙述文中的人物的特征、故事的发展等，这些都可以充分加以利用来引发学生的写作。

有的课文是针对某一现象进行叙述和议论，如课文《网络人生》谈到了关于网络的诸多现象：网上购物、网络聊天、网瘾、网恋等，这些现象与学生的现实生活密切相关，可以引导学生在对这些问题进行讨论和思考的基础上，以“网络与我们的生活”为题进行写作。

故事类课文往往采用第三人称进行叙述，可以引导学生假设自己是故事中的主人公，从主人公的角度以第一人称进行故事的表达。如课文《梁山伯与祝英台》讲述了梁山伯与祝英台的故事，可以引导学生假设自己是梁山伯或者祝英台，写作两人发生的故事。这个题目不仅可以让学生的写作以课文的故事脉络作为依托，而且也给学生留下了许多自由想象的空间。比如“祝英台”在写作两人在学校认识、共同学习的生活的时候，可以描写自己爱慕梁山伯，却不能表达的内心纠结等。而“梁山伯”在写作两人的故事的时候，可以描写自己喜欢祝英台，但对方却也是“男生”的遗憾，以及后来得知祝英台其实是女生后的喜悦。

（二）结合阅读内容中的“空白”信息引发写作

阅读课文中，特别是故事类的叙述文中，往往含有一些作者一笔带过、未加详述的信息点，这样的“空白”信息给学生留下了一定的想象空间，可以引导学生根据课文的上下文语境对此展开想象，并将这种想象书面表述出来，对课文进行补写或者续写。如《梁山伯与祝英台》的课文只是提到祝英台听说梁山伯去世的消息以后就以死殉情了，并没有对祝英台当时的心理活动进行描写，如她当时痛苦的心情、做出殉情的决定、计划的实施等，这是一处“空白”信息，可以引导学生对此展开想象，并写出这部分内容。同样还是这个故事，故事中只是提到梁山伯去祝家求亲，但是祝英台父母不同意。课文中并没有描写梁山伯当时准备求亲以及求亲的过程，还有被祝英台父母拒绝后的心理状态等，这些“空白”信息也是值得好好利用引发学生补充写作的内容。

除了补充课文中的“空白”信息以外，还可以引导学生根据上下文进行想象，在课文后面续写故事。如“守株待兔”故事的结尾是那个农夫继续在树根下等待兔子而未得，其实这个故事还有继续延续的空间，可以引导学生想象这个农夫这件事情之后的生活及心理活动等。很多故事不仅仅是讲述一个故事，更重要的是为了引发读者思考，让读者明白一定的道理，可以引导学生就故事内容在课文后进行一定的议论性写作。如《塞翁失马》的课文只是以塞翁的儿子幸运地没有去战场为结尾，可以让学生在课文后面写出这个故事蕴含的道理。为了让学生的写作更规范、更有目标，还可以辅以语句加以引导：

“塞翁失马”这个故事告诉我们这样一个道理：

____。

因此，在我们的生活中，当遇到麻烦、困难的时候，

我们应该________________________________；

而当我们________________________________，

我们也应该______________________________。

四、结　　语

设置以培养留学生汉语书面语阅读和写作能力的读写课，不仅对于对外汉语教学研究具有一定的探索意义，对于对外汉语教学课程体系的充实和发展也具有积极的作用。但是，如何在读写课教材和教学中使阅读和写作有机、有效地结合在一起，使两者相互促进、有效互动，这是一个值得深入研究的课题。

除了从对外汉语教学的视角对这一课题进行研究以外，我们还应该看到，不论是国内还是国外的中小学语文教学界（叶黎明，2006；杨世碧，2008；朱建军，2010）和国内的英语教学界（陈立平，2001；张新玲，2009；周莉，2011），对于读写结合的问题已经进行了多年的理论和实践探索，这一领域的研究值得我们对外汉语教学界加以借鉴和吸收，以推动对外汉语读写课教材和教学的发展。

参考文献

陈立平　2001　从阅读与写作的关系看写作教学中的范文教学，《外语与外语学》，第 4 期。

陈贤纯　2003　对外汉语教学写作课初探，《语言教学与研究》，第 5 期。

金　丹　2012　以学习者需求为中心编写中医汉语读写教材，《河南职工医学院学报》，第 2 期。

李海鸥　2009　对外汉语课堂教学的路径设置与实施——基于初级汉语读写课教学案例的分析，《暨南大学华文学院学报》，第 2 期。

李晓琪　2006　《对外汉语阅读与写作教学研究》，商务印书馆。

陆　琳　2010　基于口语句型为核心的对外汉语短期培训系列教材——《走进汉语——初级听说 / 初级读写》评介，《现代语文》，第 5 期。

罗青松　2002《对外汉语写作教学研究》，社会科学出版社。

王瑞烽　2010　初级汉语读写课教材的编写理念与方式，《现代语文》，第12期。

杨世碧　2008　国内外小学作文教学现状及我们的应对策略，《课程·教材·教法》，第3期。

叶黎明　2006　美国语文教材中的读写结合：借鉴与讨论，《语文建设》，第5期。

张新玲　2009　读写结合写作任务研究综述，《天津外国语学院学报》，第1期。

周　健　2007　语块在对外汉语教学中的价值和作用，《暨南学报（哲学社会科学版）》，第1期。

周　莉　2011　初中英语读写结合模式促进有效写作教学的探讨，《课程·教材·教法》，第9期。

周小兵、张　念　2001　新型汉语写作教材的编写原则，《对外汉语教学与教材研究论文集》，华语教学出版社。

朱建军　2010　中学语文课程“读写结合”研究，华东师范大学博士学位论文。

Nattinger, J, Decarrico, J.　2000　*Lexical Phrases and Language Teaching*, 上海外语教育出版社 .

Haliday, M. A. K. & HASAN, R.　1976　*Cohesion in English,* Longman.

Lewis　1993　*The Lexical Approach*, Hove, England:LTP.

Shen, Helen.　2000　The Interconnections of Reading Text Based Writing and Reading Comprehension among College Intermediate Learners of Chinese as a Foreign Language, *JCLTA*, 35: 3.

王瑞烽，男，1977年出生，副教授，语言学及应用语言学博士。教授“初级汉语综合课”“初级汉语读写课”等课程，研究方向主要为虚词教学、二语习得、读写教学。主要研究成果有《英语、日语母语者“比”字句的言语加工策略对比研究》《小组活动的任务形式和设计方式及其在对外汉语教学中的应用》《预设理论与预设否定副词的教学》《“按/照/依……看/说”格式考察与教学》《“毕竟”语篇的语义结构类型》《初级汉语读写课教材的编写理念与方式》等。编有教材《成功之路·进步篇·读和写》《科普汉语阅读》等。

对外汉语读写课 · 课堂教学研究

汉语报刊、经贸阅读教学

报刊新闻阅读课的教学探索

史艳岚

摘　要：报刊新闻阅读课在阅读策略方面要加强学生对新闻语言规律性的认识，培养学生的阅读技巧以及快速获取信息的能力。在课堂上综合运用结构图式教学、任务型教学、多媒体教学等方法，带动学生通过新闻阅读深入了解中国社会和文化。

关键词：报刊新闻阅读课　阅读策略　教学方法

面向留学生的报刊新闻阅读课，教学内容具有知识性、趣味性和时效性的特点。它是一门阅读技能训练课，通过阅读中国报刊上有关政治、经济、外交、文化、教育、科技、生活等各种题材和体裁的文章，使留学生能准确理解报刊新闻的内容，了解和掌握中国社会各方面的最新发展状况，顺利进行跨文化交流。本文从报刊新闻阅读策略和教学方法两个方面来探讨如何提高留学生阅读中文报刊新闻的能力。

一、引导学生掌握报刊新闻的阅读策略

报刊新闻阅读课的教学目标是通过教师在课堂上的教学和引导，使留学生掌握一定数量的报刊常用词语和句式，积累必要的中国文化知识，了解中国报刊文章问题的特点和语篇结构规律，并掌握一定阅读技巧，读懂一般的新闻报道、通讯和评论等报刊文章。在阅读技能训练上，要使留学生掌握一定的阅读策略，具备在海量信息中快速阅读和查找信息的能力，以及较强的跳读、猜读和概括、提炼内容梗概的能力。在教学过程中要注重阅读技能的训练和中国社会文化背景知识的介绍，通过课堂讲授和各种练习，培养、提高学生对中国报刊新闻深层次的理解能力。

报刊新闻阅读课首先要引导学生掌握报刊新闻的阅读策略，揭示报刊新闻语言的普遍性特征，强化学生对新闻语言规律性的认识，如了解缩略词、省略

式、固定结构、复杂句式等。认识新闻标题和导语的作用、新闻报道的结构方式等。老师在课堂上讲授围绕各主题的常用报刊新闻用语、特殊的报刊新闻用语（专用词语、特用词语）、常用的新闻句式等。其次要注重强化阅读训练，让学生快速浏览当前最新的与该话题相关的新闻，准确有效地理解新闻内容。培养学生在选择阅读、定向阅读、定时阅读方面的阅读技巧以及快速阅读、跳读、细读的能力。课程设置从二年级的报刊基础课（初级）到三年级的新闻阅读课（中级），再到四年级的当代话题课（高级），层层推进，构建立体化的报刊新闻阅读课程体系。

报刊新闻课的阅读策略是让学生循序渐进地掌握新闻语言的特点。

（一）词汇、句式的特点

在词汇方面，报刊新闻用词有其独特性。根据《中高级对外汉语教学等级大纲》中新闻阅读词汇表，缩略语、成语、四字词语、专用词语、新词语等都是新闻词汇教学的内容。

1. 新闻词汇

缩略语：新闻语言最重要的是准确、简练。报刊新闻的缩略语不但能够节省新闻报道的篇幅，还能提供新奇的视觉焦点，在语言上很有表现力。既为读者节省了阅读时间，也有利于读者的阅读和记忆。形式标准而表意准确的缩略语在新闻语言中广泛运用，成为新闻表达的固定词语，比如北约、东盟、金砖五国等；外文缩略词常常出现在新闻报道中，使用首字母缩拼词，如：CPI（Consumer Price Index 全国居民消费价格指数）、AQ（Adversity Quotient 逆境商数，指一个人处理逆境的能力）。学生了解缩略的规律，就能准确理解词语的意思。

成语：报刊新闻中成语的使用体现了报刊语言书面语的特点，庄重而文雅。如：家喻户晓、举世闻名、循序渐进、因地制宜、百家争鸣、发人深省、方兴未艾、丰衣足食、后顾之忧、捷足先登、刻不容缓、迫在眉睫……

四字词语：很多四字词语是新闻报道的常用语，最能体现新闻语言言简意赅的特点。如：不容置疑、抽样调查、当务之急、恶性循环、良性循环、供不应求、归根结底、互惠互利、竞争意识、连锁反应、循环经济、假冒伪劣、扫黄打非、综上所述……

专用词语：人次、零增长、逆增长、入超、出超、国民生产总值、特别行政区、老少边穷地区、贸易保护主义、非正式访问…… 这些专用词语在新闻报道中使用频繁。

新词语：零和游戏、软实力、巧实力、软着陆、经济适用房、裸婚、房奴、金领、啃老族、蚁族、闪离、电子小三、富二代、拼爹、读经运动……

2. 固定结构

省略形式：据悉、惊悉、据称、喜获、欣闻、获悉……

有固定语素的词语：追星族、微博控、消费热、外向型、透明度、知名度、多样性、覆盖率、增长率、多元化、标准化、公有制、共同体、购买力、离心力、人才观、体育界、旅游业、循环赛……

古汉语用法：着眼于、取决于、以至于、慕名而来、扭亏为盈、前所未有、显而易见、一概而论、总而言之、以点带面、以权谋私、由此可见、诸如此类、由……组成、自……而……、以……为……、应……邀请、正值……之际、就……举行会谈、为……而……，等等。

3. 复杂句式

报刊新闻的句式复杂。常见的有长句（长定语、长状语、长主语、长宾语等），紧缩句（成分省略、连接词），多重复句等。如："《香港特别行政区基本法》充分体现了中英联合声明精神和一国两制的构想，既考虑到收回国家主权、维护祖国尊严，又考虑到香港实际，维护香港的繁荣稳定，因此可以说是一部具有国际意义的伟大杰作。"这个复句中含有并列、顺承、因果关系。

在新闻阅读教学中还要注意分析并列、解说、承接、转折、递进、因果、条件、选择、假设等各种关系的句群，因为多重句群会加大篇章阅读的难度。在阅读练习中可以让学生找出句子的主干结构、概括段意、判断正误、选择正确答案、改写句子等，使学生能正确理解复杂句式的意义。

（二）标题和导语对阅读的指导作用

报刊新闻标题是对新闻内容的概括，能起到吸引读者注意力、增强新闻价值的可接受性的作用。标题是报刊新闻内容的凝缩，起到"画龙点睛"的作用，能够揭示出其所携带的社会文化含义。比如《经济全球化与文化多样性》《中西教育漫谈》《炫富和仇富》《传统阅读和读图时代》，等等。在阅读报刊文章的时候对标题的精确解读是首要的任务。因此阅读教学要重视对新闻标题的解读和分析，让学生掌握“破题”的方法，体会标题的作用。可以用中国新闻的标题和外国新闻的标题进行对比，特别是对同一个新闻事件的报道，中外的标题风格、结构都会各有不同，体现了各自思维的角度和方式特点。

报刊阅读新闻标题的教学策略有：新闻标题语言的教学策略（分析新闻标题的词语、文章的主题指向）、新闻标题结构的教学策略（新闻标题的复合式结构形式、新闻标题的主标题和副标题）、新闻标题文化的教学策略（揭示新闻标题所蕴涵的文化背景和内涵）。

（三）新闻报道的结构方式

不同题材的新闻报道有不同的写作格式，可以和学生分析新闻写作的方法、侧重点和文章框架，掌握中国新闻报道及各种报刊文体的特点，这是报刊新闻的语体学研究。报刊新闻文体特征明显，包括标题、新闻导语、新闻主体、事件结果以及后续报道。结构方式基本是总体介绍、详细描述、简要结论。新闻公报、政府工作报告、国事访问、外交互访等新闻属于政论文体；文化娱乐体育新闻则短小精悍，以传递最新信息为主；而经济新闻则偏重于数据报道，图表、统计的内容较多；地方新闻多为和百姓生活有关的资讯。在报刊新闻教学中主要以主题教学为主，按照“政治、外交、经济、文化、科技、教育、体育、生活、法律”等不同的主题进行教学。

（四）进行有目的性的报刊新闻阅读训练

在新闻阅读教学中对不同的新闻文体有不同的阅读要求，可根据不同的需要进行“跳跃性阅读”和“细节性阅读”。如，选择性阅读：快速通读全文，寻找关键词和关键信息，找到新闻报道的核心内容，引导学生有选择地阅读有用信息；定向阅读：针对某一主题的文章，确定阅读目标，找到新闻的主要内容，比较有效的方法是以问题带动新闻阅读理解；定时阅读：给学生规定新闻阅读的时间，要求在很短的时间内阅读大量的新闻，然后用一句话概括新闻内容；浏览式快速阅读：在海量信息的今天，标题阅读成为一种常见的阅读习惯，特别是在网页新闻浏览时，这是最为经济迅速的获取信息的方式。

教师在阅读训练之前首先要明确任务导向：让学生上课时先做阅读练习，整体把握文章的内容和重点难点，到文章中去找到问题所在。体会作者的写作风格、态度倾向、主要观点，总结文章提要。其次以练习和提问的方式引领学生正确地阅读理解，要求学生回到原文找到相关解释说明，根据上下文语言环境来判断关键词语的含义。还可以引导学生用文化对比的方式加深阅读理解的广度和深度。比如在学习《中国的饮食文化》时，可以扩展阅读材料，不但用传统的饮食文化习俗和现代的习俗进行对比，还用法国、德国、俄罗斯、意大利、日本的饮食习惯和中国进行对比，突出中国饮食文化的多样性特征以及“贵在中和”的特点。

二、使用有效的新闻阅读的教学方法

根据报刊新闻的特点，在教学方法方面营造立体化的课堂教学效果。比如用读报、听新闻、看视频、说自己看法等多种形式调动学生的各种感官来参与课堂活动。激发学生新闻阅读的兴趣、带动他们通过新闻阅读来了解中国社会和文化，从而达到学生能用获取的新闻信息来和他人进行话题讨论的跨文化交际的目的。

总体来说，在教学中可以综合运用如下教学方法。

结构图式教学：分析全文框架，展现文章结构。用知识树或结构图的方法勾画出文章的脉络和作者的思路。如从标题入手分析全文主题，归纳段意，划分层次。特别是评论性文章，用结构图式教学能理清文章内在的逻辑关系。

任务型教学：学生以具体任务为目标查找相关资料，完成相关专题的课外阅读，课上进行专题讨论。如针对“当代中国青年婚恋观的变迁”这个主题设计调查任务，学生课下准备资料，阅读大量的相关资料，完成调查报告并向同学汇报。

多媒体教学：全方位、立体化的语言教学。以图片、视频、文字、声音等各种展现方式来调动学生的阅读兴趣，辅以相关社会文化知识的介绍，提高学生的阅读理解水平。这是报刊新闻阅读课最常用的方法。

具体来说，新闻阅读课上的教学方法可以细化到如下几个方面。

（一）用词语学习带动新闻阅读的方法

1. 注重主题词群的教学

报刊新闻教材内容以主题选编，比如包含如下领域：经济、外交、教育、体育、科技、文化、生活、环境、资源、卫生、人口、妇女等，然后按主题进行教学。如“丁俊晖现象”中的主题词群是：丁俊晖、斯诺克、台球、夺冠、父亲、自主培养、读书无用论、赌博、教育模式、孤注一掷、技能型人才、一技之长、出类拔萃，基本能够体现出“教育—人才—丁俊晖现象”这样一个主题文本中词汇的类聚相关性。

某个话题的词语聚类能解决阅读中的瓶颈，多文本聚合可以形成该主题的特色词语，如“国学热”话题词表包括：文学、经典、国学、阅读、儒家、论语、孔子、君子、古籍、二十四史、名著、文献、诵读、诗歌、四书五经、道德、仁爱、教育家、精华、知识分子、古文、品德、老子、庄子、孝悌……

根据心理学家研究，词汇在人的大脑中是以网络的形式来储存的。人的大脑对词汇的记忆犹如一个网络，网络上的一个个结点代表着所学过的词语概念，而网络上的一条条经纬线则表示词语意义的纵横联系。在词汇教学中应该有意识地把词汇的网络性同人的认知规律性结合起来。让学生把对词语的新知和旧知、已知和未知联系起来，帮助学生有效地把各类词语信息网络输入大脑，储存入记忆库。在报刊新闻阅读教学中教师应该以主题为单位聚集相关词群，利用词语的主题特征提高学生掌握词语的效率。

2. 注重新词语的教学

在课堂上引入新词语，分析新词语的构词规律，加深学生对新出现的报刊新闻词语从形式到意义的把握和理解。新词语对报刊阅读教学有很好的促进作用。例如，教师在课堂上介绍分析“ * 族、* 哥（表哥、房哥）、房 *（房叔、房嫂、房爷）、** 门、** 体、微 *、被 **、最美 **、中国式 **（中国式旅游、中国式幽默、中国式逼婚）”这些词语群，就为留学生理解当今媒体新闻中的新现象、新问题提供了很好的帮助。

（二）报刊阅读课文导入的方法

1. 介绍与课文主题相关的词群和新词语

2. 阅读最新的相关新闻以及时事评论

3. 多媒体手段的运用

在上课之前用 PPT 或者视频导入。比如在上《中国的饮食》一课时可以播放纪录片《舌尖上的中国》片段；在讲“环境保护”主题时播放电影《可可西里》的片段，强调对藏羚羊的保护。春节联欢晚会的片段、中国形象宣传片、奥运会的视频都可以帮助学生更好地理解阅读的内容。

（三）课文展开的方法

讲解课文主要的方法有：归纳段意、概括中心、成段表达、课堂提问、阅读练习。注意句式和文章结构的分析，讲解长句、复句以及文章的特殊结构（平行结构、金字塔结构、倒三角结构，等等）。从题目开始揭示文章的中心，分析每段之间的衔接方法，点明过渡段及其作用；理清文章论述的层次，特别关注关联词语的作用。要充分利用课后练习，按照课文展开的顺序随时检查学生的阅读理解的情况。阅读练习的方式多种多样，有画线连词、词语解释、词语搭配、句意理解、回答问题、快速阅读，等等。重要的是有目的、有任务地阅读。

（四）新闻阅读的延伸和扩展

报刊新闻课充分利用留学生的跨文化背景和环境，借助网络和多媒体技术直观展现新闻内容，关注当前热点，突出文化的世界性和多样性，使留学生感受时代的特色，与时俱进，融入中国现实的社会生活。报刊新闻阅读三年级的课文探讨为什么现在流行“人造美女”，文章介绍了当前的社会背景、中国人传统和现代的美学意识。提取了“自然清新”“秀外慧中”“清水出芙蓉，天然去雕饰”“人不可貌相”等词语，加深了学生们对中国传统美的认识，“爱美之心人皆有之”“淡妆浓抹总相宜”也说明对美的追求是人类的本性。在阅读《中国人的婚恋观》课文之前，先选取一篇探讨中国人现代婚恋观（不在乎天长地久，只在乎曾经拥有）的文章，和传统婚恋观（执子之手，与子偕老）进行对比，从中发现有翻天覆地的变化。在阅读文章之前先给出内容的语境和背景，让学生的思路集中在某个具体的专题情境中，给学生的感受很深，有很强的引导性。这些延伸和扩展都能进一步激发学生的阅读兴趣。

（五）用中国文化（以及跨文化对比）带动留学生报刊阅读的积极性

外语知识性阅读障碍包括词汇、语法以及文化背景知识三个层面，这些在很大程度上阻碍了语言学习者阅读水平的提高。除了报刊新闻课的词汇和语法教学需要加强外，留学生的阅读理解问题还突出体现在对中国文化及社会的陌生感，不能认识和理解一些文化现象，因而在阅读中困难重重。本人对十二套报刊新闻教材中的文化项目进行了统计，发现新闻报道中的文化点包罗万象，涉及政治、外交、经济、教育、文学、哲学、历史、地理、衣食住行、社会、语言、科技、中外交流等各个方面。文化点涵盖范围很广，比如“大同世界、和平共处五项原则、小康社会、科举制度、素质教育、老庄学说、虎门销烟、徐霞客、八大菜系、满汉全席、二十四孝、门当户对、孙子兵法、中庸、《史记》、治家格言、年夜饭、守岁、南水北调、希望工程、穆天子传、释迦牟尼、《红楼梦》、敦煌壁画、张骞、丝绸之路、伏羲和女娲”，等等，其中很多历史人物和历史故事都对留学生非常有吸引力。报刊新闻中还有很多名言熟语，如“三人行，必有我师”“远亲不如近邻”“不在其位，不谋其政”“民以食为天”“一石激起千层浪”“管中窥豹，略见一斑”“前事不忘，后事之师”“欲穷千里目，更上一层楼”“宜未雨绸缪，勿临渴掘井”，等等。如果学生掌握了这些基本的中国文化点，在阅读报刊新闻的时候就能克服文化背景知识的阅读障碍，对报刊新闻阅读更加有积极性。

汉语国际教育的跨文化特点使报刊新闻阅读课的教学具有自身的独特性。针对留学生的报刊新闻阅读课正是各国学生进行跨文化交流的平台。新闻传播的即时性能将海内外新闻在第一时间传达到各种媒体上，除了传统的报纸、广播、电视以外，网络媒体的受众已经成为最大的新闻阅读群体，现代科技可以将新闻随时随地发送到手机、ipad和其他电子阅读器上。“手机阅读”“电子阅读”的大阅读时代已经来临，我们要利用这样的机遇将留学生的新闻阅读扩展到课堂以外的生活中，使留学生真正进入中国社会。

参考文献

安新奎、赵　红　2009　图式理论与报刊阅读教学，《中国俄语教学》。
陈贤纯　2008　《对外汉语阅读教学16讲》，北京语言大学出版社。

吕必松　2006　《对外汉语教学发展概要》，北京语言大学出版社。

孙瑞珍、陈田顺、陈　灼　1995　《中高级对外汉语教学等级大纲》（词汇·语法），北京大学出版社。

王吉辉　2001　《现代汉语缩略词语研究》，天津人民出版社。

王世巽、彭瑞情　1991　《报刊语言基础》，北京语言大学出版社。

张和生　2007　《汉语报刊教学理论与方法》，北京大学出版社。

史艳岚，女，生于1969年7月，博士，讲师。教学专长为对外汉语报刊阅读课教学、文化课教学，研究方向为汉语国际教育，代表性成果有《基于主流报纸动态流通语料库的对外汉语报刊新闻资源库初步建设》《论报刊新闻课的句式教学》《十年来数字化对外汉语教学发展综述》。

汉语新闻阅读教学模式探析

刘谦功

摘　要：教学模式指理论指导下较为稳定的教学活动框架与程序，前者从宏观上把握教学活动整体及各要素之间的关系与功能，后者重在保证教学活动的有序性和可操作性。本文以北京语言大学汉语学院开设了30余年的汉语新闻阅读课为实践基础，辅以国内外相关教学实例，就构成教学模式的五个要素，深入探讨了汉语新闻阅读教学模式，包括多学科的理论依据、实用性的教学目标、开放式的操作程序、立体化的实现条件、多元化的测试形式。

关键词：汉语　新闻阅读　教学模式

汉语新闻阅读是汉语国际教育中的常规课程，有研究表明，汉语新闻阅读是将汉语作为第二语言的学习者在具有一定阅读能力后最大的阅读渴求，既能提高汉语水平，又能了解活生生的当代中国，进而学以致用。因而我们有必要对汉语新闻阅读课程进行深入的研究，尤其是其教学模式研究，因为相关研究成果可以直接应用于教学实践。所谓教学模式，是指理论指导下较为稳定的教学活动框架与程序，前者从宏观上把握教学活动整体及各要素之间的关系与功能，后者重在保证教学活动的有序性和可操作性。在北京语言大学，"汉语新闻阅读"（原为"汉语报刊阅读"）为本科三年级的选修课，前承二年级"汉语新闻语言基础"，后启四年级"当代中国话题"，迄今已开设了30多年。本文即以此课程为实践基础，辅以国内外相关教学实例，就构成教学模式的五个要素——理论依据、教学目标、操作程序、实现条件、测试形式——深入探讨汉语新闻阅读教学模式。

一、多学科的理论依据

在理论方面，汉语新闻阅读教学需要多学科的理论支撑，最直接的，就是阅读心理学、第二语言习得理论和近年来新兴的学习科学（Learning Sciences）。

阅读从本质上讲是一种心理活动，新闻阅读也不例外，因而进行汉语新闻阅读教学要遵循阅读心理学原理。莫雷先生（2006）在《阅读与学习心理的认知研究》一书中指出:“阅读理解不仅包括对一个个句子和词的理解，更重要的是要将当前加工的信息与文章先前的、不在读者当前工作记忆中的背景信息相整合，以形成局部与整体都连贯的心理表征。背景信息通达的机制问题是篇章阅读理解研究中的基本问题，对阅读理解许多其他过程和机制的研究都必须以对这一过程的正确揭示和认识为前提。”由此可见，我们进行汉语新闻阅读不能只关注阅读外在技能的培养，必须研究相关的心理机制，调动学生内心深处一切与阅读相关的因素，从深层次更好地指导学生的阅读活动。

汉语新闻阅读属于汉语作为第二语言教学的范畴，因而应该应用第二语言教学的多种理论，且注重从理论到实践、从实践到理论的循环往复。语言不仅是交际的工具，而且是思维的工具，同时又是文化的载体，因此学习一种语言，尤其是第二语言，需要引入“图式”理论。“图式”这一概念最初是由德国古典哲学创始人康德（Immanuel Kant）提出来的，他把图式看作是潜藏在人类心灵深处的一种技术和技巧。瑞士心理学家皮亚杰（Jean Piaget）通过实验研究赋予“图式”新的含义，即图式是主体内部一种动态的、可变的认知结构。这一理论是第二语言教学最重要的理论支撑之一，汉语教学也不例外，如汉语新闻阅读讲求调动学生的外在技能与内在知识进行教学即是明证。

在汉语新闻阅读教学中，相对于阅读心理学和第二语言习得理论，还有更深层次的学习科学的理论会起作用。学习科学是在反思认知科学、探寻学习过程的基础上新兴的一门学科，它借鉴建构主义、信息技术、社会文化研究等领域的研究成果，对不同情境中的学习发生机制进行分析和探索。英国教育家索耶（R. Keith Sawyer）指出:“当学习环境建立在学习科学的原理，如项目、问题、方法设计上时，对于学生来说会更有动力。这些准则——如真实性、调查、合作、技术——可以激发学习者，他们会对所学内容进行更深入的思考，构建起一种需要对重要观念整合和应用的理解。为了使学习科学的方法行之有效，学生必须全神贯注并且努力寻求问题的答案。”[①] 关于这种学习理论，我们不能

① R. Keith Sawyer: *The Cambridge Handbook of the Learning Sciences*, Cambridge University Press, 2006, page 475. 该段引文由本文作者自译，原文为:“When learning environments are based on learning sciences principles (e.g. project, problem, and design approaches), they are more likely to be motivating for students. The principles – such as authenticity, inquiry, collaboration, and technology – engage learners so that they will think deeply about the content and construct an understanding that entails integration and application of the key ideas of the discipline. For a learning sciences approach to work, students must invest considerable mental effort and must persist in the search for solutions to problems.”

简单地理解为带着问题阅读，更重要的是“构建起一种需要对重要观念整合和应用的理解”，在汉语新闻阅读课上这一点尤其重要。

这些理论固然重要，但应用于教学还有一个跨度，我们需要搭建起一座座桥梁，完成从理论到实践的跨越。

二、实用性的教学目标

在教学目标方面，汉语新闻阅读教学应致力于学以致用，旨在培养外国学生获取汉语新闻信息的能力，进而提高其综合素质，以满足其学习、生活或工作的需要。汉语新闻阅读不应仅仅停留在对信息的获取上，从更高的层次看，对信息的筛选、评判与利用也至关重要，这些都是我们制定汉语新闻阅读教学目标需要考虑的因素。

1. 获取信息。现在是一个信息爆炸的时代，这些信息以不同的形式在传递，而人们的生活、学习、工作、娱乐无不需要各种各样的信息，占有信息意味着成功与快乐，而错过信息则意味着失败与沮丧。

2. 筛选信息。随着社会的发展和科学技术的进步，尤其是世界进入“后现代”时代和互联网的出现，使每天的信息量多到铺天盖地的程度，面对这种情况，我们不仅要培养学生阅读汉语新闻的技能，而且要让他们学会选择有效信息，去粗取精，去伪存真。

3. 评判信息。选择了有效信息，我们还要让学生学会判断其优劣乃至真假，这个方面可以上升到素质教育，现在越来越多的外国学生到中国来接受学历教育，学习语言仅仅是一个方面，与此同时绝不能忽视其思维能力的培养，在汉语新闻阅读课上对信息进行评判不失为一种可取的方式。

4. 应用信息。在这个方面恐怕要区分国内教学与海外教学，由于一个是目的语环境，一个是非目的语环境，在应用信息方面自然应有所不同。在国内，留学生生活在汉语与中国文化的大背景中，中国的万事万象自然会不断闯入其视野乃至生活领域，他们对新闻的内容看得见、摸得着；而在海外，如非有意深入学习汉语或了解中国文化，一般不会进行汉语新闻阅读，即便读了，如未来过中国的话，对新闻内容也很难有感性认识，会有一种雾里看花、水中望月的感觉。我们在教学中指导学生应用信息，要考虑到这种区别。

在实际的教学过程中，上述教学目标不是分离的，最低限度要相辅相成，能融为一体则更好。

三、开放式的操作程序

在操作程序方面，汉语新闻阅读教学应是开放式的，在使用固定教材的基础上辅以即时新闻。汉语新闻阅读课亦称报刊课，“报刊课是一门以提高学生阅读能力为主要教学任务的综合课，是一门教学目标明确、在对外汉语教学中具有不可替代作用的课程。报刊课不是一门学习报刊知识的课程，而是一门‘专向技能课’。它不仅是听、说、读、写四种基本技能训练课的延伸，而且相对其他课型更集中地为学生提供跨文化的信息资源”（张和生，2007）。汉语新闻包含各种体裁的文章和各个方面的内容，而且永远处在动态之中，因而其操作程序应是开放式的，且以发散性思维为主导。

1. 从教学的角度看，汉语新闻阅读既然定位于“专项语言技能课”，就必须考虑汉语新闻语言的特点和新闻报道的形式，在这方面层出不穷的新词语无疑既是重点也是难点，有鉴于此，“猜词”便成为一种很重要的阅读技能。有研究表明，词汇量大小与阅读理解的速度与正确率并不绝对成正比，也就是说，有时掌握词汇量较多的学生理解汉语新闻的速度和正确率不如掌握词汇量较少的学生，究其原因，是后者猜词的能力比较强，这对我们的教学很有启发，也证实了培养学生猜词能力的重要性。

2. 从阅读技巧的角度看，通读、略读、查读等阅读方式各不相同，但也不是没有共性可言。例如，汉语新闻的标题极其凝练，概括性最强，信息量最大，因而有“看报先看题”之说，甚至有人“看报只看题”。当然，这里说的“题”既包括文章的大标题，也包括文章的小标题。大标题包括主题、引题、副题，主题提纲挈领地表明新闻内容，引题点出新闻背景或新闻内容的意义，副题则对主题进行补充；小标题本身的作用就是将众多材料分门别类地组织起来，让读者在通读全文前对文章的主要内容有一个概括性的了解。大小标题都搞清楚了，文章内容也就了解个大概了，正如所谓“纲举目张”。因此，我们进行汉语新闻阅读教学时要有意识地引导学生关注各个层次的标题，把握文章内容的脉络，这种做法可以说是一种执简驭繁的捷径。

3. 从了解中国文化与国情的角度看，汉语新闻阅读课必须与中国当代社会生活相结合。教材的开放性是必须具备的，正式出版的固定教材只是一个范本，必须在此基础上拓展、补充授课当时当地的新闻，这样才能持久地保持学生对这门课的新鲜感，让他们想读、爱读，读了还有用。补充教材的作用不可小觑，“没有补充材料，就体现不出报刊阅读课应有的特点，也就不能完成培养学生报刊阅读能力的教学目标。补充材料这种实践性的内容，应该是报刊阅读课所必须具备的。因此，在对外汉语报刊阅读课教学中，要坚持把补充材料纳入教学体系，以巩固教材中所学的知识，从而实现‘培养外国留学生阅读中文报刊的能力’这一目标”（李娜，2011）。

4. 从应用第二语言习得研究新成果的角度看，“任务法”是可以借鉴的。应明确师生在各个教学步骤中的任务，并以各种方式对这些任务进行有效的操控。“在问题呈现的设计上要能够根据学习者的情况和需要设定任务的难度或者采用不同的支持策略。可以考虑根据先前的表现（速度或准确度）、执行任务到达的阶段或者学生模型，来动态选择下一个需要学习者完成的操作任务。或者可以从同一任务层级中选择难度相同但支持程度不同的任务，根据学习者完成操作的绩效表现相应调整任务的难度等级和支持等级。”（金慧，2011）例如，汉语新闻阅读课上学生的一个常规任务就是报告新闻，如要求学生必须用汉语撷取新闻，或者课堂上限时选择新闻等措施都可以增加难度；反之，允许学生用母语撷取新闻，或者课下事先准备好新闻到课堂上来说等措施又可以降低难度。

上述操作角度仅仅是例示，它们各自并不是孤立地存在的。美国教育家申克（Dale H. Schunk）说：“从教学观念上看，这种做法是有益的：展示个性有所不同但其间又有相关性的实例，这样不相关的部分可以清晰地凸显出内在的关联性。”[①]因此，这些例示虽角度不同，但其间是有关联性的，统一于开放式的操作程序之中，目的是以发散性思维引导学生进行主动性学习，逐渐学会自发地、独立地获取信息、筛选信息、评判信息、利用信息。

---

① Dale H. Schunk: *Learning Theories – An Educational Perspective*, (Fifth Edition), The University of North Carolina at Greensboro, 2008, page 194. 该段引文由本文作者自译，原文为：“In teaching concepts, it is helpful to present examples that differ in optional attributes but have relevant attributes in common so that the latter can be clearly pointed out, along with the irrelevant dimensions.”

四、立体化的实现条件

在实现条件方面，汉语新闻阅读教学应是立体化的，在传统阅读方式的基础上注重对现代教育技术的应用。计算机辅助教学具有得天独厚的优势，“它利用网络、计算机、投影仪、课件等，把文字、数据、图形、图像、音频、视频等集成在计算机平台上，用图文并茂的方式将课程内容直观、形象地展现出来。目前，多媒体辅助教学应用最广泛的就是多媒体课件。它集图文、声像、动画等于一体，根据教学目标而设计，表现教学内容，体现教学策略”（纪念，2012）。汉语新闻阅读课往往是老师认为难教、学生认为难学的课程，因为它内容太多、形式太杂、变化太快，如果我们授课时能运用生动形象的多媒体课件，以图像辅助语言，就很容易解决上述问题，使课堂丰富多彩、趣味盎然。

更进一步，“打开电脑看新闻”就是一种行之有效的方法，电脑里的新闻绝不仅仅是为了哗众取宠而编纂出来的“网络新闻”，中国各大报纸、电视台的新闻都可以在里面看到，而且从手段上来说，这种方式在阅读之外还可以辅以视听说，将新闻以立体化的形式展示给学生。例如，北京语言大学汉语学院三年级汉语新闻阅读课现在使用的固定教材是刘谦功、王世巽编写的《汉语新闻阅读教程》，第 3 课主课文题为《“无书可读”的背后》，讲的是目前中国人的阅读趋向，我们可以使用电脑展示目前我们所处的“读图时代”的万象，既使中国国情直观可感，又能增强趣味性，寓教于乐；而在进行即时新闻拓展时，又可以使用电脑搜寻当天的、活生生的新闻，让学生学了马上就可以用，立竿见影。

除此之外，汉语新闻阅读课在很多方面都需要“立体化的实现条件”，在这方面很多院校都有成功的经验。北京师范大学张和生教授（2007）在《汉语报刊教学理论与方法》一书中介绍了他们的做法：“关于现代化教育技术在报刊课教学中的应用，我们主要做了两方面的探索。一是现代化教育技术的常规性应用，包括如何利用计算机制作多媒体报刊课教学课件，如何利用电子邮件辅助收发作业，如何利用网络论坛辅助课外交流，如何利用计算机辅助报刊课考试等。二是进行了基于语料库词频统计的报刊常用词语研究。”由此可见，以往只是从纸质媒介上看新闻的阅读手段一去不复返了，现在的新闻不仅来自报纸、杂志，而且来自电视、电脑，甚至来自在今天的生活中已经与我们形影不离的手机，这种生活状态使汉语新闻阅读教学必须具有立体化的实现条件。

五、多元化的测试形式

在测试形式方面，汉语新闻阅读教学应注重多元化，尽管一般来说汉语新闻阅读都是选修课，但选修该课程的学生既有汉语专业的，也有非汉语专业的，面对这种情况我们自然不能用同一种要求、同一种形式来测试，应有不同的侧重点。

在大学本科汉语专业的教学中，汉语阅读新闻的测试形式毫无疑问要从专业需要出发，进行正规的考试。笔者对最近两个学年学生选修汉语新闻阅读课第一动机进行过调查，结果为：“目前学习需要”占 32%，“未来工作需要”占 60%，“兴趣所在”仅占 8%。面对这样一种调查结果，我们进行该课程测试时必须考虑学生目前的学业和未来的工作，考出他们真实的水平，让他们对自己现在的状况有一个正确的了解，对今后应如何提高自己的能力有一个明确的目标，以真正发挥考试所具有的引导作用。

学历教育要考虑学生拿学分的含金量，所以考试要有一定的深度和难度，而对非汉语专业的学生来说，考试方面可以宽松一些，甚至应该适当兼顾学生的兴趣。笔者曾赴美国波特兰大学培训汉语教师，那里的老师说，选修汉语新闻阅读课的学生多为非汉语专业的学生，主要是对当代中国感兴趣。在这种情况下，考试就不必拘泥于专业的条条框框，而须考虑学生具体的兴趣点，既能督促学生更好地了解中国的情况，又能让他们保持浓厚的兴趣，以利于其进一步学好汉语。

综上所述可见，汉语新闻阅读是一门汉语国际教育中不可或缺的课程，极其有助于学生熟练掌握汉语并成功地用于交际，在这个过程中学生必然会对中国的政治、经济、文化、风俗等有比较深入的了解，一箭双雕。目前该课程已经有了一种相对固定的教学模式，但我们仍然需要与时俱进，使它不断地完善，不断地适应新的时代。

参考文献

纪　念　2012　现代教育技术在对外汉语报刊教学中的应用，《佳木斯教育学院学报》，第 3 期。

金　慧　2011《基于问题解决的学习支持》，吉林大学出版社。

李　娜　2011　关于对外汉语报刊阅读课补充材料的思考，《现代语文》(语言研究版)，第5期。

莫　雷　2006《阅读与学习心理的认知研究》，北京师范大学出版社。

张和生主编　2007《汉语报刊教学理论与方法》，北京大学出版社。

Dale H. Schunk　2008　*Learning Theories – An Educational Perspective (Fifth Edition)*, The University of North Carolina at Greensboro.

R. Keith Sawyer　2006　*The Cambridge Handbook of the Learning Sciences*, Cambridge University Press.

刘谦功，女，1957年出生。北京语言大学汉语学院教师，专门从事汉语国际教育工作，重点课程为汉语新闻阅读、当代中国话题、中国艺术史等。2013年获第九届北京市高等学校教学名师奖。研究方向为汉语国际教育、艺术学、中国语言文学，代表性成果有专著《汉语国际教育导论》《中国艺术史论》，以及学术论文32篇、教材13部。

二年级经贸汉语阅读课课程建设探索

刘文丽

摘　要：留学生本科二年级的经贸汉语阅读课是一门承上启下的课程，既有与一般通用汉语阅读的共性，又有很强的独立性。因此，在教学中既要突出经贸特色，又要处理好与初级汉语和一般通用汉语的衔接，同时还要注重向汉语高级阶段和专业知识课的过渡。

关键词：经贸汉语　阅读　本科教育

一、课程介绍

二年级经贸汉语阅读课是北京语言大学汉语学院在二年级上、下开设的经贸汉语阅读选修课，每周 2 个学时。最初只是在二下一个学期开课，后来课程延伸到二上，至今已一个半学年，教材也统一做了调整。

二、二年级经贸汉语阅读课在本科课程体系中的横向、纵向关系

（一）横向关系

1. 阅读类课程

二年级经贸汉语阅读课是汉语学院本科课程体系中的一门课程，目前在汉语学院本科的课程设置中，二年级的阅读类课程还有其他两门：中级汉语阅读（每周 2 课时）和新闻语言基础（每周 4 课时），其中，中级汉语阅读是必修课。课程体系中已有的两门相关的平行课程，使得二年级的经贸汉语阅读课在开课之初，就面临如何在汉语阅读课这一根本出发点的基础上，突出自己特点，建立相对独立的教学体系的问题。

2．经贸类课程

在汉语学院目前的本科课程设置中，一、二年级除了经贸汉语阅读这一门

经贸类选修课外，再没有其他任何类型的经贸类课程，包括经贸汉语语言课和经贸知识课。也就是说，二年级的经贸汉语阅读课，没有任何其他经贸类课程与其互为辅助与支撑。这一点，是二年级经贸汉语阅读课区别于同级的其他两门阅读类课程的特性，也使得它在课程建设与教学中，与其他层级的经贸阅读课比较，需要面临和解决更多的问题。

（二）纵向关系

1. 承上

二年级是本科汉语教学的中级阶段，也是承上启下的阶段。但对二年级的经贸汉语阅读课来说，学生对经贸类的课程接触是“零起点”的。这也使二年级的经贸汉语阅读课面临如何在汉语教学的中级阶段，解决经贸课程“零起点”的问题。这个“零起点”包括经贸汉语语言知识的“零起点”（主要表现是经贸汉语词汇）和经贸知识的“零起点”两个重要方面。这也是经贸汉语阅读课在课程建设与教学中，必须有区别于其他阅读类课程的一个重要客观因素。

2. 启下

（1）本科经贸方向的学习

在汉语学院本科教学体系中，二年级结束后，学生即面临专业方向的选择，面对各类高级汉语语言和专业知识等课程的学习，经贸方向是学生的一个重要选择方向。目前，汉语学院经贸方向三、四年级的课程主要有三大类：① 经贸汉语语言课，包括综合、阅读、口语、写作等。② 经贸专业知识课，包括国际贸易实务、微观经济学、宏观经济学、世界经济概论、中国对外贸易、当代中国经济、经济法等。③ 经贸实践课及实践活动。最后，还有毕业论文的撰写。二年级的经贸汉语阅读课作为本科专业学习前唯一的一门经贸汉语课，承担着重要的“启下”的任务，包括为高级经贸语言课的准备和经贸专业知识课的准备。如何结合课程体系的设置，选择最佳的切入点与教学重点，以发挥最大效用，是它面临的巨大挑战。

（2）本科非经贸方向的学习

进入新世纪以后，来华留学生本科教育越来越强调适应市场与时代的需求，培养具有国际视野的应用型、复合型人才。来华留学生本科教育的培养目标之一就是“掌握基本的中国人文知识，熟悉中国国情和社会文化”，汉语学院“所设立的各个方向对人才培养目标的定位都是语言应用型人才”（李立成，2008），因此，三、四年级的本科教育无论是从课程设置还是具体的教学内容，都更多地体现知识结构的完善与能力的培养，因而也都会涉及经贸领域的内容。同时，随着学生阅读（包括课外阅读）的深入，也会大量涉及经贸领域的内容。如何帮助非经贸方向的本科生打下一个较为宽泛的经贸汉语语言和经贸常识、背景知识的基础，这也是对二年级的经贸汉语阅读课的要求。

三、二年级经贸汉语阅读课的特点

（一）所处的学习阶段

如前所述，二年级经贸汉语阅读处于初级汉语向高级汉语的过渡阶段，但作为经贸汉语来说，它既是引入阶段，又要为高级阶段的学习服务。

（二）学习者的知识结构

本科教育的生源与非学历培训教育的生源不同，高中毕业起点的学生居多。少数受过高等教育的学生，经贸背景的也不多。因此多数学生在开始学习本课程的时候，是不具备经济贸易的实践经验与专业知识储备的。据我们课程开设以来所做的随堂调查，涉及相关背景的学生一直在10%以下（其他专业院系的选课者除外），具体数字是每班不过一、二个人而已。而且程度参差不齐，有正规公司的职业生涯或较为系统的专业知识的学生，比例极少，特别是前者，只能说是极少遇到的个例。同时如前所述，汉语学院一、二年级又没有相关经贸课程，因此，二年级的经贸汉语阅读课作为学生初涉经贸类课程的基础课、导入课，必须考虑学习者的知识结构。

（三）与一般通用汉语语言课和经贸知识课的交叉

1. 二年级经贸汉语阅读是汉语言课程体系的一个子系，有着一般通用汉语阅读课的共性。

（1）共同的语言基础

也就是说，学生的汉语言起点是一样的。此时，学生已经经过了初级汉语阶段的学习，学过基础的汉语语法和大部分基本句型，掌握了2000～3000个汉语词汇，经过了初级汉语阅读课的训练，具有基本的汉语阅读技能。

（2）汉语言知识仍是其基础支撑

经贸汉语阅读课是汉语技能课，阅读内容是汉语材料，一般通用汉语的语法、词汇、句式等是其基础与支撑。不只是学生初级阶段的汉语言基础，与经贸汉语阅读平行的中级阶段的各类语言课程，都会对它提供极大的辅助与支持。

（3）对外汉语阅读课的共同原则

经贸汉语阅读是对外汉语阅读课的一个分支，应统一于一般通用汉语阅读课的基本原则之下，包括基本的教学任务、目标与方法等。特别是“巩固目标语知识，形成语感；扩展词汇量；培养阅读技能”（周小兵，2008）。这些基本教学目标，应该是其基本出发点与依托。

2．二年级的经贸汉语阅读课是专门用途语阅读，具体来说，阅读材料的核心是经贸领域的话题，这必然涉及经贸专业知识、专业概念与术语以及相关的背景知识。这一部分，会与相关的经贸知识课有所交叉。

（四）体现经贸汉语的独立体系

1．经贸汉语作为专门用途语言，有自己独立性较强的词汇系统

“涉及特定行业或领域的语言，自然在所使用的词汇方面显示出某种倾向性”（张黎，2007），因此经贸汉语阅读有自己领域特有的词汇系统。在教学中，我们姑且做如下分类：

（1）经贸专用词汇

这类词汇也可以分为两类：一是基础专用词汇，如金融、税收、保险、预算、利润等。这类词语义项基本是单一的，没有复杂的语法意义，教学中不需要太多的讲解，但是数量很大，属于基础专用词汇。二是经贸领域的概念和术语，如国内生产总值、恩格尔系数、社会保障体系等。这类词语知识性很强，信息量也大，一个概念基本都涉及一个相关的专业知识体系和大量的背景知识，是学习和阅读中的难点。

（2）经贸汉语词汇

这类词汇并不是经贸领域专用的词汇，不专门表达某一经贸领域的概念，它往往是一般通用汉语中的基本词汇，有的是在经贸汉语中增加了新的义项，

如“刺激经济增长”中的“刺激”，“上游产品、下游产品”中的“上游、下游”等；有的是在经贸汉语的表达中，形成了自己特有的搭配，如“利润空间、市场空间”中的“空间”，“价格反弹”中的“反弹”等。可以说，它们脱胎于一般通用汉语，因其特殊的搭配方式和语法意义，在经贸汉语中自成体系。在经贸汉语中，这一类词汇的比例也是比较高的，实际上更集中地体现经贸汉语的语言特点。

2. 涉及系统的专业知识和相关背景知识

经贸汉语作为专门用途语言，其功能性强，承载的是经贸领域的话题和信息。经贸话题必然涉及经贸专业知识和相关的背景知识。因此，经贸汉语阅读具有知识性强、信息量大的特点，学习者在阅读中除了语言问题，还会更多地遇到因对经贸知识和相关背景知识的储备不足而引起的理解障碍。即学习者的知识结构，会成为影响阅读理解的一个重要因素。

3. 经贸汉语的语体、句式特征

“作为一种领域语言的商务汉语，毕竟也是汉语，所以在所使用的句法结构上，并不会有什么特殊的句型、句式。但从分类统计的角度看，会体现出一些选择的倾向性。”（张黎，2007）由于经贸汉语的文章多是较为书面的文体，句子相对复杂，因此有自己使用频率较高的句型、句式，而且语体更为正式，长句较多。长句词语多、语义关系复杂，也会成为阅读理解中的障碍。这也是经贸汉语语言特征的一个具体表现。

四、二年级经贸汉语阅读课课程建设思路

基于上述分析，二年级经贸汉语阅读课要立足汉语阅读教学，突出经贸特色，既要处理好与初级汉语和一般通用汉语的衔接，又要强调向汉语高级阶段和专业知识课的过渡。以下三个因素决定着课程建设的主要原则和基本出发点：

第一，课程是汉语阅读课教学，一般通用汉语阅读课的基本教学原则是它的根基。

第二，课程是经贸汉语课教学，经贸汉语的特点是它的核心所在。

第三，课程处于本科二年级的学习阶段，这决定教学内容的选取和处理原则。

（一）相对于一般通用汉语阅读课来说，要体现经贸特色

二年级经贸汉语阅读课必须在立足于汉语阅读课基本原则的基础上，突出“经贸汉语”这一核心特色。这是课程本身的特点和汉语学院本科课程体系的设置决定的。

如前所述，汉语学院二年级与经贸汉语阅读平行的课程中已有新闻语言基础和中级汉语阅读两门课，后者还是必修课。经贸汉语阅读课面对的学生可能有 4 ～ 8 个课时的阅读类课程，而且上述两门课已经形成一套成熟的中级汉语阅读和基础的新闻阅读教学体系，经贸汉语阅读作为一门新开的经贸领域专门用途语言阅读课，必须考虑自己的分工与侧重，才能在整个本科教学体系中发挥最大效率。

1. 适当侧重经贸汉语的词汇教学

“许多中外实证性研究都表明，词语理解和运用不当以及词汇量不足，是影响第二语言水平提高的最主要的原因之一，同时也是影响语言交际的最关键的因素。”（李明，2011）词汇也是影响阅读理解的重要因素之一，“在阅读中，其他技能培养，都是建立在一定词汇量的基础之上的”（张如梅，2012）。因此，扩展词汇量，是外语阅读教学的主要任务之一，而二年级的经贸汉语阅读课则更加需要侧重词汇（主要是经贸词汇）的教学。

（1）经贸汉语阅读的词汇系统有自己的独立性，其自有词汇系统与其他一般通用汉语课的词汇交叉的很少。而这部分词汇正是影响经贸阅读理解的难点与重点，因此，也应该是重点讲授的。

（2）“在对外汉语教学的课程体系中，一般通用汉语阅读课是为配合综合课的教学而设立的单项语言技能课”（周小兵，2009），因此一般通用汉语阅读课的定位是泛读课，是在巩固和加强综合课的语言知识的基础上，扩展词汇，训练各种阅读技巧与阅读理解的能力。而对二年级的经贸汉语阅读来说，汉语综合课和其他一般通用汉语课程为其提供的准备与辅助只是通用的汉语言知识（一般通用汉语的词汇、语法），学生的经贸词汇基本上是零起点的。

以上两个因素使得学生在经贸汉语阅读的入门阶段面临词汇量大的问题，特别是一些基础的关键词语，如统计、认证、医疗、保险等，很难在阅读中通过各种阅读技巧或通过在不同语境中多次重现解决，或者这样解决效率很低。

大量词语在阅读中是一种负担，严重影响阅读效果和兴趣。这就要求二年级经贸汉语阅读课对经贸词汇的教学要更“精”一些，词语教学的部分功能要向综合课延伸，或者说是分担部分综合课的教学内容。因此，二年级的经贸汉语阅读课应该在阅读练习前，增加词语教学的环节，帮助学生理解掌握基本词语和关键性词语，为后面的阅读训练扫清障碍。

2. 增加经贸基础知识和相关背景知识的教学

影响阅读理解的因素“除了词和语法知识以外，还有文化和社会知识，我们可以通称为背景知识”（陈贤纯，2008），具体到经贸领域的阅读，我们可以归纳为经贸专业知识和经贸背景知识。

在阅读的初级阶段，一般日常经验中获得的知识基本足以应付阅读理解的内容，但随着阅读的深入，阅读内容对专业知识的深度与广度的要求在不断增加。这一点在功能性很强的经贸汉语阅读中，表现得尤为突出。考虑到这个层次学生的知识结构和课程设置，二年级的经贸汉语阅读课必须分担这部分功能，增加经贸基础知识和相关背景知识的教学。

（1）由于经贸汉语的功能性及其特点，这方面的教学是渗透于课堂教学的多个环节中的。比如前面提到的概念与术语，既是专业词汇，也不可避免地涉及经贸专业知识与相关背景知识。

（2）经贸专业知识和经贸背景知识的教学与语言知识一样，也要考虑其层级性和系统性。由于学生的知识结构、所处的学习阶段以及课程设置等原因，二年级的经贸汉语阅读课与高年级的经贸阅读课比较，经贸专业知识和经贸背景知识应强调基础性、常识性和宽泛性，专业深度不能过高，涉及的专业领域不能过窄。

（二）相对于经贸知识课来说，要立足语言教学

二年级的经贸汉语阅读课，是一门语言技能课，教学重点必须落实在语言教学上，主要是为专业知识课的学习做语言知识的准备，与经贸知识课应该有明确的区别与分工。我们可以从以下两点来把握：

1. 阅读材料的选择

阅读材料涉及的经贸内容要强调常识性和基础性，回避较为专业的知识和术语，阅读的话题突出广度，不追求专业深度。

2. 经贸专业知识和背景知识的处理

获取信息与学习知识是阅读的两个主要的作用，在教学中，我们可以从阅读本身的内在规律出发，引导学生在阅读中自然有效地获取经贸知识和相关信息。

具体做法是适当地把经贸专业知识和背景知识的学习融入阅读训练中。即选取适当的材料，经过加工，处理为快速阅读、拓展阅读的语料，并通过练习的设计和适当的讲解，突出与强化相关知识点，让学生在阅读训练的同时有效获取这些基础信息和知识。这样做，同时还可以有效拓展阅读的深度与广度，也是符合阅读教学的基本原则的。

3. 长句与语法的教学与理解训练

长句与语法也是影响阅读理解的重要因素之一。特别是中、高阶段的阅读，随着阅读内容的深入，语言难度也逐步增加，其主要表现之一就是复杂的长句和语法，这两者往往还会杂糅在一起。

具体到二年级的经贸汉语阅读，首先，因为经贸汉语语言的特点，这一现象表现得更加突出一些；其次，由于二年级处于承上启下的阶段性特点，二年级的阅读教学也是长句理解的开始阶段和语法理解的提升阶段，因此，在这一阶段引入长句分析和语法例释的教学，并设计针对性的理解训练是十分必要的。培养学生对复杂的长句和语法的理解分析能力，这对学生高级阶段阅读能力的提高，也是非常重要的。

需要强调的是，长句与语法教学，要充分调动学生已有的语言基础，并体现阅读理解的教学特点，教学与训练中，要与培养学生的阅读能力与技巧结合起来。

（三）二年级上与二年级下要各有分工与侧重

二年级上是经贸汉语阅读的导入阶段，其定位要强调与初级汉语和一般通用汉语的衔接，回避较为专业的知识、词汇和复杂的句子、书面表达。阅读材料以叙述性的文体引入，并适当提高在课文中的比例，阅读材料的内容体现的经贸话题，以常识性的、与生活联系较为紧密的话题为主。目的是降低导入阶段的难度，以较为简短的句子、常识性的话题，大量引入典型的基础经贸词汇。也就是说，在知识的教学中，基础性的词汇学习是侧重点。

二年级下则要强调向高级阶段和专业知识课的过渡。阅读材料的语体应更为书面，注意增加复杂的长句。阅读材料的经贸专题性要增强，话题的深度要适当增加。专业知识和经贸词汇的学习也向广度和深度拓展，阅读中涉及的经贸概念和术语也要相应增加。

（四）兼顾系统、全面、综合的阅读技能的训练

对外汉语阅读课的基本原则是二年级经贸汉语阅读课的立足点，阅读技能训练是对外汉语阅读教学的三个主要内容之一。因此在阅读训练、题型设计，以及其他各个教学环节中，都应体现第二语言阅读教学的这一基本任务与目标。

语言学习是一个有机的整体，阅读技能的发展与听、说、写等技能的发展是互为促进、相辅相成的。同时，阅读又可以分为跳读、略读、查读、通读、细读等不同类型，因此，在阅读技能的训练中，我们要强调系统性、全面性和综合性，既兼顾不同种类的阅读训练，如增加各种快速阅读的训练，又考虑阅读技能与其他各项语言技能的辅助与贯通，增加理解性阅读和拓展阅读的练习，以及针对性的课外任务的环节。

参考文献

陈贤纯　2008《对外汉语阅读教学16讲》，北京语言大学出版社。

国家对外汉语教学领导小组办公室　2002《高等学校外国留学生汉语言专业教学大纲》，北京语言大学出版社。

李　明　2011《对外汉语词汇教学与习得研究》，中国大百科全书出版社。

李立成　2008　来华留学生汉语言本科学历教育总体设计的意义，《北京高校来华留学生教育研究》。

张　黎　2007《经贸汉语课程研究》，商务印书馆。

张如梅　2012　对外汉语阅读教材中的词汇积累问题，《语言教学与研究》第6期。

周小兵　2009《对外汉语教学导论》，商务印书馆。

周小兵、张世涛、干红梅　2008《汉语阅读教学理论与方法》，北京大学出版社。

附录一：北京语言大学汉语学院二年级课程设置

二年级非双语生必修课

学期	课程名称	周课时	学分
两学期	中级汉语综合课	6	6
	汉语听力、口语	4	4
	中级汉语阅读	2	2
	汉语写作基础	2	2

二年级汉英双语方向必修课

学期	课程名称	周课时	学分
两学期	中级汉语综合课	6	6
	汉语听力、口语	4	4
	中级汉语阅读	2	2
	中级英语综合课	2	2
	中级英语听力课	2	2
	中级英语口语课	2	2

二年级汉日双语方向必修课

学期	课程名称	周课时	学分
两学期	中级汉语综合课	6	6
	汉语听力口语	4	4
	中级汉语阅读	2	2
	中级日语综合课	4	4
	中级日语听说课	2	2

二年级公共选修课

学期	课程名称	周课时	学分
上学期	现代汉语语音	2	2
	成语选讲	2	2
下学期	现代汉字概论	2	2
	杏坛趣话	2	2

（续表）

学期	课程名称		周课时	学分
两学期	中国历史		2	2
	汉语写作基础		2	2
	新闻语言基础		4	4
	中国文化入门（二上）/ 文化导读（二下）		2	2
	中国人文地理		2	2
	经贸汉语阅读		2	2
	中国文化英文讲座（共享课）		2	2
	中级日语综合课	限选一门	4 或 2	4 或 2
	中级日语听说课			
	日汉翻译基础		2	2
	韩汉翻译基础		2	2
	英汉翻译基础		2	2
	俄汉翻译基础		2	2
	中国书法或中国武术（考察科目）		2	2

附录二：北京语言大学汉语学院经贸系必修课

三年级

学期	课程名称	周课时	学分
两学期	商务汉语综合课	4	4
	经贸洽谈	4	4
上学期	微观经济学原理	2	2
	国际贸易实务	2	2
下学期	宏观经济学原理	2	2
	世界经济概论	2	2

四年级

学期	课程名称	周课时	学分
上学期	商务汉语综合课	4	4
	商务口语交际	4	4
	当代中国经济	2	2
下学期	商务汉语综合课	4	4
	中国经济与社会讲座	2	2
	学士学位论文撰写与答辩	14 周	8

附录三：北京语言大学汉语学院三、四年级公共选修课

三年级

学期	课程名称	周课时	学分
上学期	小说选读	2	2
	国际贸易实务	2	2
	中国现代文学	2	2
	影视赏析	2	2
下学期	世界经济概论	2	2
	中国当代文学	2	2
	中国文化体验	2	2
	语言实习（商务考察）	2	2
	语言实习（语言文化考察）	2	2
两学期	口语习惯用语	2	2
	汉语写作	2	2
	现代汉语词汇	2	2
	现代汉语语法	2	2
	新闻视听	2	2
	新闻阅读	4	4

（续表）

学期	课程名称		周课时	学分
两学期	文化专题讨论		4	4
	中国古代文学		2	2
	经贸汉语阅读		2	2
	实用商务汉语写作		2	2
	中国国情		2	2
两学期	英汉翻译		4	4
	俄汉翻译		2	2
	日语读写		2	2
	中国文化英文讲座（共享课）		2	2
	日汉翻译笔译	非翻译方向（限选一门）	4	4
	日汉翻译口译			
	韩汉翻译笔译			
	韩汉翻译口译			
	高级日语综合课	非日本生、日语中级水平者（限选一门）	4	4
	高级日语听说课		2	2
	高级英语综合课	非英汉双语方向（限选一门）	2	2

四年级

学期	课程名称	周课时	学分
上学期	论文写作	2	2
	古代文学名著选读	2	2
	当代中国话题	4	4
	现代汉语修辞	2	2
	中外文化交流史	2	2
	现当代文学名著选读	2	2
	经济导读	2	2
	经济法基础与实务	2	2

（续表）

<table>
<tr><th>学期</th><th colspan="2">课程名称</th><th>周课时</th><th>学分</th></tr>
<tr><td rowspan="14">上学期</td><td colspan="2">中国哲学</td><td>2</td><td>2</td></tr>
<tr><td colspan="2">中国艺术史</td><td>2</td><td>2</td></tr>
<tr><td colspan="2">中国民俗</td><td>2</td><td>2</td></tr>
<tr><td colspan="2">中国对外贸易</td><td>2</td><td>2</td></tr>
<tr><td colspan="2">当代中国经济</td><td>2</td><td>2</td></tr>
<tr><td colspan="2">经济调研</td><td>2</td><td>2</td></tr>
<tr><td colspan="2">实用韩汉翻译</td><td>4</td><td>4</td></tr>
<tr><td colspan="2">韩汉语法偏误</td><td>2</td><td>2</td></tr>
<tr><td colspan="2">计算机应用</td><td>2</td><td>2</td></tr>
<tr><td colspan="2">中国文化英文讲座（共享课）</td><td>2</td><td>2</td></tr>
<tr><td>日汉翻译笔译</td><td rowspan="2">非日汉翻译方向（限选一门）</td><td rowspan="2">4</td><td rowspan="2">4</td></tr>
<tr><td>日汉翻译口译</td></tr>
<tr><td>高级英语综合课</td><td rowspan="2">非汉英双语方向（限选一门）</td><td rowspan="2">4 或 2</td><td rowspan="2">4 或 2</td></tr>
<tr><td>高级英语听说课</td></tr>
<tr><td>下学期</td><td colspan="2">社科文献检索（限于四下补学分）</td><td>4</td><td>2 ～ 4</td></tr>
</table>

刘文丽，女，1972 年出生，硕士，2001 年参加工作，北京语言大学汉语学院经贸系讲师。从事经贸汉语教学多年，研究方向为经贸汉语教学。

针对短期汉语学习者的高级经贸阅读教学初探

丁　燕

摘　要：本文探讨了短期汉语学习者在高级经贸汉语方面的学习需求和自身特点，提出了“以内容的内在联系确定经贸知识框架”“以快读介绍背景、以细读分析话题”等教材编写原则和“讨论先行”“预习要求任务化”等教学方法。

关键词：经贸阅读　高级　短期留学生　教学

一、引　言

随着中国经济的高速发展，中国与世界的经贸往来无论是在广度上还是在深度上都在不断扩展。伴随而来的“汉语热”在全球不断升温，来华留学人数激增，汉语成为全球最新的强势语言。其中对于经贸汉语的需求更是显著增长，这不但体现在留学生中经贸专业本科生的数量逐年增加，同样也体现在非特定目的来华学习汉语的短期留学生中，对经贸话题和相关内容感兴趣的也越来越多。笔者所在的教学单位即是专门针对来华学习汉语的短期留学生的，近年来，针对留学生的这种学习需求，笔者在学院的支持下，为高级班的学生开设了“高级经贸阅读”选修课，本文即是在几年教学实践的基础上，对针对短期留学生的高级经贸阅读教学各方面问题的初步探索和思考。这门课的教学对象是短期留学生，学习时间大多数是一个学期，多数学生既不是经贸从业者也不是经贸专业的学生，同时也并无考取经贸专业进行专业学习的打算，他们选择经贸阅读的课程最主要是因为想了解中国的经济状况，或者将来希望在跟中国有经贸往来的公司中找到工作。

二、针对短期汉语学习者的高级经贸阅读“读什么”

在确定要为短期汉语学习者开设这样一门高级经贸阅读后，首先要面对的问题就是在课堂上要带学生“读什么”。

（一）目前高级经贸阅读教材现状

为适应全球学习商务汉语的需求，近年来各主要对外汉语教材出版机构出版了不少商务汉语教材。据吴洁统计，自 1982 年起至 2011 年，已出版的商务汉语教材数量至少有八九十套。这些教材有针对学历生的学历教材，但更多的是非学历教材。从层级来看，根据不同汉语水平教学对象分别有初、中、高级教材。从类型来看，既有综合教材也有分技能教材，分技能教材主要有口语、阅读、写作、案例分析教材。（吴洁，2012）虽然总的来说各层级各类型都有，但高级教材少之又少，而其中的阅读教材更是寥寥无几。笔者研读了所搜集到的有限的几本高级经贸阅读教材（《新汉语经济新闻阅读教程高级篇》《经贸汉语阅读与写作》《商务汉语经济案例阅读教程》），发现这些教材大致分为两类，一类是以经济新闻为主要阅读材料，另一类是以经济案例为主要阅读材料。两者内容都很丰富，而且所选文章大都会针对某一个现象、事件或案例展开分析，基本上属于微观经济的层面，好处是使学习者能对相关的经贸问题有比较直观的了解，非常适合经贸专业的学习者或者预科生有其他的经贸专业课程与之相配套使用。但对于短期来华学习汉语的留学生来说，存在着这样一些问题：首先，学生大多是语言文化相关专业的学生，虽然其中有些人打算以后从事与中国有关的贸易类工作，但这种意向并不十分明确，他们选择经贸阅读的课程最主要是因为他们想了解中国经济的状况及其相关的话题，因此通行的经贸教材中类似品牌塑造、销售策略、投资方向、行业法规等专门针对某一行业、领域的这一类微观经济领域的文章通常他们并不太感兴趣；其次，大多数学生基本上完全没有经贸专业知识，甚至在母语阅读经验中也鲜有阅读经贸类文章的经验，普遍对经贸常识非常陌生，因此经贸常识和经贸词汇对于他们来说是最大的阅读障碍，但因为学生并不是以经贸专业为学习目的，教学时间又有限，不可能像教授经贸专业的学生一样去详细系统地学习经贸知识；再者，作为高级班的学生，他们的汉语水平已经很高了，而且，能坚持学习到高级阶段的学生通常已经不再满足于阅读一般的介绍说明性的文章。因此，选用现成教材进行针对短期汉语学习者的高级经贸阅读教学虽然简便，但不太容易取得好的教学效果。

（二）教学对象学习需求分析

在开设“高级经贸阅读”课程之前，笔者已有多年留学生汉语学习高级班教学经验，并在开课前对学生选课意向和学习需求做过一些观察和分析，小范围的调查结果也基本上符合相关调查研究的统计数据，比如美国宾州大学袁芳远主持的一项针对选修高级商务汉语课的学生进行的调查表明，在学生的学习需求和对课程的期待方面，得分值最高的选项分别是学习中文商务术语、了解中国经济状况两项，而得分最低的分别为汉语语法、修辞和商务工作实际技能两项（关道雄，2006）。

根据通行的原则，教学应以满足学生的需求为主要目标，作为专门针对短期汉语学习者的高级经贸阅读课，笔者在几年的教学实践中逐步摸索出了一本自编教材，初步解决了“读什么”的问题。

（三）经贸阅读文章选择的思路

1. 以内容的内在联系确定经贸知识框架

在教材的选文方面，针对学生最希望了解中国经济状况这一最主要的需求，首先确定了以宏观经济层面的介绍中国经济及其各方面状况为主要内容的大方向。在此基础上筛选出了中国奇迹、经济总量（GDP）、经济增长模式、宏观调控（结构调整）、收入与消费、国际贸易、经济全球化、货币与汇率、通货膨胀、房地产等十个专题，力求多方面反映中国经济贸易概况。接下来，根据各个专题所包含的经贸知识的内在联系，确定了各个专题的前后顺序，使得课与课之间在内容上有相互承递的内在联系，相关常识又能够有层次地反复再现，力求使学生能在逐步的阅读中初步把握经济贸易方面的常识框架，在课堂学习后能基本做到独立地进行相关阅读。比如，相信无论对经贸感不感兴趣，留学生基本上都对近三十年来中国经济的高速增长印象深刻并有切身感受，但这样的印象往往非常笼统，也没有了解过具体情况，因此笔者把“中国奇迹”列为第一个专题，并选择了《中国高速经济增长的由来（节选）》一文作为教学的开篇。通过这样一篇文章的阅读，学生首先可以对中国近三十年来的经济状况有个大致的了解，并通过文章的相关分析对中国经济高速增长的原因及其带来的问题有了概括的认识，同时在阅读中自然开始接触经贸领域的一些最常用的术语，比如：国内生产总值（GDP）、计划经济与市场经济、出口导向、重工业与轻工业、分配与再分配、收入差距、极端贫困，等等。通过对这些经贸术语的学习，学生也会很自然地对相关经贸知识和话题产生兴趣，这样一来，接下来的第二个专题“经济总量”（GDP所代表的国家整体经济实力）、第三个专题“经济增长模式”（出口导向型发展战略）也就水到渠成，而且有了第一课的统括全局的安排，学生在接下来的学习中既有了兴趣又有了基础，阅读起来会觉得轻松很多。接下来，前三个专题在肯定三十年经济高速增长的成绩时，也不断提到原有经济增长模式带来的严重问题，那么接下来选择“宏观调控”这样一个专题就不再是空洞的介绍和探讨，而是有针对性地让学生来理解前面几个专题所提出的问题，并且所选的阅读文章通过“金融危机”这个近年来最大的经济背景话题，把中国的经贸问题和全球经济联系起来，为接下来影响经济增长的三个主要因素“投资”“消费（国内需求）”和“国际贸易（出口）”以及“经济全球化”这样几个专题做了铺垫并找到切入口。教材的最后几个专题“货币战争（汇率问题）”“通货膨胀（物价问题）”“房地产（产业问题）”，也都是在这样的注重课与课之间内容上，有相互承递的内在联系和相关常识能够有层次地反复再现的思路下确定的。从几年的教学实践来看，这样的安排在面对短期汉语学习者的教学中产生了较好的效果。

2. 以快读介绍经贸词汇和背景，以细读分析解读话题

确定了经贸知识框架和相关专题后，接下来就是每一个专题的课文怎么设定。按照阅读课教材的常规做法，首先确定把快读、细读相搭配作为一课的标准设置，其次，配合每课一个专题的总体框架，快读和细读的文章内容互相呼应和统一。具体说来就是以快读文章引入话题、介绍相关背景，并为细读文章的深入阅读打下基础，因此快读文章在难度上不能很高，最好结构清晰、层次分明、内容明确，必要时需要做一些改动，以学生能快速抓住主要意思为原则，同时也方便训练学生的阅读技巧。在此基础上，细读文章的难度就可以稍大一些，主要选择分析、评论性文章，详细解读本课话题，除非有非常专业性的内容出现，所选文章也基本不做改动。以“经济全球化”这一专题为例，首先选定《请不要为丰田悲戚》这篇文章为细读课文。因为文章是关于“丰田召回门事件”的分析评论，因此就可以选定一篇介绍“丰田召回门事件”的文章为快

读课文。又因为文章中出现了“福特流水线”和“JIT 零库存管理”分别使福特公司和丰田公司成为世界最大的汽车制造公司这样的内容，自然一篇介绍“福特流水线”的文章和一篇介绍“JIT 零库存管理”的文章作为快读课文就可以很好地辅助本课的整体教学。只是在课文的先后顺序上，虽然细读文章是先确定的，但当然要把背景介绍性质的快读文章放在前边，也就是说从体例上看，每一课都是先快读再细读。

另外，作为经贸阅读，每一课当然都会出现一些经贸词汇，其中还有一些是理解每一课话题的关键词。这些词汇与其通过老师讲解让学生理解，倒不如把关键的经贸词汇的详细解释作为快读材料让学生通过阅读来理解，这么一来，既增加了学生的阅读练习，又能加深他们对经贸词汇的理解。

3. 以非专业的母语阅读者能轻松看懂为原则把握语言难度

在语言难度的把握上，考虑到经贸专业内容对语言理解的影响因素，在选文时确定了“非专业的母语阅读者能轻松看懂”的原则，衡量的标准之一就是老师本人和身边的非经贸从业者或学习者阅读起来轻松有趣，另外再参考同等级的其他教材。基于这一原则，在文章的来源上基本摒弃了针对经贸从业者或专业学习者的专业性报刊、网络专业频道和专门性出版物，主要从综合性报纸、杂志上写给普通读者看的普及性文章，和网络上的面向非专业网民的博客类文章中进行筛选。后一类文章多多少少都有为普通不懂经贸专业知识的人释疑解惑的用意，为了达到让大多数人能看懂的目的，在写作上通常会注重通俗易懂及趣味性，这在无形中就降低了经贸专业内容对语言理解的影响程度。学生一旦在第一眼的阅读中产生了探究的兴趣，在课堂学习的过程中也就较有动力去克服经贸专业内容所带来的障碍。

（四）在经贸阅读教材体例上增设专门的经贸词汇项目

在确定了教材的主体——课文之后，在教材体例的确定上，怎么样围绕课文来编写其他项目，才能既遵循一般汉语教学的规律和特点，又能较好地理解与经贸知识息息相关的内容呢？如果和一般阅读教材一样，还是生词、课文、词语、句式和语法注释及其相关练习、课文理解练习等这些常规项目，则只能达到“高级阅读”的教学目的，而很难突出“经贸”知识和内容的学习。而且，上文提到的对选修高级商务汉语课的学生进行的调查表明，学生并不期望在这样的课上重点学习汉语语法、修辞，因此，笔者在教材编写时尝试弱化了词语、句式和语法注释及其相关练习，用节省出来的教材空间针对学生学习中文经贸术语及其相关知识的需要，适当增加了经贸常识方面的专门项目。这种尝试包括在每一课开篇首先设置“经济学关键词”项目，作为本课的主要经贸专业知识以及阅读理解课文的关键点，在文本阅读之前由老师带领学生重点阅读讲解。因为是“关键词”和理解的重点，所以在挑选词语时一则必须紧扣课文的整体理解选择经贸方面最基础的词汇，另外，严格控制词语数量，一般是一到两个，最多不超过三个。而在“经济学关键词”的解释上，不选择一句话的概括介绍，而是用一段话把词语的方方面面解说完整，使得解释本身成为阅读材料也即上文所述快读材料之一。

另一个尝试是从生词和注释中把所有经贸方面的词语挑出来，作为“经贸词汇”单列为一项，地位上与生词和注释并列。这么一来，三者分工明确，生词部分只是一般词汇，注释则主要解决其他专有名词。这么做一方面使生词量大大减少，不至于让学生望而生畏。另外，经贸词汇放在一起作为一个专项对待，因为是同一个领域的词汇，在理解上可以互相联系，从而方便教学安排和学生集中学习。对于“经贸词汇”的解释，也根据不同的情况，有的可能是给以简练易懂的概括介绍点到即止，而有的则尽量给出较为清晰完整的解释，也使解释本身成为上文所述的快读材料之一。

三、针对短期汉语学习者的高级经贸阅读“怎么读”

在“读什么”的问题解决了以后，具体实施教学时需要面对的问题是“怎么读”，或者说，在编写教材时设定的各种教学目标通过什么样的教学步骤和方法来实现。笔者在几年的教学实践中曾经碰到过很多困难，最突出的就是学生乍一看会觉得经贸内容自己完全不熟悉，因而也不可能读懂，先从心理上就产生了强烈的畏难情绪。而且经贸方面的内容，虽然是经过精心筛选的，毕竟由于题材所限，不可能像文学、文化、电影、艺术等方面的话题那么轻松有趣，有些无法避开的如数据统计、原理解说等内容甚至是有些枯燥的，如果在教学中不能找到合适的方法抓住学生并不那么牢固的兴趣，则必须面临学生不断流失的尴尬局面（我们的课程是选修课，学生在一个学期的学习中有两次分别持续一周的常规的换课机会，其他时段如果学生明确要求也是可以换的）。为了留住学生，当然更为了把教学搞好，在不断的尝试和摸索中，笔者积累和总结了两个行之有效的教学方法。

（一）讨论先行：用已知的具体细节引入正式的课堂教学

根据通行的教学理论，如果是在已知的内容中找出待解决的未知问题，较容易激发学习者的学习热情。但是，面对基本上完全没有经贸专业知识，甚至在母语阅读经验中也鲜有阅读经贸类文章的经验，而又背景各异的学生，怎么样才能找出他们共同的已知内容呢？笔者所总结的经验就是讨论先行。具体说来就是由老师根据要引入的话题提问，学生自由发言讨论。问题由开放性逐渐过渡到限制性，从而引出所要学习的话题。这一方法适用于大多数需要引入话题的环节。当然，作为一门阅读课，教师一定要控制讨论的时间，保证它仅仅是课程的话题引入环节而不会成为主体。

1. 用开放式讨论引入本门课程

要想大致读懂经贸类文章，即使是普及性的，也需要有一些最基本的常识。对于基本上完全没有经贸专业知识的留学生来说，这些经济学的基本原理可能比较浅显，并不难理解，比如供应和需求平衡生产和再生产就能顺利进行、价格是由价值决定的但同时受供求关系影响等，问题是他们可能完全没有专门接触过这样的内容，更没有用中文学习过。而且这些基本常识涉及的面又很广，很难找到一篇通俗易懂的文章来一次性介绍。而且，这样的内容如果用文章呈现出来就会显得艰深、庞杂，很难做到一下子抓住学生的兴趣，因此笔者设计了开放式讨论来向学生普及这些常识同时引出本门课程。这里的开放式讨论，第一步，让学生随意说一说提到“经贸”这个话题他们会想到哪些词语以及对这些词语他们是怎么理解的，如果学生的表述或理解有误，老师随时纠正。第二步，通过老师的补充，把与学生提到的词语相关的经贸常识一点点带出来，比如，当学生提到“价格”这一常用词时，就可以与学生讨论价格是由什么决定的，从而带出成本、利润、价值、供求关系等一系列术语，并在逐步的讨论中理清它们之间的关系和其中的经济原理。在这一过程中，每一个小的步骤都是由学生已知的东西引出下一步讨论，尤其因为问题的开放性，每个人都有可能作答，因此学生进入状态非常容易，而下一步的讨论又都需要他们做出思考和回答，因此学生的注意力被牢牢地吸引过来，学习的兴趣也被极大地调动起来。在这样活跃但注意力非常集中的气氛中，那些最基本的经贸常识也就很轻松地被学生接受了。第三步，结合课前的系统准备，通过问题查漏补缺，并通过现场板书设计把讨论到的经贸常识简单地串联构架起来，联系讨论过程中的具体细节，给出一个经贸常识的大致框架，为接下来的正式阅读课程打好基础。这一讨论一般在一个学期的教学中会占用第一次课的第一个课时，但从实践来看效果很好，如果在这样的讨论后能有一篇相应的阅读文章，教学效果应该会更好。因此下一步，笔者设想，如果实在找不到合适的文章，是否可以尝试自己写一篇这样的介绍经贸常识的文章作为教材的序言，同时也作为本课第一篇阅读材料。

2. 用讨论词语的方式讲解经济学关键词和经贸词汇

经济学关键词和经贸词汇作为课程中专业性的内容，虽然在教材编写设计上已经安排了主要靠学生阅读来理解，但我们都有这样的经验，专业词汇的解释通常比较枯燥乏味，而且在解释中很可能还要用到一些其他的专门词汇，因而对于学生来说，在阅读中如果没有老师的引导和讲解是很难读明白的，尤其是我们的教学对象还是把汉语作为外语来学习的学生。怎么样把这一困难的任务分解为学生易于接受的简单任务呢？笔者在思考这一问题的时候把眼光投向了对外汉语教学的核心——“语言学习”。汉语是表意文字，词语/词组的意思通常是由构成词语的字义/词义而来的，这一普遍特征同样适用于专业词汇。而作为高级班的学生，大多数汉语常用词他们已经熟悉，因此完全可以通过讨论组成经贸词汇的每个字或词的意思来讲解专业词汇的意思。比如，学生大多不太清楚“计划经济”的含义，但几乎所有学生都熟悉“计划”和“经济”这两个词，那么就完全可以通过讨论“什么是计划”“经济都包括哪些内容”“如果要对经济做出计划，一般是由谁来做、都计划些什么”“在你的印象里有哪些国家的经济是这种形式的”“这些国家的共同特征是什么”，等等。这些问题有些学生能马上答出，有些则不大清楚，但这些问题的答案大多都包含在课本上对这一词汇的详细解释中，那么带着找到答案的需求去阅读，接下来的阅读就会变得很容易进行。这样的一个讨论、阅读、找到答案的过程，学习效果对比让学生上来就阅读其有效性不言而喻。

3. 用具体话题的讨论引入每一篇课文的阅读

和上文的讨论同理，进入每一篇课文的阅读前也是讨论先行。如果说上面的两种讨论主要是讨论词语的话，这里的讨论就要着重于话题了。比如通过讨论“关于中国经济为什么能高速增长你听到过什么说法”，引入《中国高速经济增长的由来》一文的阅读；通过讨论“世界上哪些国家的经济比较发达”，引入《我们怎么面对 GDP 的超日赶美》一文的阅读；通过讨论“美国人和中国人不同的消费方式”，引入《中国人为什么不敢消费》一文；等等。这样的讨论虽然有时候只是三言两语，多的时候也只是三两分钟，但这一问答的过程一方面引发了学生阅读课文的兴趣，另一方面讨论中很可能会带出课文的部分内容，从而在一定程度上减少学生的阅读难度。很多学习理论都指出，如果给学习者设定的目标较难，需要特别努力才有可能达到，或者特别努力也很难达到的情况下，学习者就会失去学习的动力。只有在给学习者设定的目标是踮踮脚尖就能够着的情况下，学习的动力和热情才能长久保持，因此，这种降低难度的讨论对于学生顺利地阅读课文是非常有帮助的。

（二）给学生任务化的预习要求

很多关于教学法的讨论和相关研究文章都提到，如果给学生提出较笼统的学习要求，通常多数学生倾向于不那么认真地完成。比如，笼统地要求学生“预习生词”，可能有相当多的学生只是简单看一看，到上课时基本上没有清晰的印象，因此，给学生提出的要求最好具体化、任务化。那么，在针对短期汉语学习者的高级经贸阅读课的教学上，对学生提出什么任务化的要求才能更好地促进课堂教学呢?

1. 对于生词预习提出“能大概说出词义或给出某个较常用的近义词”的任务

基于高级班学生选修这样一门课的主要学习目的并不是学习词语和语法这一调查研究结果，本课程在教学定位上不以一般词语的讲练为重点，因此在现有的草编教材中，专门的词语练习并没有涉及；加上由于本课程的课堂教学中教师要花大量的时间和精力处理经贸词汇和课文，必然使得处理一般生词的时间减少。但生词的理解对于阅读课来讲是不可少的，因此，在教学实践中对于一般性生词主要要求学生自主学习，并对学生提出了“能大概说出词义或给出某个较常用的近义词”的生词预习任务，并在课堂教学的生词理解或课文阅读环节检查学生的预习情况，具体处理方式会随着教学的进行逐渐调整。由于任务具体，又有课堂的当众提问做督促，很大程度上调动了学生的学习主动性，并使得这一环节的教学能极大地节约时间并为课堂教学的主体——课文阅读来服务。同时因为学生要完成这一预习任务必然得阅读生词表或查阅词典等相关资料，对学生阅读能力的培养也是一种很好的配合。

2. 结合具体课文的内容提出有针对性的小组任务

刘珣（2000）曾指出，对外汉语教学“以培养语言交际能力为目标”，“以技能训练为中心”。那么，就针对短期汉语学习者的“高级经贸阅读”这门课程来说，“语言交际能力”和“语言技能”的训练到底体现在哪儿呢？课堂上进行的课文阅读和上文提到的经贸词汇解释的阅读当然是主体，但阅读能力的提高说到底仅靠课堂的阅读是远远不够的，而且，学生培养的语言能力和学到的阅读技能也只有运用到课堂之外的实战阅读中去才算落到了实处。因此，结合课堂的学习给学生布置相关的阅读任务作为一种可行的做法被应用到本课程的教学中。这一做法的要点在于有效的结合、适当的切入点和较轻的负担。在与课堂教学的有效结合上，要求老师精心选择与课文有关的又比较有意思的题目，例如结合课文中出现的户籍制度对人员流动的限制，要求学生查阅中国城市居民和农村居民和户口制度相联系的各种权利和义务；结合课文中出现的“门事件”这一用法，要求学生查阅“** 门”说法的由来，并要求学生在课上向大家介绍自己查阅到的内容。在适当的切入点方面，充分利用留学生们各自不同的国籍、性格、爱好和教育背景灵活掌握，例如丰田“召回门”事件后公司的现状就布置给日本学生去查阅，而“水门事件”就交给美国学生或者爱好政治话题的学生。在较轻的负担这方面，主要是考虑负担重了学生很容易放弃，而且课堂上也不允许留出太多的时间来让学生做报告，因此这样的任务一般会交给一个三到四人的小组去完成，避免交予一人而这一人没有完成则这一环节就没法进行的尴尬。而且任务在学生中轮流进行，对每个人来说，除了轮到自己时，大多数时候这一任务是没有强制性的，但每次自己都可以从不同的同学那里接收到新的信息，这样的任务就不大成为负担，多数被派到的学生都能完成。基于后两点考虑，这一做法通常会在教学开始了一段时间，学生们互相熟悉并有了基本的经贸常识后进行。我们的班一般是 20 个学生左右，这样一学期下来，有五到六次这样的小组活动就可以保证每个学生都有参与的机会，基本上是两到三周（5 ～ 6 次课）会有一次课堂报告，也不会占用太多课堂教学的时间。对于那些较努力的学生来说，则可以根据自己的时间和兴趣更多地去阅读，并有机会把自己阅读到的内容和其他同学读到的内容进行比较、交流。

（三）一般生词的教学方法分阶段调整

俗话说“万事开头难”，在教学实践中笔者这样的体会非常深。在最初没有经验的头一两年，虽然教学上很用心，但在第一周学生可以试听换课的阶段，总会有学生退课，问及原因，基本上都说“太难了，读不懂”，但坚持下来的学生到后来都说其实没那么难。这实际上就是学生在面对外语的、内容不熟悉的长篇文章时阅读焦虑症的一种体现。笔者在多方面总结经验及思考问题的过程中，分阶段、有意识地调整了教学方法，一定程度上克服了学生“开头难”的问题。这种教学方法的分阶段调整主要体现在一般生词的教学上。具体说来就是在第一、二课的教学中，一般生词在要求学生预习之外，课堂上也有专门的生词学习环节，而且多数生词都会过一遍。这么做是因为一则学生在阅读课文时同时面临一般生词、经贸词汇以及内容陌生等诸多障碍，先扫清一个当然会降低难度。另外学生大多从心理上认为文章读不懂是因为有好多生词不知道什么意思，而任务化的预习加上课堂的逐一讲解，最大限度上扫清了这种心理上的障碍，接下来的课文阅读中学生才能最大程度上把注意力放到经贸词汇的理解和文章内容上来。通过一到两课的学习后，学生在心理上已经放松了，不再觉得经贸文章那么难读懂了。而且实际上在有了一点经贸知识的基础后，他们对一般生词就不再那么介意了，这时候在课堂教学上就可以极大程度压缩课堂生词学习的时间，改为只是一起学习几个较难的生词了。大约到期中考试后，课堂上就基本没有专门学习一般生词的时间，而只是在课文阅读环节结合具体内容的理解来检查他们预习的情况了。

四、结　　语

作为针对短期汉语学习者的“高级经贸阅读”课程，是在现实需要的基础上开设的一门课程，笔者在编写教材和教学的过程中尝试突破传统的教学内容和教学方式，“希望让学生在学习语言的同时有机会深入了解中国经济的状况，不但了解经济活动中的现象，而且了解这些现象背后所反映的中国社会各个层面的变化，包括人们的价值观和心态的变化”（董瑾，2003）。因此在教材编写和教学方法上做了一些探索性的尝试，这些尝试在实践教学的层面受到了多数学生的欢迎，但在理论研究层面还有待深入和完善以及各方面的检验。

有关资料表明，目前全球正在学习中文的外国人超过了4000万，这其中多数都是短期非专业的学习者[①]。虽然很多人的学习是出于找工作、做贸易等实用的目的，但对于校园学习者来说，真正选择经贸汉语相关专业的毕竟是少数，大多数学生都是非特定目的的短期学生。当然，目前学生中达到高级水平的还是少数，但随着“汉语热”的持续升温，有“高级经贸阅读”学习需求的人会越来越多，因此，进行有针对性的探索和研究非常具有实际意义。目前这方面的研究还较少，本文也只是在教学实践的基础上所做出的经验总结，难免有很多的漏洞和不足。但现实的需要和不足正是我们改进教学和深化研究的动力，笔者也将在这方面继续不懈地探索。

参考文献

董　瑾主编　2003《经贸汉语阅读与写作》，外语教学与研究出版社。

关道雄　2006　商务汉语教材的范围、内容和开放式架构设计，《国际汉语教学动态与研究》，第2期。

姜国权　2009　商务汉语教材与教学探析，《时代文学》。

刘　珣　2000《对外汉语教育学引论》，北京语言大学出版社。

孟繁杰等　2006《对外汉语阅读教学法》，厦门大学出版社。

田　然　2008　近十五年对外汉语中高级阅读教材编写理念述评，《云南师范大学学报》（对外汉语教学与研究版）。

---

① 参见国家汉办官网统计数据。

王惠玲、王惠成　2004《新汉语经济新闻阅读教程高级篇》，北京大学出版社。

吴　洁　2012《商务汉语教材建设问题研究》，中国优秀硕士学位论文全文数据库，中国海洋大学。

邢　欣主编　2006《商务汉语经济案例阅读教程》，北京大学出版社。

杨　颖　2012　研究型经贸汉语阅读教学初探——以首都经济贸易大学实践为例，《现代语文》。

周小兵等主编　2005《对外汉语阅读教学研究》，北京大学出版社。

丁燕，生于1973年，硕士，北京语言大学速成学院讲师。研究方向为魏晋南北朝隋唐五代文学及汉语教学。开设有《中国历史文化专题》和《高级经贸阅读》等课程。

报刊阅读课组句练习教学策略研究

金娅曦

摘　要：组句练习复练课文生词，基本涵盖报刊新闻常用句式，通过输出合法句子让学生熟练掌握汉语句式，并培养学生利用句法结构和已知词义跨越语义障碍的能力，提升了阅读技巧和效率，是对传统阅读课练习的必要补充。

关键词：报刊阅读课　组句练习　报刊新闻

我们现在使用的“中国报刊语言基础课程”（以下简称“报刊阅读课”）教材《时代——中级报刊阅读教程（上）》（以下简称《时代》），把组句练习作为重要的练习形式。以《时代》为例，课后及单元复习中共计有180个组句练习。然而组句练习作为非典型和非传统的阅读课练习，对于提高学生阅读技能的作用和意义尚未被全面认识，对其教学策略的研究也不够充分，有人认为它不太适合做阅读课的练习。我们通过报刊阅读课的教学实践，证实组句练习能有效提高学生报刊新闻的阅读能力，但是也发现了现有的练习设置上一些亟待改进的问题，并在此基础上提出了相对应的教学策略。文中涉及的所有例句均选自这本教材的练习原题，“a，b，c”表示答案有多种可能的句式，前面带“*”表示不恰当的表达方式。

一、报刊阅读课的教学现状

（一）学生汉语水平

据国家汉办2002年的调查，中级学生入学前已基本掌握了普通话语音；已学过并初步掌握汉语的基本语法结构；领会式词语量在2000～4000词之间，复用式词语量在1000～2000词之间。但是这些词语以基本词语为主，较少涉及专业词语或书面语体，这对于报刊新闻阅读来说是远远不够的。而且近年来越来越多非汉字圈的学生选修这门课程，现在比例已经大大超过半数，突然大量阅读汉字语料对他们来说将是非常大的考验。总体来说，学生汉语水平不高，而且参差不齐。虽然他们都抱着很高的热情和明确的学习目的选择报刊阅读课，但是在学习中都还是会不可避免地遇到很大的挑战。

（二）教材

金婷（2006）指出："中级精读课教材容量较大，但课文多为书面语材料，且部分篇章时代性较差，导致教学内容实用性降低。"本课程的教材也有这方面的问题，而且难度偏高。该教材课文大都选自八九年前的报刊，课文字数在600～1200字左右，生词有30～70个，生词率为5%～6%，生词以书面语为主，大都涉及专门的领域，如：繁衍、一篮子货币、珊瑚礁等。此外，由于学生的汉语水平有限，所以除了课文生词表列出的生词外，课文中还出现了很多超出中级（上）水平学生掌握范围的生词，如：从而、尘封、党委、直辖市、会晤等。因此，学生实际阅读中的生词率要远高于生词表的预设。

跟普通阅读相比，报刊阅读语料特点更为突出——是自然语篇，用词书面化，甚至比较生僻，句式标准而略显生硬。然而，报刊新闻语料也有其容易理解的地方，无论句式还是词语，都有一些常用的表达方式在相关领域的报刊新闻语料中复现率非常高。因此，在教师的正确引导下，学生都会有先苦后甜，日渐轻松之感。

（三）报刊阅读课的教学任务

阅读课的教学目标是培养学生的阅读技巧，提高阅读效率，报刊阅读课也不外如是。由于上述学生水平和教材难度的问题，学期初学生的普遍阅读速度为30字/分钟，低于其他类型阅读课的阅读速度。按照这一速度，完成主课文的教学基本没问题，但是学生普遍存在阅读心理障碍，而且补充材料——《北京青年报》——的教学时间每次课（2个学时）大概只能有5～10分钟。学生普遍反映教材中生词量大，而在实时新闻语料的阅读中更是源源不断地冒出生僻的词。词语成了报刊阅读理解的主要障碍，但是学生能掌握的报刊语汇毕竟十分有限，因此，该课型的教学任务除了教授报刊新闻常用词语和句式外，培养学生跨越语义障碍的能力也显得尤为重要。

（四）学生存在明显的焦虑情绪

许金凤（2011）指出："相比于母语阅读者，外语读者字词识别的自动化程度低，词义通达速度较慢。"加之汉语本身的书写特点，词语之间没有空格，识别就会更慢。刚刚从初级水平上到中级水平，课型类别变得丰富，也显得更为专业化和细分化，难度也有了明显提升。学生一方面非常欣喜有更丰富的课型可以选择，另一方面对课程专业化的设置和要求又感觉较难衔接。本课程的学生大部分是第一次接触真实的汉语报刊语料，报刊新闻语料的特点就决定了刚刚结束初级阶段学习的学生会比较难适应，而且本课程教材的选题和用词也都较难，如此种种都预示着学生在阅读中会遇到很多障碍。

根据赵青（2013）的调查研究，"由于欧美学生并不熟悉汉语文字系统，这样就会有着特别强的汉语阅读焦虑情绪，可是从实际情况来看，欧美学生对于阅读非常重视"。这也印证了为什么有越来越多的非汉字圈的学生选择本课程，可是学生选课之初的热情和期望往往会转化为焦虑情绪，张莉、王飚（2002）指出"留学生的汉语焦虑感对其汉语学习产生了消极影响，焦虑感越强，其汉语水平越低"。

这种焦虑感主要源自大量生词和不熟悉的新闻语体，导致学生在课堂上几乎都是边查字典边阅读，部分学生甚至严重不自信，认为离开字典就无法阅读。这样的负面情绪如果不能及时有效地减缓，将导致学生进一步产生惧怕，甚至是排斥的心理。焦虑感影响学生的阅读速度，也会影响教师的发挥，使教学难以推进，必须及时帮助学生调整。除了在课文教学部分通过教学法减缓以外，如果在课后练习部分能再加强重点词语和句式的考察和训练，内外结合，将从根本上减轻学生的焦虑情绪，改善教学氛围，推动教学目标的实现。

（五）传统阅读课练习的局限

在上述报刊新闻语料的特点和学生焦虑情绪来源的论述中，已经明确提到要提高学生报刊新闻阅读技巧必须突破的两大障碍就是词语和句式，所以是否行而有效地加强这两个方面的训练也成了检验课后练习是否合适的试金石。

传统的阅读课练习不外乎"根据课文内容回答问题、判断对错，回答文中指定词语或指定句子的意思"等形式。从复练课文中学过生词的角度来说，"解释词义”的形式固然必不可少，但是比较表层，对于报刊阅读课这样比较难的生词来说，如若能变换形式，从使用方面再加以操练，效果肯定更佳，也更符合中级水平的教学目标。

汉语基本语序固定，由于汉语句法本身的特点，如果熟悉句法结构就能确定词语的句子成分并进一步猜测词义，而且报刊新闻语料的常用句式特点突出，重复率高，加强练习将非常有助于篇章的理解。然而多数教师认为句法练习是综合课的任务，所以传统的阅读课练习中对此也鲜有涉及，非常遗憾。

可见仅靠传统的阅读课练习，还不能很好地辅助本课程教学任务的完成，我认为这也正是该教材的编写者在课后练习中加入组句练习这一非典型阅读课练习的原因之所在。

二、组句练习的特点及功能

（一）练习特点

1. 综合性

本练习考察语义（主要是词语概念意义，下同）、句法和语用知识，作为一项综合性练习，其要求也是层层提升的。首先，要对所给词语进行阅读理解，如若不能掌握主要词语的语义和词性，则无法完成练习，特别是对词语本身缺乏形态标记和形态变化的汉语来说，这一点尤为重要。然后是对上述第一层次的检验和运用，要求以一个完整的句子呈现出来。作为句法练习的形式，“输出完整句子”比传统阅读练习中“选择词语解释”的要求高。

在上述词语阅读理解和句子结构输出的造句过程中，会涉及对语境的预设和对句式的主观性选择，所以学生常常会超越句子，置身于语段中，体现了语用层面的要求。所以这一练习立足于对语义的掌握，表现为句法形式，完成的过程中又体现了学生的表达意愿，是对语义、句法、语用的立体结合。

2. 开放性

相较于其他阅读练习答案的唯一性，组句练习的答案有较大的开放性，本论文所考察的 180 个组句练习中有 76 个的答案都非唯一，甚至有 18 个的答案在 3 种以上。在课文中，这些句子是给定的、唯一的形式，但是将其切割打乱成词语后，学生在理解语义的基础上，自行组合成句时结果就是开放的。这主要有两个原因，其一，如徐烈炯，刘丹青（2007：62）所说“由于汉语没有多少形态标记，不能排斥其他可能的分析法”；其二，出于学生不同的语境预设或表达习惯，完成的句子是个性化的，这也会造成答案的多样性。

在教师的讲解中，学生对那些多样性的答案也特别关注，除了要求明白自己句子的对错外，也要求辨析多样性句式间的异同，应在教学重点中有所体现。

（二）练习功能

从练习的特点上我们不难看出组句练习不是典型的阅读课练习，甚至有老师指出它应该是综合课的练习，但是关注它实际操练的内容后会发现它非常有助于提高学生报刊新闻的阅读技能。

首先，从词语的角度来说，“鉴于词语在阅读中的重要地位和学习者对词语问题的重视，我们认为，词语教学在阅读中应该处于一个中心地位”（刘颂浩，1999）。报刊阅读课的词语在其他课型中的复现率非常低，即使经过预习和课文教学，学生的掌握效果也一般，课后练习中的复练非常必要。本练习的选词，内容上大都取自课文原句，不可谓陌生；然而形式上，它们是被切割并打乱顺序的，要学生组织成句，是全新的形式，并且难度上有所提升。在学生阅读过的基础上变换要求，让学生从阅读理解到运用，无形中把学生的领会式词语提升为复用式词语，是更高层次的要求。对于报刊新闻的阅读理解来说，常用的报刊新闻词语应该是学生的复用式词语。这既然在传统的阅读课练习中不能充分实现，那么能利用组句练习这种非典型的阅读课练习来实现实可谓良好的补充。

其次，从句式的角度来说，报刊语料的句式多采用书面语体，句式比较固定，重复性高。朱晓农（1988）指出：“汉语书面语体欧化较严重，尤其是新闻语体欧化最严重。”欧化严重说明句法结构较规范，可以预见，适当地进行句法操练将非常有助于学生掌握报刊新闻常用的句式表达。为了表达的精炼性，长定语句、并列词语句、长主语句等是报刊新闻的常用句式，这些都在本练习中有充分体现。本练习要求组成合语法的句子，能输出句子了，阅读理解自然不成问题，而且进一步说，读写不分家，输出句子为今后写作报刊新闻打下了坚实的基础。鉴于操练句法是传统的阅读课练习并不涉及的，本练习就更有价值了。

以上述两个方面为基础，本练习在提升学生跨越词义障碍的能力方面就显得颇有成效。对汉语这样语序比较固定的语言来说，要跨越词义障碍离不开熟练掌握基本的句法结构。熟悉句法结构就能推测出障碍词语所充当的句法成分，根据已知的前后词语的语义以及它们之间的句法语义关系和常用搭配，就可以推测出障碍词语的语义；亦或判断出该词语不位于句子主干结构中，不影响主体句义理解，可忽略。这两种都是跨越语义障碍，是非常有效而必要的报刊阅读技巧。

反观学生的实际水平，虽然经过了初级阶段系统的句法学习，但是由于报刊新闻语料中大量存在书面语和专业词语，加之书写上只在句子间有间隔的特点，学生甚至都说不出来他不懂哪个词，闹出切分上的笑话，遑论要他们根据词语的句法成分来猜测词义。

那么，怎么帮助学生掌握句法结构呢？如果学生将“二、(一)1.”所述的词语阅读理解和组织成句的造句过程反复行之，能将无序的词语熟练地组织成合语法的句子，就从根本上明白了句子是怎么来的，反之也会切分句子，可以说实现了句法结构的内化。组句练习看似在操练句法结构，实则是为跨越语义障碍奠定了坚实的句法基础，以达到辅助阅读理解的目的，这也可谓是本练习的深层目标之所在。

因此，我们不能简单地因为组句练习综合性的特点就判定它应该专属于综合课，或因为其输出句子结构的形式就把它归为句法练习，而应该关注它实际操练的内容，只要内容设计得当，这种形式可以为各个课型服务。报刊新闻的语料有别于普通阅读，对其练习的设置也应当有所不同。操练报刊新闻常用词语和句式的组句练习是报刊阅读课必要而有效的组成部分，有助于培养学生的阅读技巧，提高阅读效率，它的功能也决定了研究其教学策略的价值。

三、教学重点

组句练习虽然在形式上和综合课的练习形式重叠，但是本教学策略研究的一大目的就在于通过教学上的倾斜，不把它流为简单的句法和词语强化练习，而要达到为学生扫清报刊新闻阅读障碍的根本目的，所以能体现报刊新闻常用表达的、有助于我们跨越语义障碍的就是我们的教学重点。

（一）识别谓词

汉语的基本语序比较固定，即“主语在谓词前，宾语和补语在谓词后”，可见，谓词在句法结构中起到了承前启后的重要作用，就练习本身而言，完成本练习的首当其冲和重中之重的任务就是找出谓词。找到谓词后应该马上确定它是否需要带宾语，又有哪些是常用宾语，然后再找主语，这样，句子的主干成分就能成形，最后再逐一添加定语、状语、补语等附加成分，并考虑句子是否需要添加话题成分，就可最终完成句子。

识别谓词的环节实际是考查学生在语义方面的理解，要求学生对所给词语的词性有一个基本的判断，特别是对最常充当谓词的动词和形容词必须非常敏感。对于形容词的判断相对较容易，而动词的判断相对较难，特别是容易和名词混淆，沈家煊（2011：65～66）甚至提出把动词划归为名词这个大类里的一个特殊类别“动名词”，并进一步区分了动性的强弱。当句子中出现多个疑似谓词的词语时，进一步的判定有一些规律可循。

1. 带有形态标记“了”的是谓词。如：

① A. 他们　B. 建议　C. 采纳了　D. 一个　E. 经过研究　F. 以后

a. 他们经过研究以后采纳了一个建议。

b. 经过研究以后，他们采纳了一个建议。

①句不算复杂，首先确定 C 是谓词，然后马上想到 B 是 C 的常见宾语，而人称代词 A 经常被用作主语，句子主干就已确定为 ACB。D 一定做 B 的定语；E 和 F 的局部结构为 EF，有两种选择，放在主语后或者位于句首，这样就出现了上述两种可能的句子结构。

2. 单音节的动性强，首先考虑为谓词；双音节的动性弱，首先考虑做宾语。

像① B 这样的双音节词数量不少，既有动词性，又有名词性，动性弱，这样的词朱德熙（1982：60）称其为名动词。如若像①这样，已经出现了确定的谓词，则应首先考虑它是名动词做谓词的宾语。

此外，如果有“进行、受到、有”等准谓宾动词（朱德熙，1982：60），又叫形式动词，也应首先考虑把双音节动词作为准谓宾动词的宾语，如：

② A. 两国关系的发展　B. 中法互办文化年　C. 影响　D. 具有　E. 深远　F. 对

中法互办文化年对两国关系的发展具有深远影响。

②中，C 也是动性弱的名动词，而 D 是准谓宾动词，那么就把 C 作为 D 的宾语。

3. 如果确实有多个谓词，可考虑为连谓结构或动词的包孕结构。如：

③ A. 坐　B. 聊天　C. 两个老太太　D. 家门口　E. 在　F. 正

两个老太太正坐在家门口聊天。

③的 A 和 B 都是谓词，形成连谓结构。

④ A. 双方　B. 各领域交流与合作　C. 两国　D. 促进和深化　E. 同意　F. 一致　G. 进一步

两国一致同意双方进一步促进和深化各领域交流与合作。

④ 的 E 和 D 都是谓词，形成 E 包孕 D 的结构。

当把我们的眼光转回到报刊新闻语料的阅读时，我们需要的不是组成句子，而是分解句子，那么识别句子的谓词同样也是至关重要的一步。报刊新闻用语有时会比较简略，但是谓词一般不会被省略，找到谓词后就可以利用谓词在结构中承前启后的作用识别前后句子成分，根据其论元结构和论旨角色就可以进一步帮助我们猜测相关句子成分的词义。

（二）长定语句

汉语句式中没有英语、西班牙语、法语等印欧语言中常见的关系从句，取而代之的是长定语，长定语指内部含有谓词结构的定语。关系从句在中心语之后，由关系代词或关系副词引导；而长定语在中心语之前，有定语标记“的”。长定语句能使句子的书写表达十分整齐、精炼，因此是报刊新闻语体最常见的句式之一。长定语句不但是组句练习中的难点，也向来是新闻报刊阅读理解中的难点，所以把它作为教学重点一定非常有助于学生扫清阅读障碍。如：

⑤ A. 由独生子女养独生子女的新家庭　B. 达到　C. 未来十年里
D. 上千万　E. 将

a. 由独生子女养独生子女的新家庭未来十年里将达到上千万。

b. 未来十年里，由独生子女养独生子女的新家庭将达到上千万。

⑤句的主语 A 是一个长定语结构，中心语是“家庭”，“由独生子女养独生子女的”是长定语，“养”是谓词。

⑥ A. 在大连的第三家门店　B. 名列全球 500 强之首的沃尔玛　C. 开业
D. 正式

名列全球 500 强之首的沃尔玛在大连的第三家门店正式开业。

⑥ B 是一个长定语结构，中心语是“沃尔玛”，“名列全球 500 强之首的”是长定语，“名列”是谓词。

（三）并列词语句

并列词语句是报刊新闻语体又一常见句式，而且从组句练习的角度来说，并列成分的位置常常可以互换，因而常常导致句法结构多样性，这是造成练习答案多样性的一大因素，全书练习 76 个多样性答案中有 17 例属于此类情况，值得我们把它作为教学重点。

1. 并列宾语

最常见的并列宾语的标志词是“和 / 与”，一般情况下，其结构可以任选为“A 和 B”或“B 和 A”。如：

⑦ A. 安静　B. 方便　C. 喜欢　D. 我　E. 这里　F. 的　G. 和

a. 我喜欢这里的安静和方便。

b. 我喜欢这里的方便和安静。

但要注意，根据上下文语境，对于想要强调或突显的部分应该先说。此外，有些并列宾语本身语义程度有区别，因而确定了逻辑上的先后顺序，不能随意更换位置，如：

⑧ A. 社会各界　B.“独生父母”现象　C. 高度关注　D. 深入探讨　E. 值得　F. 和

“独生父母”现象值得社会各界高度关注和深入探讨。

*“独生父母”现象值得社会各界深入探讨和高度关注。

⑧句中，从语义上来说，只能先C再D，所以一定是“C和D”，而不能是“D和C”，否则不合逻辑。

2. 并列主语

⑨A. 巴黎落选　B. 伦敦胜出　C. 多方面原因　D. 造成

E. 是　F. 而　G. 由　H. 的

a. 巴黎落选而伦敦胜出是由多方面原因造成的。

b. 伦敦胜出而巴黎落选是由多方面原因造成的。

3. 并列状语

首先，应该认识到多状语的语序有一些基本规律，比如，时间状语在方位状语前，程度副词在性状副词前。但是，当多个状语的关系是并列时，位置常常可以互换，而且句义和句法关系的差别极小。如：

⑩A. 手机短信　B. 自己的心意　C. 友人　D. 传递给

E. 把　F. 能　G. 准确生动地

a. 手机短信能把自己的心意准确生动地传递给友人。

b. 手机短信能准确生动地把自己的心意传递给友人。

⑩句中的副词“准确、生动”，和介词短语“把自己的心意”同为状语，并且位置可互换，基本句义不变。但是这种位置变换还是导致了状语语义指向的不同，即“相关关系”的不同。因为状语的语义是指向它后面的成分，所以⑩a中的“准确生动地”描述的只是“传递”的状态，而⑩b中的“准确生动地”还包括“把自己的心意”。

此外，还应该注意到，有的副词做状语时可带“地”，也可不带，但带“地”后位置比较自由，否则只能紧贴在谓词前面，不能和其他并列状语互换位置。如：

⑪A. 西气东输工程　B. 北京　C. 开工典礼仪式

D. 举行　E. 隆重　F. 今天　G. 在

a. 西气东输工程今天在北京隆重举行开工典礼仪式。

b. 今天，西气东输工程在北京隆重举行开工典礼仪式。

c. 今天，在北京，西气东输工程隆重举行开工典礼仪式。

和⑩句不同的是，⑪ 句的副词 E 后面没有带“地”，所以 ⑪a、⑪b 和 ⑪c 都是把 E 直接放在谓词 D 前面。但是，如果把 E 改为“隆重地”，那么此句还可变换语序为“西气东输工程今天隆重地在北京举行开工典礼仪式”。

（四）长主语句

印欧语中词类和句法成分基本一一对应，汉语则不然，朱德熙（1985：4）把“汉语词类跟句法成分之间不存在简单的意义对应关系”作为汉语语法的两大特点之一，（1982：101）还明确指出：“汉语和印欧语在句法上的显著区别之一是汉语的动词和形容词可以直接充任主、宾语而无需乎改变形式。”实际使用中，甚至不乏小句做主语的情况，而学生在阅读理解过程中受到母语负迁移的影响较大，小句做主语的长主语句就成了难点。如：

⑨ A. 巴黎落选　　B. 伦敦胜出　　C. 多方面原因

D. 造成　　E. 是　　F. 而　　G. 由　　H. 的

a. 巴黎落选而伦敦胜出是由多方面原因造成的。

b. 伦敦胜出而巴黎落选是由多方面原因造成的。

⑫ A. 周边国家　　B. 很长历史　　C. 中医药　　D. 传到

E. 起源于中国　　F. 有　　G. 的

起源于中国的中医药传到周边国家有很长历史。

（五）无主句

汉语的句子没有主语是正常现象，没有主语的句子同样是独立而且完备的（沈家煊，2011：16）。但是对于在句子成分分析中习惯了找主谓宾的学生来说，要组成一个没有主语的句子肯定有相当的难度，但是在新闻报道中无主句又是经常出现的句式，所以应当把练习中为数不多的几个无主句提炼出来，给学生加强讲练。如：

⑬ A. 闭幕式上　　B. 第四届“汉语桥”大学生中文比赛获奖者

C. 颁了奖　　D. 为

闭幕式上，为第四届“汉语桥”大学生中文比赛获奖者颁了奖。

⑭ 句没有主语，可能是具体的语言环境不需要把主语说出来，也可能是主语已见于上文，因而省略，这两种情况下的无主句都叫作“不完全主谓句”；还有一种无主句是补不出主语的非主谓句（《现代汉语》（北大版），2007：302），如：

⑭ A. 家人的陪同　　B. 有不少老年人
C. 锻炼　　D. 前来　　E. 在　　F. 下
有不少老年人在家人的陪同下前来锻炼。

⑭ 句由动词“有”组成递系结构，也被称为“有”字句，是无主句。该结构中，“有”字后面的名词是句子的逻辑主语（朱德熙，1982：97）。同类句式，练习中还出现了：

⑮ A. 已经有 70% 的珊瑚礁　　B. 破坏　　C. 遭到
D. 全球海域中　　E. 人为地
全球海域中，已经有 70% 的珊瑚礁遭到人为地破坏。

⑮ 句中“已经有 70% 的珊瑚礁遭到人为地破坏”是“有”字句，句首词语“全球海域中”是话题，表明时间发生的处所，说明“有”字句前面可以加上的时间词或处所词表示事件发生的时间或处所。

此外，还有表示存在、出现或消失的“存现句”，也是无主句，句首表示处所的词语是假主语（吕叔湘，1979）。如：

⑯ A. 东盟各国　　B. 华侨华人　　C. 生活着
D. 千千万万　　E. 的　　F. 在
在东盟各国生活着千千万万的华侨华人。

（六）话题结构

说到汉语的句法结构，不得不提及“话题”。关于如何界定话题并把它和主语区分开来一直是句法学界争论不休、未有定论的问题，但是这并不妨碍我们注意到汉语中存在大量话题结构。对此，Li & Thompson（1976）从类型学的视角，把汉语归为话题优先的语言，而把世界上其他大部分语言都归为主语优先的语言。

徐烈炯、刘丹青（2007：37）指出，“从成分分析的角度看，话题与主语、宾语一样是句子的基本成分”。但话题和主语又都不是必须出现的成分，所以在本练习中，在基本句义不变的前提下，“主语—谓语”结构和“话题—陈述”结构的自由选择成了组句练习答案多样性的第一大因素，全书练习 76 个多样性答案中有 34 例属于此类情况。

胡裕树、范晓（1985），范开泰（1985），陆俭明（2005：252）等很多学者认为话题是语用层面的概念，有明显的对比或强调作用，是说话人有意引导听话人注意的中心。因而，在报刊新闻语料这样要求主题明确、信息焦点突出的表述中，相较于“主语—谓语”的结构，“话题—陈述”的结构更为常见，对练习中该现象的分析可以帮助学生更清楚地体会话题结构的使用意义，非常有价值。

在本练习中，“主语—谓语”结构和“话题—陈述”结构的变换表现为句首词语选择的灵活性，其中又以表示时间和地点的词语、限定针对对象的介词短语的位置表现最为灵活，可以位于句首，也可以在主语后。

1. 限定动作或行为发生的时间和地点的词语

一般情况下，限定动作或行为发生的时间和地点的词语在句子中的位置比较灵活，可以在主语前，也可以在主语后，特别是表示时间的词语。如：

⑰ A. 西气东输工程　B. 北京　C. 开工典礼仪式　D. 举行
E. 隆重　F. 今天　G. 在

a. 西气东输工程今天在北京隆重举行开工典礼仪式。

b. 今天，西气东输工程在北京隆重举行开工典礼仪式。

c. 今天，在北京，西气东输工程隆重举行开工典礼仪式。

要注意，限定动作发生或情况出现的时间和地点的词语前加不加介词总体上比较自由，但介词“于”比较特殊，限定动作发生或情况出现的时间和地点的词语[①]前加上介词“于”后就只能放在主语后，如：

⑱ A. 第九届世界华商大会　B. 召开　C. 日本神户
D. 2007 年 9 月 15 日　E. 在　F. 将　G. 于

① 练习中虽未出现限定动作或行为发生的地点词语前加“于”的例子，但实际情况和限定动作或行为发生的时间词语前加“于”的情况一样。

第九届世界华商大会将于2007年9月15日在日本神户召开。

⑲ A. 历时3天的第八届世界华商大会　B. 帷幕
C. 落下了　D. 10月12日　E. 于

历时3天的第八届世界华商大会于10月12日落下了帷幕。

对此，徐烈炯、刘丹青（2007：60）指出：“当表示时间地点的词语放在句首时，前面不须加介词，而当它们位于句中时往往需要介词引导。”“于”是比较极端的例子，而表示动作发生或情况出现地的国家或地区名是例外，无论是在句首，还是主语后，它前面都必须加介词。如：

⑳ A. 汉语　B. 美国　C. 学习人数增长最快的外语
D. 成为　E. 在　F. 已经

a. 汉语在美国已经成为学习人数增长最快的外语。
b. 在美国，汉语已经成为学习人数增长最快的外语。

㉑ A. 这种“角色转换”　B. 中国　C. 令人瞩目的社会现象
D. 构成　E. 在　F. 了

a. 这种“角色转换”在中国构成了令人瞩目的社会现象。
b. 在中国，这种“角色转换”构成了令人瞩目的社会现象。

2. 表示动作针对对象的介词短语

㉒ A. 一个重大的日子　B. 7月20日
C. 华夏儿女及无数热爱汉语的外国朋友　D. 是　E. 对　F. 来说

a. 7月20日对华夏儿女及无数热爱汉语的外国朋友来说是一个重大的日子。
b. 对华夏儿女及无数热爱汉语的外国朋友来说，7月20日是一个重大的日子。

通过考察⑰、⑳、㉑和㉒句，我们发现，语序的变换虽未导致句义发生根本变化，但还是造成了句法成分分析上的不同。徐烈炯、刘丹青（2007：58～61）分析了表示时间和地点的词语的情况，认为位于句首时它们是话题，而位于主语和动词短语之间时它们是状语。笔者完全认同他们的观点，并且认为限定针对对象的介词短语也符合这种分析。在a组中，它们是状语，不是直接的说明对象，而是为了陈述主题情况所提到的一个信息，这一点几乎没有异议。在b、c组中，它们应当被分析为话题，本身就是说明的对象，原因有二：首先，它们的位置是典型的话题位置①；其次，它们后面常常带有逗号表示停顿，这是话题的一个重要标记。b、c组的接受度非常高，这也证明了汉语是话题优先的语言，注重话题，句式中存在大量话题结构。

四、教学成效

在“二、（二）”中我们已经从理论上论述了组句练习通过操练报刊新闻常用的词语和句式，非常有效地辅助实现报刊阅读课的教学目标，在实际的教学过程中，我们的理论也得到了证实，学生阅读报刊新闻的技能有了显著的提高，主要体现在如下三个方面。

（一）新闻标题解析能力大大提升

新闻标题可谓是突破新闻内容的第一关，既是障碍，又是辅助，是报刊阅读课教学中非常关键的一步。说其是障碍，主要是因为它结构精炼，常包含缩略语或专有名词，没有一定的积累或关注较难理解。而读不懂标题还会进一步增加对新闻主体中大量生词的惧怕心理，陷入什么都想查字典的学习漩涡中，把学习沦为被动地位。说其是辅助，是因为它句法结构标准，适宜用前后词义去推测疑难词义，而且读懂标题可以说就能预测出新闻的大体内容，在新闻主体的阅读中遇到生词也会主动而有效地猜测词义，属于主动型学习。

如前所述，组句练习在输出合语法的句子的过程中，让学生熟悉汉语句式，又进一步通过句法成分和前后已知词义来推测疑难词义。新闻标题追求简短精悍，句子成分未必完备，非常需要运用组合练习中操练的技能。学生经过本练习的训练后，拿到新闻标题时不是先看到哪个词不会而止步不前，而是利用在组句练习中反复操练的句法结构知识，先抓住已知词义，根据其位置推测其可能的句子成分，并试图划分整个句子结构，再进一步根据词语的语义关系和常用搭配推测疑难词义，能非常有效地解析新闻标题。

---

① 以曹逢甫（1979）、Li & Thompson（1976）、Mallinson & Blake（1981:100）、Tomlin（1986:37-72）等为代表的学者都明确提出话题位于句首，虽然对此不少学者持异议，但至少都承认大部分话题都是位于句首的，可以认为句首是话题的典型位置。

（二）学生的焦虑感减轻

学生在学期之初普遍存在焦虑感，主要原因是对于报刊新闻所用词语和句式不熟悉，造成理解上的障碍。很多表达方式换成口语了大家都懂，可偏偏这种成篇的书面语体让他们很不适应，甚至会觉得什么都看不懂，而紧张、惧怕。

既然找到了学生的障碍根源，我们的练习就要力图为他们扫清障碍；既然学生觉得一次性篇章式阅读有困难了，那我们不妨就在练习中以句为单位培养各个击破的能力。组句练习跳脱对于阅读课练习的既定认识，借用综合课的练习模式，承载报刊阅读课的教学内容，以学生易于接受的方式呈现出来。以句子这样较小的单位来反复操练报刊阅读技能，学生负担小、感触深，便于实践，也乐于实践。当学生自主地把解读句子的能力用到篇章阅读中，焦虑感也就明显减轻了。

（三）阅读速度提高

在前文“一、（三）”部分已经提到学期初学生的普遍阅读速度为 30 字 / 分，要提高阅读速度就必须培养跨越词义障碍的能力。通过组句练习，培养了学生猜测核心词义和忽略非主要词义的能力，学生不但能提炼句子主干内容，还能有效地跨越词义障碍，并将解析句子的能力扩展至篇章阅读中，有助于提炼段落和篇章的主要内容。随着学生阅读焦虑感的减轻，少了一些恐惧，多了一些兴奋，在阅读进行的过程中不断地根据前后已知词义来猜测疑难词义，边阅读边检视猜测是否正确，随着阅读的推进，产生了强烈的成就感，无形中阅读速度也有了显著提高。

到学期的后半段，学生的普遍阅读速度能达到 50 ～ 60 字 / 分，更令人欣慰的是，学生对学习的兴趣明显增加。相应地，《北京青年报》的教学时间可以提高到 15 ～ 20 分钟左右，提升了该门课程的实践性和实用性，满足了学生对课程的需求，并且让他们在教材外能吸收到一些非常实用或流行的报刊新闻用语，是对教学的良好补充。学生阅读速度越快，学到的词语就越多，词语越多，速度也就会越快，组句练习无疑是形成这一良性循环的推手之一。

五、有待改进的地方

本练习的成效虽然已经得到了充分的肯定，但是仍然有值得改进的地方。

首先，量应该适当减少。该教材中每课后有 10 个组句练习，2 个组句成段练习，考虑到篇章在阅读理解中的核心地位，这样的练习设置在配比上不免显得有些失调。建议将组句练习减少为 5 个，而组句成段练习增加至 5 个。

其次，选材内容上应该针对性更强。现行的练习选词中还有一部分是基本词语，使本练习看起来不免有些类似综合课的句法练习，这样就偏离了设置本练习的初衷。建议练习用词要么直接选自课文中常用的报刊新闻词语，要么选用跟本课文话题相关的报刊新闻常用词语。句式上，也应该尽量体现报刊新闻的常用句式，除了长定语句、并列词语句外，强调句式也是报刊新闻的常用句式，然而对此的操练还不够，建议用反问句、“是……的”结构等表达式把一部分普通句式替换掉。

六、结　　语

报刊阅读课学生的阅读障碍主要来自对报刊新闻语料的词语和句式不熟悉，这些词语和句式书面性强，重复率也高，非常值得在课后练习中加强训练，但是传统的阅读课练习中对此的涉及显然不够。因此，对练习做补充和完善势在必行。然而，这样的调整不能受限于形式，认为句法形式的练习就只练句法，不以篇章出现的练习就不适合做阅读课的练习，而要关注练习实际操练的内容和成效。本课程教材课后练习中的组句练习从语义、句法和语用方面综合、立体地操练报刊新闻常用词语和句式，对提高学生的阅读技能起到了很好的辅助作用。练习本身非常值得肯定，是对传统阅读课练习的必要补充，但是考虑到和其他练习的搭配比例，本人建议练习量应该适当减少，而报刊新闻常用词语和句式的覆盖率应该提高。从教师的角度，通过对本练习教学策略的研究，形成针对性更强的精讲多练，相信也能进一步推动报刊阅读课教学目标的实现。

参考文献

北京大学中文系现代汉语教研室　2007 《现代汉语（重排本）》，商务印书馆。

曹逢甫、谢天蔚译　1995 《主题在汉语中的功能研究——迈向语段分析的第一步》，语文出版社。

范开泰　1985　语用分析说略，《中国语文》，第 6 期。

国家对外汉语教学领导小组办公室　2002　《高等学校外国留学生汉语教学大纲》，北京语言文化大学出版社。

胡裕树、范　晓　1985　试论语法研究的三个平面，《新疆师范大学学报》，第 2 期。

金　婷　2006　对外汉语中级精读课教学中教师的"中介作用"，《语言教学与研究》，第 3 期。

刘颂浩　1999　阅读课上的词语训练，《世界汉语教学》，第 4 期。

陆俭明　2005　《现代汉语语法研究教程（第三版）》，北京大学出版社。

吕叔湘　1979　《汉语语法分析问题》，商务印书馆。

沈家煊　2011　《语法六讲》，商务印书馆。

吴卸耀　2006　《时代——高级汉语报刊阅读教程》，北京语言大学出版社。

徐烈炯、刘丹青　2007　《话题的结构与功能（增订本）》，上海教育出版社。

许金凤　2011　留学生外语阅读焦虑感研究及教学对策，《福建论坛（人文社会科学版）》第 1 期。

张　莉、王　飚　2002　留学生汉语焦虑感与成绩相关分析及教学对策，《语言教学与研究》第 1 期。

赵　青　2013　关于留学生现代汉语阅读焦虑感所做的研究，《语文建设》，第 24 期。

朱德熙　1982　《语法讲义》，商务印书馆。

朱德熙　1985　《语法答问》，商务印书馆。

朱晓农　1988　语法研究中的假设—演绎法：从主语有定无定谈起，《华东师范大学学报》，第 4 期。

Li & Thompson　1976　*Subject and Topic: A New Typology of Language,* In Charles N. Li. (ed.)

Mallison & Blake　1981　*Language Typology: Cross-linguistic Studies in Syntax,* Amsterdam: North- Holland.

Tomplin　1986　*Basic Word Order,* London: Croom Helm.

金娅曦，女，1980 年出生，硕士，2006 年参加工作，北京语言大学汉语进修学院讲师，主要研究方向为国别化汉语教学及跨语言比较。2013 年 12 月开设《中国报刊语言基础（上）》公开课，参与校级教学改革项目，发表论文多篇。

新闻语言基础课几项教学重点的教学策略

黄　静

摘　要：本文从三个方面探讨了新闻语言基础课的若干教学策略，认为在词语教学方面有三大重点：通过主题词群集中识记的方式，掌握各类新闻的基本词汇和用语；掌握标题中出现频率较高的文言虚词；及时引入新词语。在句子教学方面，要培养学生找到对长句子的处理策略，即长句化简、提炼句子主干、辅以图示说明。语篇教学时，可根据课文设计出不同形式的篇章结构示意图。

关键词：新闻语言基础　阅读课　词语教学　句子教学　语篇教学

新闻语言基础是北京语言大学汉语学院为本科二年级的留学生开设的一门"以报纸新闻范文为教材，以传授报刊语言基础知识和提高阅读理解能力为主要目的"（刘士勤，1996）的选修课。授课时间为一学年，每周4课时，共计约140课时。教学对象为完成了约800学时学习的汉语学习者，词汇量在2500左右。对大部分选择这门课的学生来说，新闻语言基础课是他们首次接触中文报刊中的新闻语料，大量的书面语、缩略词、长句子以及独特的语篇结构与他们在其他课程中接触到的语料完全不同。如何培养他们掌握阅读汉语新闻的要领，课堂教学到底要教给学生什么以及怎么教是本文所要探讨的主要内容。

一、词语教学

词语教学、句子教学、语段和语篇教学、阅读技能训练并列为新闻语言基础课的四大教学重点，课程规范中虽明确指出"学生应掌握800个报刊常用词语"（陈田顺，1999），但对"报刊常用词语"到底包括哪些并未做出详细说明，笔者认为所谓"报刊常用词语"应该包括三大类，不同的类别应采取不同的教学策略。

第一类为各题材新闻的惯用词汇和用语，应通过主题词群集中识记的方式使学生了解和掌握。

众所周知，新闻语言虽然是与时俱进的、反映最新社会现象的，但是某一类的新闻在表述方式和用词上也具有相对的稳定性，因此在教学中应引导学生归纳总结出不同类别新闻的常用词与常用句式，使学生了解并加以掌握，以便再遇到同类相关新闻时学生能够快速地、无障碍地进行浏览，并能迅速抓住关键信息。

政治类的新闻是新闻中的一个重要类别，特别是国家领导人出访的新闻，常常占据各大报纸的头版头条。在处理此类新闻时，我们首先通过看图片或者提问的方式引入各国领导人的称谓，使学生掌握“总统”“首相”“总理”“国家主席”等称谓类词语；其次学习教材上的课文，掌握基本词汇和用语，把握主要信息。在此基础上补充一到两篇难度和内容均与课文相近的最新的报刊时文，在检查完学生是否理解了主要内容之后，请学生通过与课文比较的方式，归纳总结出此类新闻的常用词汇和常用句式，如：

- 总统、首相、总理、国家主席
- 抵达……　　　会晤
- 应……邀请，对……进行访问
- 为期……天
- 陪同访问的有……
- 就……（问题）交换意见
- ……是主要议题 / 是共同关注的话题
- 贸易伙伴、战略伙伴
- 举行会谈、签署协议、发表声明
- 加强 / 扩大（……领域的）合作、推动……关系

其他类别的新闻，如体育类、自然灾害类、经济类……都可以按照此种方法加以处理，为学生建立起一个个分门别类的主题词群库，便于他们理解和识记，从而达到扩大词汇量、提高阅读速度的目的。

第二类为新闻标题中出现频率较高的文言虚词，可采用联系文章内容猜测词义并在日后不断强化的方式，使学生熟悉并加以掌握。

标题是文章的灵魂，特别是新闻标题，具有极其重要的作用。新闻标题被认为是新闻的精髓，是文章的提要，它把新闻中最重要、最核心的内容概括、

浓缩成一句话，抓住标题是理解新闻主体的关键。在我们的课堂教学中要培养学生养成从标题入手阅读报刊文章的良好习惯。标题中没有词语障碍的，可以采用预测的方式，通过标题或副标题中的关键词，对标题含义和文章内容进行预测，而对于书面语特点强的标题，特别是含有文言虚词的，应先解决构成理解障碍的文言虚词的含义，以便正确地把握文章主旨。有研究者提出新闻标题语言的教学应从语素分析新闻标题的新词语、重点分析新闻标题的动词、破译口语式的新闻标题三个方面来开展（雷英杰、龙叶，2007），这些探索对我们的教学是非常有借鉴意义的，除此之外，笔者认为新闻标题中出现频率较高的文言虚词也是教学重点之一。

经过总结，笔者发现标题中经常出现的文言虚词、学生应加以掌握的有："拟"（如《上海拟立法禁地铁进食》）、"或"（如《德国总理默克尔或再度连任》）、"均"（如《春节期间游客数量旅游收入均创新高》）、"逾"（如《黄金周期间餐饮业营业收入同比增长逾三成》）、"将"（如《京杭大运河将申报世界文化遗产》）等。课堂教学中的教学策略宜采取启发式，启发学生根据新闻内容猜出这些文言虚词的含义，或给出若干选项，让学生选出意思最接近的。学生第一次接触这些词以后，在每周的阅读新闻标题训练中应不断加以强化。教师在搜索近期的热点新闻时，应有意选取含有这些词语的新闻标题，在练习中可采用将书面语标题转化成口语形式输出的方式。

第三类为报刊新闻中广为流行的新词语，应及时把此类词语引入课堂教学，使学生结合语境进行词义推测，同时掌握新词语的组合规律，能够举一反三。

报刊语言最大的特点是新词、术语、缩略语和固定结构使用较多。"要特别重视新生词汇的教学，与时俱进的报刊在捕捉社会新闻时，总是最先使用新生词语，这是学生阅读过程中最大的拦路虎。"（李晓琪，2006：150）新词语既含新造词语，也含词义中的引申现象。前者要逐个讲解，让学生形成长期记忆，后者可指导学生结合语境进行词义推测。同时，新词是用汉语已有的构词材料按现成构词规则创造出来的，教师可适当进行语素和构词法的讲解，让学生掌握新词语的组合规律，提升猜词悟义、举一反三的能力。

在教学中，笔者的实际操作方法是，在每周一次的补充新闻时文环节，引入一到两个报刊新词。在选择新词语时要有一定的考量，应注意选取经过了一段时间的流传、具有一定稳定性并且可以见诸于各大报纸的那些新词语，昙花一现的网络用语尽量不要选取。补充新闻时文时，尽量选取热点新闻或与我们每个人的生活息息相关的社会新闻，以保证课堂教学中引入的新词语具有交际性，学生在生活中会用得到。比如北京的交通状况与每一位身处北京的人都有密不可分的联系，与此相关的新闻往往是学生们关注的热点，在每周的读报交流环节，学生们多次讲到此类新闻，因此，在课堂教学的补充新闻时文环节，我们也选取了同样题材的新闻，意在引入“限行”“摇号购车”等生活中的新词语。学生们通过阅读新闻内容，能够猜出“限行”的意思，在此基础上，引申出“限购”一词，学生很容易理解并掌握。诸如此类的还有：由“富二代”引出“星二代”“独一代”“独二代”“红二代”，由“房奴”引出“孩儿奴”“车奴”等构词法相同的新词语，达到举一反三的效果。对这类新词语，学生们在接受时表现出极大的兴趣，兴趣是最好的老师，既可以保证学习的高效，也可以活跃课堂的气氛，从而使课堂教学达到比较好的效果。

二、句子教学

中文报刊文章句式有“三多一长”的特点，即动词谓语句多、文言句式多、附加成分多、句子长，留学生在面对充满了书面语词的长句子时常常束手无策，以致于产生畏难情绪，因此，培养学生找到对长句子的处理策略是新闻语言基础课的重要内容。我们的课堂教学中需对长句、难句、复杂句进行分析，通过分析句子的语法结构，可以准确理解较复杂句子的意义，掌握一定的规律。但需要注意的是对句子结构的分析只是帮助学生理解的手段，而不是教学的目的。在课堂教学中，长句化简、提炼句子主干是行之有效的技能训练方法。

以《报刊语言基础教程》（肖立，2005）第2课课后的快速阅读《英女王会见中国国务院总理温家宝》为例，全文如下：

5月10日晚，正在英国访问的中国国务院总理温家宝出席英中贸易协会为他举行的欢迎晚宴并发表讲话，就进一步加强中英合作提出六点建议。当天，温家宝还参观了英国牛津大学图书馆，并与部分学生进行座谈。11日，温家宝在白金汉宫同英国女王伊丽莎白二世举行了会谈。

我们的教学策略是在学生阅读前提出两个问题：第一，10号温家宝有哪些活动？第二，11 号呢？要求学生在回答时不要念完整的句子，而是要用动词和宾语中心词（V—O）来简要描述每项活动。因此，学生应该回答：10 号的活动有“出席晚宴”“发表讲话”“提出建议”“参观图书馆”“进行座谈”，11 号的活动有“举行会谈”。在“提出建议”一项应对“就……提出建议”这一常用句式做出简单说明。对学生来说，最难的是找出“出席晚宴”这一组动宾组合，原因就在于长定语的干扰。长定语常常是干扰学生抓出句子主干成分的主要障碍，需要提醒学生在练习中总结规律，宾语中心词经常出现在“的”的后面，应该在主要动词后面先找到“的”，然后在“的”的后面找寻，把能剥离的成分都剥离掉，最后留下的是就是宾语中心词。这样的练习要长期、大量地进行，做得多了，学生自然能快速抓出句子主干，把握句子的主要意思，因此，找出画线动词的宾语中心词是我们在课堂教学中所使用的一项重要练习形式。

此外，在处理每一课的主课文时，因为是相对于泛读来说的“精”读，我们的处理方式相对于处理泛读的练习来说也更为精细一些。我们采用了先让学生抓出句子的主干，然后通过提问细节信息的方式把剥离出来的成分一一添加进去，以便让学生明了主要信息与细节信息的不同。这样的练习我们采用了图示法，比如以下这个长句：“汉语水平考试，简称 HSK，是中国为测试母语非汉语人士的汉语水平而设立的国家级标准化考试。”先让学生做缩句练习，抓出主干，整个句子简化为“HSK 是考试”。关于细节信息的提问有：这项考试是谁设立的？为什么设立？它是什么样的考试？依次把“中国”“为……而设立”“测试汉语水平”“母语非汉语人士”“国家级标准化”这些细节性信息搞清楚，并相应填入主干成分的空白处，使整个句子还原为原来语意丰满的形式。图示为：

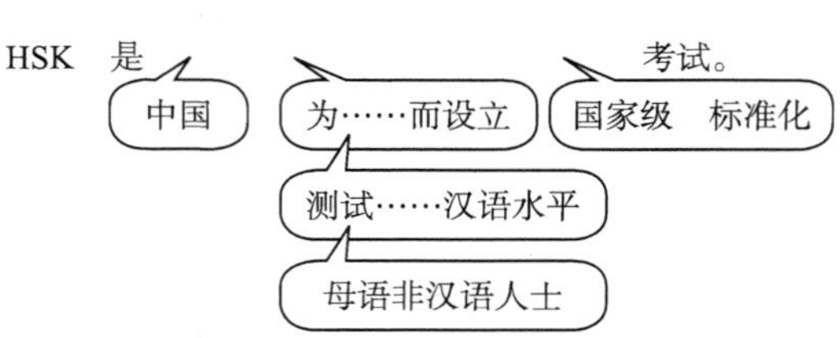

三、语篇教学

课程规范中明确指出：教学中应特别重视语段、语篇的理解。语篇教学主要是讲授篇章结构特点，在课文分析的基础上把握全文主旨，从篇章布局上把握作者思想和中国人的表达习惯。如新闻报道中，标题、导语常常是正文主要内容的提示，在正文中常采用“倒金字塔结构”形式，即按新闻内容重要性递减的顺序安排材料，第一自然段往往有相对独立性，有“简明新闻”的作用，也有更符合中国人表达习惯的按时间顺序结构的“非倒金字塔”结构形式等。语段和语篇教学要明确，结构分析的目的是通过分析来认识规律，提高阅读理解能力，不要为分析而分析，把学生的注意力过多吸引到形式本身。

笔者认为，语篇教学切忌枯燥地带领学生分析课文结构，应针对不同的课文设计出不同的篇章结构示意图来，让学生来填充，这样既可以检查学生对课文内容的理解情况，也可以让学生清晰地把握文章的篇章结构，是一种很好的教学方法。现以《报刊语言基础教程（下）》的 23 课和 24 课（课文附后）为例予以说明。

23 课题为《远忧近虑困扰中国石油》，本课的重难点之一是从篇章结构入手，弄清楚困扰中国石油的远忧和近虑分别是什么。这篇课文的篇章结构对于我们母语为汉语、熟悉中文文章架构模式的人来说是一目了然，然而对于第二语言学习者来说，由于不熟悉中文的文章架构模式，可能不那么容易梳理清楚。这篇课文的篇章结构最具典型性的地方在于个别段首的承上启下的句子将文章清晰地分成几部分，本课重要的技能训练项目即是引导学生找出这几个关键的承上启下句，让他们明白这几个句子具有总结上文、同时引出下文的作用，是把握文章主旨的关键。

在学生阅读前，教师提出读后要回答的问题——困扰中国石油的远忧和近虑分别有哪些。学生读后回答时就出现了分不清楚哪些忧虑是近期的哪些是远期的问题，显然是对文章的篇章结构没有梳理清楚。教师此时要加以引导，提示学生找出一个清楚地把“近忧”和“远虑”分成两大部分的句子，学生可以比较容易地找出位于第四段段首的关键句——“近期的负面影响巨大，远期的隐忧更是不容忽视”，因此文章的两大块就清晰明了了，即 2 ～ 3 段说的是近期的忧虑，4 ～ 9 段说的是远期的忧虑。继续提示学生这一关键句起到了总结上文引出下文的作用，由此我们可以知道，前几段说的是“近期的负面影响”，后几段说的是“远期的隐忧”，在文章中再找出几个这样的句子来。据此学生又找到了第 3 段段首的“不但要多支付外汇，油价的高涨对中国经济还将造成其他负面影响”、第 5 段段首的“在对外依存度持续上涨的同时，中国的石油供给还存在另外两个不容忽视的因素”。依据同样的办法来解析这两个承上启下句，可知：位于第 3 段前面的第 2 段说的是“要多支付外汇”，而第 3 段说的是“其他负面影响”；位于第 5 段前面的第 4 段说的是“对外依存度持续上涨”，第 5 段和其后的第 6 段说的是“另外两个不容忽视的因素”。进行了这样的解析后，文章的篇章结构学生大致能够把握清楚了，我们设计出一个结构示意图（如下），让学生来填充（方框内为学生要填充的部分），可以有效地检测学生对课文的理解程度和对篇章结构的把握程度。

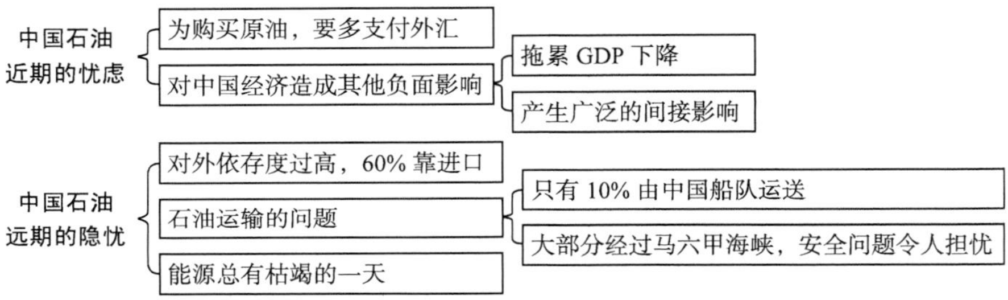

24 课题为《不同寻常的历史时刻——重温邓小平访美历程》，是一篇回忆邓小平访美活动的文章。文章以邓小平的访问顺序为线索，一一叙述邓小平到访的城市、参加的活动，关键在于说明邓小平到访的重要意义及其给美国人留下的印象。我们设计的篇章结构图如下（楷体部分为学生要填充的内容）：

活动地点	活动内容	给美国人的印象
华盛顿	参加白宫的欢迎仪式	受重视
	去布热津斯基家赴宴	机智
	观看演出	真诚
亚特兰大	致辞	说的是肺腑之言，真诚
休斯敦	参观宇航中心	（没有提到）
	观看牛仔表演	尊重美国文化

学生可以分组完成表格，在填完后会对文章的内容和结构理解得更加清楚。图表中的填充项，有的在书上找不到现成的答案，需要对课文内容加以概括提炼，这样对学生来说，一是具有挑战性，二是起到了训练总结概括能力的作用。

以上所述课堂教学中的策略与操作方法是笔者在教学中的一些思考和摸索，我们想强调的是新闻语言基础课是一门以阅读为主的课程，既然以“阅读”为主，在课堂上听说读写这四项技能就不能齐头并进，阅读技能的训练才是重中之重。

附课文：

第23课　远忧近虑困扰中国石油

随着国内油价的再一次提升，石油供给问题又一次成为各方关注的焦点。中国自从1993年成为石油进口国，10多年来，石油供给持续紧张。

去年国际市场上的原油价格为每桶28美元，今年上半年以来，油价一路高涨，眼看就要超过50美元。尽管如此，专家大多预测今年的平均油价可能为每桶38美元，比去年上涨10美元。今年我国进口原油可能达到1.2亿吨，折合8.8亿桶。为购买原油，中国可能要多支付88亿美元。

不但要多支付外汇，油价的高涨对中国经济还将造成其他负面影响。据测算，高油价将拖累全国GDP下降0.7至0.8个百分点。而且，由于石油涉及行业广泛，并直接影响普通消费者，油价高涨还将产生广泛的间接影响。

近期的负面影响巨大，远期的隐忧更是不容忽视。在对2020年中国的石油需求进行分析时，国内不同的机构提出了4个数据，分别为：3.6亿吨、3.9亿吨、4亿吨、4.3亿吨。与此同时，根据国际能源组织的预测和国内的判断，2020年中国原油年产量最多只能达到2亿吨的规模。以此计算，到2020年，中国的原油进口最多将达到2.3亿吨，对外依存度接近60%。

在对外依存度持续上涨的同时，中国的石油供给还存在另外两个不容忽视的因素。其一是中国购买的原油，由中国船队运送的只占10%，这种局面短期内难以改变。

其二是原油运输线路漫长，且大部分经过咽喉要道马六甲海峡，安全问题令人担忧。从中国大陆沿海开始，经过台湾海峡、南中国海、马六甲海峡、印度洋、阿拉伯海，这一条线路是中国的海上生命线。目前我国经过马六甲海峡运送的石油数量约占我国石油进口总量的70%以上，每天通过马六甲海峡的船只，近60%是为中国运送货物。众多的运输船只，拥挤在狭窄的马六甲海峡。如何与周围国家合作，保证海上交通线的安全，值得关注。

其实，除了中国以外，世界各国也在关心石油问题。全世界的石油到底还能开采多少年呢？这个问题暂时没有准确答案。今年7月份，英国石油公司的首席经济学家达维斯在谈到石油工业的最新统计时宣布，世界上已经探明的石油储备还可以开采41年。

另外，2003年天然气的储备比上一年度增加了13%，可以开采67年；煤炭的储备还可以开采数百年。

尽管如此，包括石油在内的能源，总有枯竭的一天，这不但是对我们，也是对我们的后代、对全人类提出的巨大挑战。

第24课　不同寻常的历史时刻——重温邓小平访美历程

1979年1月29日上午，美国白宫南草坪上首次并排升起五星红旗和星条旗。在这里，美国总统卡特为中国的贵宾——邓小平副总理举行了欢迎仪式。有美国记者大发感慨地说，一个国家的总统举行正式仪式，隆重欢迎另一个国家的副总理，并陪同检阅三军仪仗队，这在世界外交史上极其罕见。

亲历那一历史瞬间的卡特总统的国家安全事务助理布热津斯基回忆道："当时的气氛就像充了电一样，我不记得白宫以前曾经有过如此令人激动的场面。"

布热津斯基近日在接受记者专访时说，邓小平当年访美的第一场活动就是到他在华盛顿近郊的家中赴宴。那是两人8个月前在北京首次会面时的约定。邓小平抵美后一下飞机，果然不顾旅途疲劳，来到布热津斯基家中。布热津斯基还谈到，在宴会上他曾半开玩笑地问邓小平说，卡特总统因中美关系正常化问题在美国国内遇到麻烦，中国是否也有类似的问题。邓小平不假思索地答道：当然有，在台湾就有不少反对者。邓小平的机智让布热津斯基惊叹不已。

为了让来自东方的贵宾对美国文化有个直观的了解，卡特在邓小平访问华盛顿期间特意为他在肯尼迪艺术中心安排了一场盛大的演出。当晚参加表演的有著名钢琴演奏家塞金以及乡村歌手约翰·丹佛。最后一个节目是约200名小学生用中文合唱《我爱北京天安门》。一曲唱罢，邓小平深深为之动情。他和夫人走上舞台热情拥抱和亲吻了美国孩子。

记者在翻阅当时的美国报纸时还读到这样一则评论：邓小平真诚亲吻美国儿

童的场面恐怕会让美国不少政治家重新学会如何亲吻孩子。

在访问亚特兰大时，邓小平致辞说："你们的很多成功经验对我们很有借鉴意义。我们愿意向你们学习。愿我们两国人民的友谊和合作顺利。"邓小平的肺腑之言引起全场宾客起立欢呼。

在休斯敦，邓小平的考察重点转向了高科技领域。在美国载人航天基地——林登·约翰逊宇航中心，邓小平不仅仔细参观了宇宙飞船阿波罗17号的指令舱和月球车，还不时向身边的宇航员询问太空生活的细节。

谈起邓小平访美，给美国人印象最深刻的无疑是邓小平在休斯敦附近的小镇观看牛仔表演时戴上宽边牛仔帽的一幕。成千上万的美国人通过电视注意到了这则新闻。对于美国人来说，邓小平欣然戴上牛仔帽观看牛仔表演这一入乡随俗的举动，表达了他对美国文化的尊重和对美国人民的友好之情。

在短短8天访美时间里，邓小平向世界展示了中国改革开放的坚定决心，努力学习西方先进技术和文化的成熟心态，以及中国必将实现现代化的充分信心。

参考文献

刘士勤　1990　报刊语言基础课的试卷设计，《世界汉语教学》，第3期。

陈田顺主编　1999　报刊语言基础课课程规范，《对外汉语教学中高级阶段课程规范》，北京语言文化大学出版社。

雷英杰、龙　叶　2007　对外汉语报刊阅读中新闻标题的教学策略，《云南师范大学学报》，第2期。

李晓琪主编　2006《对外汉语阅读与写作教学研究》，商务印书馆。

肖　立　2005《报刊语言基础教程》，北京大学出版社。

黄静，女，1975年9月出生，博士，2003年参加工作，现为北京语言大学汉语学院教师，长期从事新闻语言基础和文化课的教学与研究。

对外汉语读写课 · 课堂教学研究

汉语写作教学

从"论辩性"的角度强化留学生议论文写作教学

张书杰

摘　要：本文基于留学生议论文写作中普遍存在的问题，认为从"论辩性"的角度切入教学，加强学生的思维训练，强化其语言运用的实践性，或可在一定程度上提高学生的写作水平，进而提高学生的汉语表达能力。

关键词：留学生　论辩性　议论文　写作教学

留学生的汉语写作进入高级阶段，我们要强化其议论文的写作训练。议论文实际上是一个包含范围很广的概念，广义的议论文既包括一般性的议论短文，还包括读后感、各种专业性的评论（如时事评论、文学评论、经济评论、电影评论等）、学术论文，等等。我们这门课的主要任务是使学生掌握一般性的议论短文的写作，也就是基于学生已经达到的汉语水平，基于留学生汉语专业本科三年级下学期已经达到的知识和思想水平，就一般性的话题发表自己的看法，而不涉及更加专业的内容。具体说来，包括议论文的基础知识的把握、观点主张型议论文的写作、问题方法型议论文的写作、基于有关生活话题的文章的读后感、侧重对生活内容的理解的电影评论的写作等类型。因此就其本质来说，总体上仍然是语言技能实践课。

在实际的教学实践中，我们发现，学生的议论文写作还存在着流于一般性介绍的局限，缺少思想深度，逻辑思维能力不够，而在汉语语言的运用上则存在着词语运用避难就易（流于口语化）、不善于使用关联词语、语篇的衔接和转换意识不强等诸多弱点。这当然与一些学生缺少对问题的理性认识有关，而从教学的角度来看，加强学生的思维训练，强化语言运用的实践性，或可在一定程度上提高学生的写作水平，进而提高学生的汉语表达能力。

我们认为议论文写作的论辩性可以是一个很好的切入点。所谓论辩性应该是就争议性话题作者所表达出来的明确的立场和主张（或赞成，或反驳），清晰的逻辑思路，强有力的论据支持，能够表明其情感态度和伦理姿态的词语、句式恰如其分的选择和运用，进而是整体篇章结构的合理安排等。因此在议论文教学的开始阶段就着重于论辩性思维和相应的语言表达训练，将有助于学生为其他类型的议论文写作打下良好的基础。

在具体的教学过程中，可以通过下列一些手段来实现。

首先，在学生已经掌握了议论文写作基本要求的基础上，设计具有交际价值而又不脱离学生生活的争论性话题。这样可以避免学生的论述流于表面化的一般性介绍，激发学生深入探究问题的兴趣，强化其对于议论文文体特点的把握。比如，如果给学生这样一个题目——“留学生住在校外的利与弊”——让学生来写，这样的题目每个学生都能写，但是非常容易变成简单的介绍，学生对于显而易见的两个分论点的论述，在比较短的篇幅内，由于焦点不集中，对问题的认识也很难深入下去。但是如果把这个题目变成一个争议性的话题：“留学生住在校园宿舍好还是住在校外好？”然后让学生选择一种立场来论述，问题就变得相对复杂起来，就会激发学生的进一步思考，由于主要论点非常集中，也便于学生对于议论文文体的把握。而要写好这篇议论文，使得自己的文章更有说服力，就必须强化自己的论据支持，必须使自己的论述内容更深入，对词语、句式的使用和选择也会更加精心，有利于从内容到表达上激发学生的理性思维能力和汉语表达潜能，也更能实现交际性的目的，从而体现出语言学习的实践性。

例如学生会思考如何定位自己的这个“留学生”的概念，可以按照国别来定位，可以按照校别来定位，可以按照年级来定位，也可以按照留学生的个性特征来定位，这样一个群体的留学生往往有更多的共性，容易形成共识，因而也会更有说服力。当然从交际的角度来看，读者对象也要进入作者的视野，如果有比较明确的读者对象，自己的论述就会有的放矢，论述内容会更加具体深入。教学实践表明：常常是西方国家的留学生会认为留学生住在校外更好，而东方国家的留学生常常选择住在校园宿舍；以一年级的留学生为读者对象，往往选择住在校内，而以高年级的留学生为读者对象，则选择住在校外占多数，等等。这样的定位，既与留学生的文化背景有关，同时又涉及对在中国留学的现实情境的认识，思考无疑是大大深化了，运用到的汉语词语就会更加丰富。

其次，组织学生讨论，进一步加深学生对问题的认识。讨论可以分组进行，根据学生不同的立场选择来分组，说明选择某个立场的理由，每组有一位学生来记录，然后两个组各自选一位代表，亮出自己的全部理由。也可以先让各个学生自由联想，进行所谓的“头脑风暴”，最后大家自由发言，老师在黑板上将两个不同立场的理由归类书写下来。这样的讨论，既能扩大学生的思考范围，也能够提供足够多的相反的理由，从而使学生全面思考自己的论题，不仅要进行正面论述，也需要思考对相反的观点如何进行反驳或证明其无足轻重。自然无论是正面论述还是反驳不同的观点，也都涉及对论题的定位，第一步和第二步实际上在学生的具体写作中是结合在一起的。讨论使学生扩大了视野，同时学生基于认识的深化，也会根据自己对论题的定位，进行材料的选择和取舍，从而使自己的论述更具有说服人的力量。

第三，将争议性的话题的写作与汉语词语结合起来，训练学生的逻辑思维能力。要写好议论文，逻辑思维的训练是必不可少的。作为本科生，这种训练学生们在自己国家中学阶段的母语写作中自然会有所涉及。逻辑思维是高度抽象的，人类的思维方法具有共同性，但是在留学生汉语学习阶段，这种思维训练更主要的是要通过汉语的语言来表现的。因此一方面要强调议论文写作中的逻辑推理，另一方面要把这种逻辑推理在汉语中的语言表现结合起来，从而使学生提高其用汉语进行逻辑思维和表达的能力。逻辑推理主要有四种形式，即归纳推理、演绎推理、因果推理和类比推理。在第二步的讨论阶段，学生会说出基于某一立场的各种理由，如认为留学生住在校园宿舍更好，学生们有这样一些理由：

1. 宿舍离教室很近，去上课节省时间，下课后可以很快回宿舍休息。

2. 校园里有食堂、图书馆、阅览室、商店、健身房、运动场等，想做什么都很方便。

3. 学校里有老师，有问题的话，容易找到老师。

4. 如果是北京语言大学的留学生，留学生们都住在一起，可以互相学习、互相帮助。

5. 留学生们来自不同的国家，在这里除了能够学习汉语，也能跟其他国家的留学生学习别的语言，了解别的国家的文化和风俗习惯。

6. 住在校园宿舍里比较省钱，因为住宿费连水电费都包括了，不用单独花钱。

7. 校园宿舍住宿费不是很贵，现在北京的房价上涨很快，住在外面房租要贵得多。

8. 能够节省交通费，如果在外面住的地方离学校比较远的话，坐公共汽车，人很多，不能保证时间。打车来学校，出租车费是一笔不小的费用。如果买电动车的话，自然又有了格外的开支。

9. 对于刚到中国的一年级的留学生来说，汉语还不会说或者能说的汉语很少，对中国很多情况都不了解，住在校园宿舍就方便多了。

10. 学校会帮助学生办理住宿登记，不用自己去派出所。

11. 住在校外要跟房东打交道，要自己去买水买电，还要自己去派出所登记，非常麻烦。

12. 校园宿舍有管理员，外人不能随便进宿舍，比较安全。

13. 宿舍一般有服务员打扫卫生，可以节省自己的时间。

14. 校园里经常有各种讲座，住在校园宿舍可以根据自己的兴趣去听讲座，扩大自己的视野。

15. 校园里有浓郁的文化氛围，能够更充分地感受大学生活。

16. 仅以北语来说，校园里不仅有外国留学生，还有很多的中国学生，对于学习汉语的留学生来说，找语伴非常方便，通过相互学习对方的语言，汉语水平会提高得很快。

……

经过这样的讨论还不够，有的学生以为只要提出自己的观点，再把这些理由列出来，文章就写完了。实际上有的学生确实是这样做的，即便是运用的词语和句式基本上都是正确的，也因为内容的杂乱缺少论辩的力量。因此要启发学生对这些内容进行概括和归类，概括和归类的过程实际上也是逻辑思维的运用过程。就这篇文章的写作来看，主要运用的就是归纳推理。归纳推理是从同类的特殊情况推导出一般性观点的一种推理方法。善于进行理性思维的学生实际上是能够发现上述讨论内容是可以归纳为几个类别的，但是在汉语表达上还找不到合适的表象手段，这样逻辑归纳过程就与汉语运用建立了联系，老师给提供相应的句式或词语群组就显得必要了，实际上是给学生一个使得语言与内容建立起联系的台阶。还以这篇文章为例，在通过进一步讨论、学生归纳出几个大的类别后，老师可以提供这样的汉语表达手段，如：在生活上、在学习上、在经济上；或者是让学生提炼某一类别的关键性词语来概括所归纳的内容，如：方便、经济、安全等。进而让学生根据自己所理解的不同类别内容的重要性，来安排文章的内容顺序，而议论文常用的顺序性的语篇衔接手段是：第一、第二、第三等，或首先、其次、再次、第四等。这样文章的论证结构也就基本上出来了。

如这篇文章就可以这样来启发学生结构文章的主体部分：

首先，在学习上，住在校园宿舍对于学习非常有利。留学生到中国来主要是来学习的，学习是留学生留学最重要的意义。而住在校园宿舍对于学习的好处非常多。可以列举：1、2、3、4、5、14、15、16 条内容，当然其中有的条目中的内容要进行必要的调整。

其次，在生活上，住在校园宿舍非常方便、安全。列举 9、11、13 条内容。

再次，在经济上，住校园宿舍更加省钱。留学生尤其是北京语言大学汉语学院的本科生大都是靠家里资助来中国留学的，自己还没有参加过工作，花钱要尽量节省，可以减轻父母的负担。以我个人的经验，住在校园宿舍要比在外面租房住经济得多。可以列举 6、7、8 条的内容。

论辩性议论文的内容主体部分不仅需要正面主张自己的观点并进行论证，相反的观点也要进入作者的视野，并给予合理的反驳或者说明，以表明自己的思考是全面的，而不是偏执的。反方的合理之处要给予肯定，同时要证明自己的主张更占有优势，这样就更能打动读者。对于“留学生住在校园里比住在校外好”这个题目，毋庸置疑，住在校外也有住在校外的好处，比如：没有同屋，有私人空间，生活更具有私密性；晚上回家时间没有限制，朋友来访更方便；可以非常方便地做自己喜欢吃的饭菜；能够与普通的中国人有更多的交往，更能了解目的语国家的社会生活；培养独立生活的能力；等等。那么主张住在校园里，就应对这种情况做出合理的说明或反驳。如可以引导学生这样进行论述：仅就有同屋这一点来说，有同屋固然不如一个人生活方便，但是却能锻炼自己与他人相处、交往的能力，这也是一种学习。何况很多时候同屋之间可以互相帮助，尤其是一个初来乍到的新生如果跟一个老生住在一起，就能够很快熟悉学校的情况，迅速适应新生活，从而顺利进入学习状态，及早消除文化差异给自己带来的心理震荡。如此等等。这样的反驳就进一步强化了住在校园宿舍的优势了。

第四，基于具体的话题，为学生提供具有针对性的词语、句式群组，以利于学生选择使用；提供论辩性议论文写作中常用的语篇衔接和转换的手段，培养学生语篇意识和文章整体意识。

对于上述“留学生最好住在校内 / 校外”这个题目，从词语运用的角度，可以给学生这样一些词语，让学生根据自己的写作需要选择运用：

房东、房租、租金、一居室、两居室、三居室、上涨、水费、电费（水电费）、经济（形容词用法，如“飞机的经济舱”）、家用电器、设施，合住、同屋、私密性、私人空间，保安、宿舍管理员、房间服务员、定时会客、定时关门，派出所、居住证、登记、签合同，电动自行车、摩托车、轻轨、地铁、公共汽车、出租车（费），语伴、讲座、（浓郁的）文化氛围、文化差异、文化震荡，限制、自由、随心所欲、……

关于关联词语的使用，学生此时已经是三年级下学期，在语法课和综合课中已经学习过汉语中的不少关联词语，此时要引导学生有意识地运用到自己的写作中来。关联词语可以把分散的论据更有机地结合在一起，使语段更有整体感，也能强化论辩的语气。可以设计一些针对性的练习，来强化学生的关联词语运用意识。

对于如何引入反驳的部分，可以给学生提供如下词语或句式：

“有人说……”“有人可能会说”“自然有人会说”……

可以对相反的观点逐条进行反驳或解释说明。

也可以提供下列词语：

“无疑”“毋庸置疑”“应该承认”“不言而喻”……

使学生学会这样的篇章连接手段，引出自己解释或反驳的内容。

第五，提供具有高度示范性的例文，与学生共同分析，促使学生借鉴和吸收优秀文章的写作经验。范文分析是写作教学常用的手段，论辩性议论文的写作也不例外，但是需要注意的是要在例文分析中，除了强化学生对汉语词语、句式、关联词语以及篇章转换衔接手段的认知，更要引导学生注意这些方面与内容表达的联系。我们认为，由于学生已经有议论文写作的基本知识，论辩性议论文写作的例文分析可以放在对写作话题讨论之后，学生已经形成了基本思路的情况下进行，这样可能更有助于学生对语言手段和内容之间关系的敏感，更有助于学生的学习借鉴。

最后，灵活贯彻过程法写作的教学原则，强调老师和学生的反馈，力求在多次修改中完善学生的文章写作。“写作也可以被视为一种过程”，“相关的研究表明，写作并非是一个线性过程，并不是严格按照计划、草稿、修改的顺序依次进行，在很多情况下，作者需要在上述三个阶段进行迂回。作者本身所具有的内部资源和外部环境在写作的过程中相互作用，使得整个写作过程具有交叉互动的特点”。交际教学法“把写作教学的内容从单纯的语言知识扩大到语义、文体、语域，甚至是社会文化等方面。于是，过程教学法认为写作一方面要培养学生的外语表达能力，另一方面还要培养他们分析社交场景、读者心理以及交际目的和效果的能力；同时，它还强调写作的根本任务是交际，是培养实际交际能力，因而要尽可能使教学过程生动化、情景化，以创作出适当、自然的交际环境”（崔刚，2007）。从论辩性的角度切入，则会大大突出过程法写作教学的这一优势。当然在教学课时非常有限的情况下，一篇文章的写作也不可能旷日持久，因此在充分吸收借鉴写作教学中的“体裁法”“结果法”的长处的同时，可以通过互联网，创造一个虚拟的发表环境和社交空间，让同学和老师的反馈以最经济的方式得以实现，从而使学生最后能够写出一篇从内容到语言表达都显示出较高水平的议论文，最终强化其使用汉语进行表达和运用的能力。

参考文献

罗青松　2002　《对外汉语写作教学研究》，中国社会科学出版社。

祁寿华　2000　《西方写作理论·教学与实践》，上海外语教育出版社。

杨俐 2006 《外国人汉语过程写作》，北京大学出版社。
Jessica Williams［美］ 2007 《第二语言与外语写作教学》，世界图书出版公司。

张书杰，男，1969年3月出生，硕士。1994年参加工作，任北京语言大学汉语学院教师。教学专长为高级汉语综合课和汉语写作课教学，曾获得北京语言大学青年教师教学比赛二等奖。研究方向为中国现当代文学和汉语国际教育，曾在《民族文学研究》《社会科学论坛》《中国文化研究》等期刊发表论文多篇，参与《中国儒学文化大观》《中高级汉语功能大纲》等多部书籍的编写。《高级汉语教学中的语篇教学问题》曾获得北京语言大学教育科研论文优秀奖。

对初中级汉语写作课激发学生创造性的一点思考

种一凡

摘　要： 目前，汉语教学中写作教学是比较薄弱的环节。本文以北京语言大学汉语速成学院的短期留学生为对象，从激发创造性入手，尝试以几种方式启发学生的写作动机，并将创造性思想贯穿写作全过程。

关键词： 初中级写作　写作动机　创造性

汉语教学以训练汉语学习者听、说、读、写四方面的综合能力为主要任务。“写”包含三个层次，最为基础的是书写，第二层次是写书面的作业，第三层次则是写作，写作是我们在此重点讨论的内容。在听说读写四种技能中，写的训练尤其是写作训练是公认最难的，也是教学中最薄弱的环节。这一方面是由于对第二语言写作教学的研究起步比较晚，前期的理论和操作主要是借鉴英语作为第二语言写作教学，还有国内汉语作为第一语言的写作教学研究成果；另一方面，从外国学生自身讲，在听说领先的教学法训练下，写作的实际需求少，导致学生更重视听、说、读三方面能力的训练。那么，就目前的教学情况看，写作教学的目标设定、写作课的开设是不是满足了学生的写作要求，或者说在目前的形势下怎样使学生变被动为主动地去提升写作能力？本文将以北京语言大学汉语速成学院短期留学生为对象试做探讨。

一、对外汉语写作课的教学目标及内容

针对教学时间为 40 周、每周 20 ～ 24 学时的初级阶段留学生，《对外汉语教学初级阶段教学大纲》对“写作”技能提出的总体教学要求是“100 分钟内能写出 400 字以上意思清楚、句子完整、语法错误低于 3%、汉字错误低于 5% 的记叙短文”。可以看出，《大纲》虽是对汉字、语法、成段表达的综合要求，但侧重点还是放在易于评判的客观指标，如字数、汉字正确率、语法正误的衡量上。但在写作课实际教学中，为了厘清汉字教学与语法教学和以此为基础的、

更高一层的写作教学之间的区别，“训练书面语的表达能力和语篇表达能力”是大家广泛接受的写作教学的核心任务，也是写作教学的教学目标。

换句话说，《大纲》的规定只是一个客观的成果描述，而为了达到《大纲》的要求，教师更应该注意写作课要注重“重点培养和训练的是学生的书面语写作能力及汉语语篇表达能力。让学生运用汉语自如地表达思想，在语言表达上接近和达到母语的写作水平”（罗青松 2002）。

因此，围绕写作教学要实现的目标，汉语写作主要从书面语和语篇两方面进行训练。书面语方面，有词语和语法的训练，例如近义词的区分使用、词语搭配、句子的层次结构、句型语义特征、语用环境、语体色彩等内容；语篇方面要注意语篇现象和语篇结构，如词语连接成分的使用、逻辑连接，等等。

二、汉语学习者的写作学习需求及写作教学现状

明确了写作的必要性和汉语写作教学的任务之后，为了达到训练的目标，要看看学习者在一定阶段一定环境中的学习需求，看看我们大任务之下对具体教学任务的设定是否能适应、满足学习者的需求。如今汉语学习者人数不断增多，平均汉语水平也逐渐呈升高趋势，现在的汉语学习者在写作方面有什么需求呢？

北京语言大学汉语速成学院的短期留学生，来自多个不同国家，他们学习汉语的动机也各不相同。按照 Dornyei（1998）的外语学习动机三层次说，速成学院留学生学习汉语的动机可以概括如下：

1. 工具动机，即通过汉语学习得到回报，如有的学生是为了用汉语从事某种工作或者用汉语谋职，有的是为了通过汉语水平考试，也有的是国外大学中文专业的学生，来中国短期进修。

2. 融入动机，即留学生对中国文化和民俗有浓厚的兴趣，想通过学习汉语融入中国文化。如有的学生因为对中国文化感兴趣，来中国游学，有的学生想在中国定居或为了跟中国爱人沟通而学习，也有很多华裔孩子，父母要求他们学会汉语。

3. 成功动机，即学生受某种驱动而学习。如有的学生有很高的语言天分，对他们来说，学习语言是一种爱好，学习的成功可以使他们获得满足感、成就感和骄傲感。

尽管原因多种多样，但在汉语环境中学习、生活，听、说能力是比较迫切的需求，阅读次之，写作对一些学习者来说则是可有可无的，而且由于有汉字的障碍，动笔写作更为不易。虽然目前可以用电脑打字，但是除了日常所需的一些简短的应用文，如留言条、假条，还有发邮件外，其他的写作内容在生活中的实际需求不是很多。因此，他们对用中文写作没兴趣，怕写作文，导致写作能力差；教师也觉得写作课难上好，作文不易批改。在速成学院开设的初中级课程中，写作还没有被单独作为一门课程开设，写作能力的训练主要放在综合课中。一般，学期为 20 周的学生每两周写一篇作文，主题大多是围绕综合课学习过的话题展开；另外，加上每周学生的语言实践活动，如游览长城、社会小调查等作业，也是以作文形式呈现的，总起来看，作文的数量实际上并不少，但由于在整体上还欠缺系统的设计，所以教学效果还不太理想，仍有待提高。

基于学生的学习动机和写作教学现状，为了更好地达到《对外汉语教学初级阶段教学大纲》中提出的初级阶段写作要求，在教学过程中更有效地训练学生的书面语和语篇表达能力，并且能凸显速成教学“在一定教学时间内达到最大化的教学效果”的特色，本文建议写作教学从激励学生创造性入手，激发学生的话语动机，并把创造性理念贯穿整个写作过程。

三、以激发学生创造性为目标的写作教学模式

为了使写作和其他语言能力一样平衡发展，培养学习者的写作兴趣、提高写作课的教学效果和学习者写作能力是汉语教学亟待解决的问题。鲁健骥（2010）提出了创造性的教学思路，认为汉语教学应该是使学生的学习成为一个不断“创造”的过程：学生在教师的指导与引导下，在“创造”中理解汉语、掌握汉语，就是在对汉语认知与理解的基础上形成汉语的言语能力，包括用汉语进行交际的能力；同时发展独立地观察、发现、吸收语言的能力。2011 年鲁健骥又将创造性学习的思想扩展深化为“激创法”，形成“激发学生的创造力、激励学生创造性地学习汉语、在创造中学习汉语的教学方法体系”。

在这个对外汉语教学法体系的新构架下，怎样才能激发、启发学生？与怎样修改学生作文以达到规范相比，让学生有兴趣把文章写出来更为关键。这里借用现代语言学和心理语言学的一个概念“话语动机”来说明。语言在将意义

表达成形式之前还有一个“思想的起点”，即为什么会产生语言的意义，这就是“话语动机”。写作也是一样，先有“话语动机”，即写作动机，而后写成文章，最后与读者交流。

我们要激发学生写作的创造性，可以把听、说、读结合起来，用听、说、读作为导引，从写作动机着手，与此同时，在写作的全过程中，利用各种方法使创造性得以发挥。下文将基于教学实践，从这两个方面进行论述。

（一）激发写作动机

创造性的写作过程，要从激发学生的写作动机入手。写作动机和创造力密不可分。一般来说，创造力越强，写作动机也越强。根据学生创造力发挥的难易度，有以下三种做法：一是加大微阅读量以促进写作的输出，二是利用现代科技手段记述并分享见闻，三是以思维能力、表达能力带动的框架填充式写作练习。微阅读，因为有一定量的阅读输入，使得写作动机建立在感性的文字基础上，这个基础也为接下来的创造性写作提供了语言辅助，与后二者相比较，难度较低。利用现代科技手段记述并分享见闻，是在亲眼所见、亲耳所闻后有感而发的写作，在这个过程中，写作虽没有范文可参考，创造性的难度相比前一种做法加大一步，但有真实的情景作为依托。以思维能力、表达能力带动的框架填充式的写作练习，因为只是给学生一个故事框架，具体细节都需要学生去想象、创造，所以难度最大。三种做法的具体操作步骤和示例如下：

1. 加大微阅读量以促进写作的输出

阅读对写作有促进作用。阅读可以为写作储备丰富的词汇，为写作提供语言范本，在对不同语体的阅读中找到不同语体篇章的规范与语感，阅读也可以增加阅读者对目的语文化的了解，以求在写作时达到表达形式与内容、文化上的和谐。此外，学生在阅读中可以获得写作的素材与材料支撑，还可以从中受到启发。

相对于阅读教学中常见的篇幅较长的文章，学生在读短小精炼的文章时焦虑情绪、畏难情绪会减少。因此，学生如果接触到当下流行的手机报、微博、微信消息或新闻等微阅读材料，可能更易引起学习的兴趣。当前，微阅读凭借高科技赋予的“便利”和“海量”渗透到人们的生活中，留学生也不可避免地被卷入，只是由于语言和文化的障碍，还没有主动地、积极地去接受，但我们可以引导学生进行微阅读，激发他们的写作动机。

在这儿需要提一下的是，写作也需要充实目的语文化的背景知识。“语言既是文化的产物，又是文化的一种载体。人文背景的差异常会给语言学习，特别是词汇项目、语法规则和篇章语用的学习带来困难，需要进行文化匹配和文化变换”（李宇明，1994）。微阅读的内容很多是短新闻、文化热点问题、人生感悟等，有选择地让学生沉浸其中，会加强他们和汉语环境的亲密感。除了阅读之外，以听和看呈现的微阅读作品也从视听方面加强了输入，这些都会为以后的写作积累素材，打下基础。

（1）微阅读促进写作的训练操作步骤

① 阅读微阅读文章，并引导学生注意结合从平时的阅读、听力以及其他课上学到的知识积累（可让学生做成摘录本，记下知识点或者灵感火花），启发学生的写作动机。

② 就微阅读文章内容及平时积累进行分组讨论。

③ 在讨论中确定写作题目。

（2）微阅读促进写作的教学实践

本人在教学中尝试让学生读手机上的微阅读文章，如在学习了课文“姓氏和人生”后，因为课文里有关于人生五大阶段——童年、少年、青年、中年、老年的论述，而且学习后我就布置学生写一篇有关人生话题的小文章。所以为了开阔学生视野，打开思路，我特意从微信上选取了几个微阅读文章让学生阅读、讨论，为下一步的写作进行准备。

我们选取的有关人生的微阅读文章如：

第一篇：中国人一生可以用五种动物形容：刚生出来属龙，龙子龙孙，是父母的掌上明珠；几岁后到上学阶段属猪，……（略）

第二篇：当人到中年的时候，身体健康，略有积蓄，……，这就是成功。因癌症辞世的复旦大学教师于娟，在生前日记中写道：在生死临界点的时候，……（略）

学生在对“为什么找这五种动物形容人生的五个阶段”“你认为什么是成功”等问题的讨论中确定自己文章的题目。

2. 利用现代科技手段记述并分享见闻

写作相对于口头表达，可以有众多的读者。但在实际教学中，学生作文的读者似乎仅限于教师一人，有时在教师的教学干预下班内的一些同学会读到。写作的交际性没有得到应有的重视。我们可以尝试借助现代科技手段，如微信、微博等来增强学生书面表达的交际意识。

微博和微信为中文上网的人们提供了一个平台，在这里可以浏览感兴趣的信息，也可以发布信息，如个人的生活记录、人生感悟，介绍一些生活小常识，品评社会热点新闻，进行文学创作，并把这些即时分享给朋友。微博一次可以发布 140 个字的内容，微信的“朋友圈”的容量可以达到几千字。

在微博上发布消息，会有更大的读者群，任何人都有机会看到你发布的内容。微信因为是基于认识人的手机号码建立的联系，所以相对于微博私密性强。教师可以建立一个班内同学的微信群，除了进行日常沟通，还可以要求同学在微信“朋友圈”功能中适时发布一些消息，为了加强欣赏性，可以要求发布者在准确简练的文字介绍之外，配图发送。

（1）“利用现代科技手段记述并分享见闻”操作步骤

① 学生将见闻写成文章并发送到交流平台上，鼓励配图发布；

② 同学之间互相做出评论，包含肯定佳句、质疑、纠正错误等内容；

③ 教师在网络平台上“批改”，同学跟进消息更新，知识共享；

④ 学生根据反馈，修改，重新发布；

⑤ 师生给出反馈。

（2）“利用现代科技手段记述并分享见闻”教学实践

在教学实践中，本人建立了班内同学的微信群，在进行汉语写作训练时让学生在微信“朋友圈”发布一些消息，内容可以为感想、介绍、叙事等。如在国庆假期，我要求每位同学都发布至少两篇，每篇字数 100 字以上，大家看到后互相评论。同学们对这种新形式的作文充满了好奇，放假前就跃跃欲试，假期刚过去一半，已经有很多同学发布了消息，而且都配了美图，达到图文共赏的效果。有一位同学去了桂林，他向大家推荐桂林，发了两篇短文，如下：

1. 这次国庆节放假我跟一个好朋友去了桂林和阳朔旅游。……到处都像在童话里一样。……

2. 我们从阳朔花了两个多小时坐巴士到龙胜。我们刚下车就已经看到龙脊梯田美丽的风光！从山脚爬到山峰路上的两边，我们看到了很多少数民族的小商店。商品琳琅满目，美不胜收！……中午吃了龙胜的风味菜：竹子鸡和竹子饭。吃好午饭，我们爬了差不多半个小时就到山顶，欣赏龙脊梯田的风景。我就可以用这几句概括我的国庆节假期：……可是我一点不遗憾！

短文发出以后，同学们开始评论，我也提了问题，同时也对一些写作中出现的错误加以改正。因为是班内公开可以看的，所以大家也可以知识共享。在发文的时候，这位同学配了照片，第一篇配了桂林山水和他拿着 20 元人民币，比对人民币上的风景和实景山水的照片，第二篇配了梯田和竹筒饭的照片。这些美图配上学生写的美文，让大家丰富了汉语的语言知识，也了解了文化知识，同时还有视觉的享受。此外，因为文章一经发表，大家都可以读到，所以发布者在写作时格外用心，力求发挥出自己最好的水平。这位同学第二篇比第一篇写得更长也更好，并且，学生能尝试使用刚学过的生词，如风光、少数民族、琳琅满目、欣赏、概括、遗憾等，学以致用，强化记忆。

由此可见，有了特定的读者，会激发学习者的创作热情，加强语言使用的自我监督。同时，微信的评论功能可以为学生提供一个互评互助的平台，形成一个群体和个体相互促进的学习氛围。

3. 以思维能力、表达能力带动的框架填充式写作练习

写作是思维能力、表达能力和语言能力的综合。因为成人第二语言写作更受限于语言能力，所以我们尝试从思维和表达两种能力着手，带动语言能力的发展。成人学习第二语言写作，因为已经具有成熟的思维能力和第一语言写作的基础，所以具有一些“速成”的特质，如果引导得当，不难见成效。此法鼓励学生克服语言障碍，充分发挥想象力，根据教师提供的故事框架进行创作。

（1）“以思维能力、表达能力带动的框架填充式写作练习”操作步骤

① 作文布置，给出故事框架；

② 分大组讨论主要人物及故事发展脉络；

③ 大组内部分小组，每个小组填充具体故事情节；

④ 将每个大组内部的各小组情节串联成完整故事，成果展示；

⑤ 对比几个大组的故事情节，全班进行评价；

⑥ 每组找出负责同学将本组故事统稿上交；

⑦ 教师给出反馈并进行讲评，本环节重点在语篇知识。

（2）“以思维能力、表达能力带动的框架填充式写作练习”教学实践

本人曾经在教学中尝试运用此方法。在学完一篇叙述故事性课文后，我给学生布置了一个作文。用世界上最短的短篇小说——海明威的六词小说“For sale: baby shoes, never worn”作为架构，让学生集体创作一个故事。

因为采用学生协作完成的方式，互相都不知结局，创造空间较大，所以学生都投入了极大的热情。在成果展示中，学生的想象力得到充分展露。一般想到的卖鞋人都是中年女人，可是有一组同学写道：“在一个二手店里，丁兰（课文中人物）呆呆地看着售鞋的姑娘，她心中想了很多。……”

有一组学生在天气上大做文章，运用环境描写渲染出不同于前两组的悲情基调。“某年某月的某一天夜晚，在一个国家发生了一场暴风雪。路上都被雪淹没了，没有人在户外走路，除了一个人……”

在这些描写中，有一些语句表达是在尝试中得到更正，逐渐得体、顺畅的，还有很多词是超出学生的现有水平的，如“磨损、脸蛋儿、暴风雪、淹没”等，但为了将自己构思的故事呈现出来，即使在语言表达方面遇到了一些障碍，表达的欲望也会驱动学习者在讲述故事中完成创造性的探索学习过程。

（二）创造性理念贯穿写作教学法的整个实施过程

汉语教学的理论和方法有很多，各种教学方法都各有短长，鲁健骥认为，如果给这些教学方法一个统领思想的话，这个思想就应该是启发和发展学习者的创造力，让“创造”贯穿学习的全过程。写作教学也是一样，方法很多，如初级阶段运用较多的控制法、语段形式法，倡导自由表达的自由写作法，还有注重实现交际目的的交际法和任务法，还有近年来颇受关注的过程写作法等等。本文在前一部分提到，激发学生写作热情，鼓励创造学习是改变目前写作课困境的一个突破点，在创造性的主导下吸纳其他的写作教学法的长处，会更好更快地达到教学和学习效果。

速成学院每个学期都有一次长途语言实践，这次语言实践最终会形成一篇书面报告。但是在形成文章之前，会有一系列的由浅入深、由点到面的教学或说学习设计为最后的书面报告积累素材和语言知识。拿山东语言实践来说，先将任务分为行程前、行程中和行程后任务三大块。在行程前任务中，“我来当导

游（准备阶段）”和“抢答题库”两个部分在教师给出问题的提示和指导下，为学生积累了关于参观景点的最基本文化知识和语言表达；行程中任务，“我来当导游（实施阶段）”和“我来当记者”将学生已经了解的知识进一步巩固，并且学生可以对自己感兴趣的知识主动去了解；行程后任务，“口头汇报”和“书面报告”两部分是在前边积累的基础上形成的篇章表达，只是一个是口头，一个是书面。口头报告学生要先写成讲演的初稿，老师修改反馈，在讲述时再次得到老师和同学的反馈，最后总结成篇，写成最终的书面报告。

整体来看，这个教学实践活动是一个结合了控制法、任务法、过程写作、自由写作等教学法的综合写作活动。在这个较长的过程中，因为主题相对单一，就是关于山东语言实践的内容，所以在设计上时时注意启发学生的创造性、保持学生的学习热情显得尤为重要。例如，在起始阶段，因为即将参观的景点有三孔，所以教师在设计问题时就要注意在保证客观真实的前提下，给学生发挥的空间，比如让学生了解孔子，如果提示学生思考与孔子同时代的其他国家的伟人还有谁，让学生换个角度去了解孔子，比直接告诉他孔子的知识更有吸引力。在“我来当记者”环节给学生充分自由去补充自己的知识也是创造性学习的一种体现。最后，口头报告和书面报告学生要异于他人，就要求新求变，另辟蹊径，完善自己，这也是创造性学习的一个过程。总之，“创造”的理念要贯穿整个过程，初始阶段“创造”点燃热情，过程中“创造”保持新鲜感，最后“创造”使得成果彰显。

四、结　语

《诗大序》中说：“情动于中而形于言。言之不足，故嗟叹之。嗟叹之不足，故咏歌之。”言为心声，人正是有了情才要抒发。具体在写作中，汉语学习者懒得写、怕写当然有语言能力的阻碍，但是“情未到”可能也是原因之一，因此，本文倡导在写作起笔之前，让学生有饱满的创作热情和冲动，冲破语言的阻力去达到表达的目的。

写作的真正意义是学习者能用目的语的规范形式表达自己的思想，是对口头表达的再加工和物化过程。在这个看似简单但又复杂的转化过程中，激发学生创造性的因素直接影响着写作水平和质量，因此在教学过程中需要仔细设计。

本文观点只是结合个人教学经历的粗浅认识，还需要在今后的教学实践中进行检验。

参考文献：

陈贤纯　2003　对外汉语教学写作课初探，《语言教学与研究》，第 5 期。

何立荣　1999　浅析留学生汉语写作中的篇章失误，《汉语学习》，第 1 期。

李宇明　1994　语言学习异同论，《语言学习理论研究》，北京语言学院出版社。

刘　巍　2010　留学生汉语写作教学评估模式与策略，《长春师范学院学报》，第 3 期。

鲁健骥　2010　关于创造型对外汉语教学与创造式汉语学习的思考，《语言教学与研究》，第 4 期。

罗青松　2002　《对外汉语写作教学研究》，中国社会科学出版社。

罗青松　2011　对外汉语写作教学研究述评，《语言教学与研究》，第 3 期。

吴　双　2008　论过程体裁写作理论在对外汉语写作教学中的应用，《理论经纬》，3 月刊。

吴　双　2009　多媒体辅助对外汉语写作教学的意义，《云南师范大学学报》，第 7 卷第 1 期。

许国萍　2002　对外汉语写作教学中的重要一环——谈作文评改的现状和对策，《暨南大学华文学院学报》，第 2 期。

许秋寒、于书诚、郭　力、马小垒　2008　来华留学生汉语学习动机调查，《北京高校来华留学生教育研究》。

杨寄洲主编　2005　《对外汉语教学初级阶段教学大纲》，北京语言大学出版社。

杨　俐　2007　《外国人汉语过程写作》的编写理念，《语言教学与研究》，第 6 期。

张宝林　2009　“汉语写作入门”教学模式刍议，《语言教学与研究》，第 3 期。

Dornyei, Z.　1998　Motivation in Second and Foreign Language Learning, *Language Learning* (3).

种一凡，女，1981 年生，硕士。北京语言大学汉语速成学院讲师，2013 年获北京语言大学第五届青年教师教学基本功比赛三等奖。代表性成果有论文《形声字的理想分类初探》《对短期留学生教学管理的几点思考》《从名词借用为动量词看词汇的语法、语义多功能性》。参与编写《汉语入门》《新目标汉语口语课本》等教材。

关于对外汉语写作课教学方法与策略的思考

——以汉语学院写作课为例

王光远

摘　要：在对外汉语教学中，写作是学生感觉最困难、掌握最差的一环。对教师而言，写作课备课难、上课难，批改作文更是一项辛苦的工作。目前看来，学生对写作课的满意度还有待提高，教师对如何上写作课也存在着一些困难和疑惑。本文将从现阶段使用较多的写作教学法入手，结合所在工作单位的实际情况和本人的教学经验，为写作课提供合适的教学策略，解决实际教学中的一些问题。

关键词：对外汉语　写作　教学法

一、引　　言

外国留学生在学习汉语的过程中，普遍都感到写作课难上、写作技能难掌握、作文难写。造成这一状况的原因，首先是由于“写”是四项语言技能中最难的一项，是语言发展的高级形式，不仅需要一定的语言运用能力，还涉及逻辑思维能力、语言表达能力等。此外，汉语难学、汉字难写的特点也加大了汉语写作的难度。但是，由于汉语写作课教学本身存在的诸多问题，造成很多学生汉语写作水平提高缓慢，也是一个不争的事实。一直以来，汉语写作教学无论在教学理念、教学方法还是教材等方面都存在着一些悬而未决的问题，学生总体上对写作课的满意度并不太高。

相对于国内蓬勃发展的英语二语写作教学法，汉语作为第二语言的写作教学研究起步晚，基础薄弱，成果相对较少。近几年来，在该领域陆续有研究成果发表，但其中的多数还只是从理论层面论述，从汉语写作课教学实际情况出发，针对课堂上具体操作方法的研究仍然较少。

用汉语写作是汉语学习者，特别是中级以上水平学习者不可或缺的技能，同时汉语写作技能的教授也是汉语教学的必要任务。如何有效地进行留学生汉语写作教学，提高留学生的汉语写作水平，是一个既有理论价值又有实践意义的课题，也成为教师关注和研究的热点之一。（陆跃伟，2010）本文将从写作课实际教学情况出发，结合教学经验与现行教学方法，力争为写作教学提供一些有意义的参考。

二、现行对外汉语写作教学法概述

目前，关于汉语作为第二语言的写作教学理论研究寥寥无几。这一方面是由于，对外汉语教学的理论研究多集中于语言理论，教学理论的研究总体较少。另一方面，“汉语作为第一语言的写作教学长期以来缺乏理论的探讨和总结，基本停留在经验主义阶段……无法为第二语言写作教学提供有效的理论指导和具体的操作方法”（胡明扬，2002）。因此，针对于西方的“拿来主义”，即引进英语作为第二语言写作教学法就成了对外汉语写作教学在理论研究和探索方面的主要趋势。在这一运动的影响下，结果法、过程法、任务法等教学法成为了可供对外汉语写作教学借鉴和参考的写作教学理论。

（一）结果法

结果法被认为是写作教学的传统方法，也是目前采用较多的方法。结果法以讲授写作技巧和分析范文为中心，强调语言写作的正确性，注重语言的修辞，其理论基础来自行为主义的刺激—反应理论。（吴双，2008）在实际教学中，教师作为课堂的中心，通过教学活动给予学生刺激，学生针对老师的讲授和要求做出反应，模仿范文完成一篇作文。基本教学模式为：引入主题——讲解范文——学生课堂上或课后独立完成作文——交作文——教师修改——下次上课讲评。近些年来，结果教学法一直被很多人所诟病，主要认为这种教学方法机械、死板，对于培养学生的篇章组织能力与写作技能效果不佳。一味的模仿范文抹杀了学生的创作性和写作热情。布置的写作题目也往往脱离现实，毫无实际意义和趣味性。但在实际教学中，通过与其他教学法的对比，发现结果法并非一无是处，范文的分析和讲解可以让留学生在写作过程中有所依靠，通过学习及使用范文中的语言表达方式，进一步提高写作能力。（闫婧，2007）

（二）过程法

过程法是西方比较热门的写作教学理论，也是现阶段对外汉语写作教学研究的热点和焦点。过程法的理论基础是交际理论，认为写作过程是群体间的交际活动，而不是写作者的个人行为，注重从构思、资料收集、写作、修改到定稿等所有写作活动。（闫婧，2007）在国内对外汉语学界，不断有基于过程法的研究成果发表，同时也有许多教师将过程法付诸实践，在实际教学活动中进行实证研究。提倡过程法教学的学者认为，过程法的写作程序灵活，强调交际性，以提高写作能力为目标。学生通过教学活动，写作的兴趣和热情往往较高，写出的文章也往往更生动和有组织。但在实际教学中，也发现了过程法教学的种种局限，如：过程法比较耗费时间，在真实的写作课教学中，教师为了完成教学任务，往往需要压缩或删减教学环节，影响教学效果；学生在过程法的多环节和大量信息面前不容易找到重点，对同伴互评互改的满意度和信任感较低，对不断修改作文也容易厌倦和抵触。有的研究者通过研究调查还发现，很多学生并不太需要过程法所强调的构思、篇章布局等方面的训练，他们认为更需要的是汉语表达和运用能力的提高。（郭丽霞，2010）

（三）任务法

20世纪80年代，外语教学界开始了对任务教学法的关注和研究，其理论基础主要是交际法教学理论以及第二语言习得理论等。任务法的核心是让学习者在完成任务的过程中习得语言。“任务”指有目标的交际活动或学生为实现某一目标而进行交际活动的过程。任务法反映了外语教学法从关注教法到关注学法，从以教师为中心转为以学生为中心，从注重语言本身转到注重语言习得与运用的人。（陈作宏，2010）目前在对外汉语写作教学方面对该理论的研究还比较少，以任务型教学理念编写的教材仅有一套，即《体验汉语写作教程》。提倡任务法教学的学者们认为，基于该法的写作课教学强调交际与互动，将学生从被动的接受者转变为探索者，在完成任务的过程中，不断提高写作水平，增强自信。写作主题一般与社会实际生活结合，可以更好地激发学生的写作兴趣和愿望。任务型教学理念与西方学生学习风格相一致，教学效果更加良好，学生综合能力提高更快。但是，通过实践教学发现，任务法写作教学并非完美无缺，也存在一些明显的问题，比如：基于任务法的教学环节较多，而实际写作课的学时较少，无法完成全部任务流程，影响教学效果和进度；对于语言输入及语言准确

性的关注不够；由于教学进度和时间的关系，对作文的评改和评语关注不够等等。（夏纪梅、孔宪辉，1998）

（四）其他教学法

除了上述三种教学法外，在对外汉语写作教学领域还有其他教学法，如：体裁教学法、写长法、内容法等，这些教学法有的是上述教学法的变体，有的使用范围较小，有的缺乏实践环境和教材，在此不做重点介绍。

三、北京语言大学汉语学院写作课概况

（一）课程设置与教学情况

汉语学院的写作课教学从二年级开始，分为二年级上、二年级下、三年级上、三年级下四个阶段。其中二年级的写作课为必修课，三年级的写作课为选修课。二上的教学分为三个部分，第一部分为初学汉语写作的留学生讲解基础写作知识，如标点符号等，写作内容主要为自我介绍和看图写故事等；第二部分为应用文写作，其中书信写作是重点；第三部分为介绍城市和风俗习惯，属于自由创作。二下的教学重点为记叙文写作，内容为写事、写人与游记，目的在于提高留学生的语段与篇章写作能力。三上的教学内容为说明文写作，三下为议论文写作，三年级的写作教学目的为在二年级写作教学的基础上，使学生继续提高汉语写作水平，训练学生使用汉语进行规范化表达，同时也注重表达效果。培养学生运用汉语思维的习惯，重点强化以汉语书面语进行篇章表达的能力。2013 年前在一年级下也开设写作必修课，后取消。

目前二年级所使用的教材是《汉语写作教程》（赵建华、祝秉耀，2003），三年级上使用的是内部教材。这两部教材都以结果教学法的相关理论为主要理论基础。在教学进度方面，一般 2 ～ 3 周讲一课，课上完成作文一篇。具体教学模式为，教师讲授写作知识和技巧（2 学时），学生在课堂上完成一篇作文（2 学时），教师讲评学生作文（2 学时），即“讲—写—评”模式。

（二）课程时间与进度

所有年级的写作课都为 2 学分，周课时 2 个小时。每学期 19 个教学周，总

教学学时 38 个小时。但实际上，每个学期有效教学周为 16 周（除去开学周与复习考试周），而且有时因为节假日的影响，教学时间会减少到 15 周甚至 14 周。以二年级上的写作课教学实际情况为例，该课使用的教材为《汉语写作教程》（上编），该册教材共设置九课，计划一个学期完成教学任务，笔者曾于 2012 ～ 2013 年度第一学期教授该门课程，实际教学时间为 14 周，共完成六课，绝大部分学生能完成六篇作文，其中小作文一篇（请柬、启事），大作文五篇。（自我介绍、看图写故事、一般书信、介绍地方、介绍风俗习惯）

（三）班级人数与国籍构成

汉语学院写作课班级人数较多，一般为 20 人左右。以 2013 ～ 2014 学年度第一学期为参考，写作课班级人数最少为 16 人，最多可达 24 人。班级学生大部分为以日韩留学生为主的亚洲学生，欧美国家学生人数很少。以该学期二年级和三年级的两个班为例，二年级汉语写作基础课 2500 班共 19 人，其中有韩国学生 7 人，日本学生 4 人，俄罗斯学生 2 人，爱尔兰、哥斯达黎加、哈萨克斯坦、美国、泰国和印尼学生各 1 人；三年级高级汉语写作课 3503 班共 20 人，其中有日本学生 5 人，泰国学生 7 人，韩国学生 3 人，法国学生 3 人，爱尔兰、科特迪瓦、伊朗学生各 1 人。

从以上三个方面来看，汉语学院的写作课程分为初中级阶段（二年级）和高级阶段（三年级），按文体和内容划分不同年级的教学内容和重点，每个学期集中教授一种文体的写法，分别为二上应用文、二下记叙文、三上说明文和三下议论文，遵循从易到难的原则。写作课课时较少，并且由于安排课上写作，教学进度略显缓慢。但从另一角度来说，这样的安排确保了学生的写作练习时间，相对提高了作文的提交率。在学生构成方面，写作课的学生以亚洲学生为主，尤其以日本、韩国和东南亚学生居多。这种情况有时容易造成课堂气氛沉闷，同组讨论、互评互改等教学措施难以取得应有效果。

四、针对汉语学院写作课教学方法和策略的思考

（一）教学方法

综合现行对外汉语写作教学法与汉语学院写作课实际情况分析，目前在对

外汉语写作教学界流行的过程法和任务法并不适合在汉语学院推广实行。结果法作为传统教学法，相对适合汉语学院写作课的实际情况，与以上两种方法相比更具优势。

1. 过程法的不可行性

在实际教学中，写作课课时较少，若实行过程教学法，完成其全部教学环节，必然会以牺牲教学进度为代价。以 2013 ～ 2014 学年度第一学期三年级上的写作课教学进度为例，教学周共 16 周，而实际有效教学周仅为 13 周。以一课三周的进度计算，学生一学期完成的作文数量为 5 篇（其中 1 篇为课下作文）。如果实行过程法教学，以《外国人汉语过程写作》这套教材为例，教师先让学生学习列提纲，再让学生跟不同组的同学交换提纲，进行同伴互改，写出比较详细的思路图。接下来让学生写作初稿。下一次课的时候让他们互改初稿，从作文的结构和语言等方面进行修改。在参考别人的作文和意见之后再写第二稿。然后教师评改第二稿并写出评语，学生再与老师进行交流，重新修改，直到最后完成定稿。以此来判断，若想完成全部教学环节，教学进度肯定会比较缓慢，再考虑到作文相对较多的字数要求（二上为至少 600 字，二下为 700 字，三上 800 字，三下 900 字），完成作文的数量可能仅为 2 ～ 3 篇。

此外，每个写作班 20 人左右的规模则是过程教学法实施的另一个障碍。在实际教学中，由于学生人数众多，教师不可能照顾到每个学生从思路图、初稿、二稿到定稿的所有修改过程。第二，学生的水平往往参差不齐，对待写作课的态度也因人而异。让每个学生都以积极的态度对待整个写作教学过程是一个极难完成的任务，在同伴互评、师生交流等互动环节，水平较差、态度消极的学生可能会影响整个教学效果，而某些优秀学生也会觉得与水平低的同学进行讨论是浪费时间，这在一定程度上会影响优秀学生的写作积极性。

2. 任务法的不可行性

从班级的学生国籍构成来看，完全采用任务法教学在目前阶段也很难取得良好的效果。在论述任务型写作教学优点的方面，有人给出以下理由，即任务型教学理念与西方文化心理相契合、任务型教学理念和西方思维模式相适应、任务型教学理念与西方学生学习风格相一致，等等。事实证明，通过对汉语学院写作课学生国籍构成的调查，来自西方国家的学生只占很少的部分，写作课的“主力”，还是以日韩留学生为基础的亚洲学生，因此任务教学法可能无法在汉语学院写作课的课堂上发挥应有的作用。另一方面，基于任务法理念编写的教材《体验汉语写作教程》在使用过程中也发现存在着诸多问题，比如可操作性差。任务环节设计过多，很难在有限的教学时间内完成。课堂发言和讨论环节不易控制，往往延迟教学进度；输入与输出不平衡，该教材的范文数量过少，使得学生感到相当不满，甚至在课下通过互联网收集相关范文，要求教师在课堂上讲解。（夏纪梅、孔宪辉，1998）

3. 结果法在现阶段汉语学院写作教学中的优势

相对于上述教学法，结果法在现阶段更适合汉语学院写作课教学的实际情况。结果法可以在目前情况下最大限度地平衡教学进度、学生人数与学生水平之间的关系。“讲—写—评”的模式可以确保不同水平的学生都有所得。范文的讲解可以让学生在写作过程中都能有所依靠，作文的修改和讲评可以让每个学生都能知道自己的不足之处和努力方向。结果法在对学生作文的批改方面有着其他教学法无可比拟的优势。有韩国研究生通过调查发现，韩国留学生对基于结果法的教学满意度高于其他教学法。因为他们对于写作课最满意的地方就是教师的细心评改，很注重自己的作文能否得到足够的反馈。（吴名，2012）复旦大学的许国萍对留学生的问卷调查也显示，“多数学生表示希望看到教师对自己作文的评价，包括语言运用、结构、内容安排等方面的优缺点，明确以后努力的方向”，“如果老师不写评语，他们会觉得教师没有认真看过或根本不重视他们的作文，而且也不清楚到底该向哪个方面努力”（崔贤美，2009）。有了作文的评改和讲评，才能充分调动学生的积极性，提高书面语表达水平。这一点笔者在实际教学中深有体会，仅仅就是一句“很有意思”或“老师喜欢你的作文”这样简单的评语，就能激发出学生对于写作极大的热情。在以过程法和任务法为理念编写的两套教材中，在对最终成品作文的评改方面都没有设置相应的教学环节，不能不说是一个缺憾。

4. 结果法的不足

尽管如此，采用“结果法”并非就是完全正确的，只能作为针对目前写作课实际情况的权宜之计。实际上，很多学生对写作课满意度低恰恰说明了传统的结果法教学问题很大。笔者认为，结果法最主要的问题在于写作教材的编写方面。结果法所倚重的是对范文的分析和讲解，而找到一篇适合留学生写作学习的范文却非常困难。名家名篇往往语言难度大或者涉及许多文化背景知识，学生理解起来很困难。往往教师费尽力气讲解分析，学生可能也不清楚这篇范文到底好在什么地方，或者“你讲你的，我写我的”。语言难度适中的范文在讲解篇章布局与写作技巧方面示范性又往往不足，而且其中不少范文存在脱离实际生活、思想深刻性不足、假大空等问题，不能触及学生的灵魂，激发出他们的写作欲望和热情。以上两种情况，都会使学生感到写作课难上，甚至认为讲的内容完全没有用。目前以“结果法”理念编写的教材大多存在范文的问题，所选范文不是过于艰深晦涩，就是题材陈旧或脱离实际生活，在内容上无法与留学生的生活产生任何交集，在情感上也无法产生应有的共鸣。

教材的编写非一日之功，需要长时间的规划与反复修改、试用。笔者建议可先在汉语学院范围内建立一个写作范文库，并与其他教研室建立互动联系，资源共享，集思广益，从中挑选出适合写作课教学的优秀范文。这样不仅解决了范文来源的问题，也能让写作课教师把更多的精力放在备课与批改作文方面，让结果法的长处得到最大限度的发挥。

有学者指出，先进流行的教学法在教学实践中没有取得良好的教学效果，其主要问题在于教材的编写没有与汉语写作教学的实际情况相结合。一些新型教材虽然在形式上运用了比较先进的理念，却没有充分结合对外汉语教学的实践，在实际操作过程中，很难真正实施先进的教学理念进行写作教学，达到教材编写目的。（许国萍、王一平，2002）这使得过程法与任务法的优势在实际汉语写作教学中大打折扣。反观传统的结果法，由于契合了汉语写作教学的一些实际需要，在很多方面比上述两种教学方法更具优势。所以，对于传统的教学法我们不应该完全抛弃，对于先进流行的新型教学法我们应该进行批判性地接受和利用，而不是照单全收、全盘接受。笔者认为，当前汉语学院的写作课堂上还应该从“结果写作法”的角度出发，注重学生作文的评改，再吸取“过程写作法”和“任务写作法”的长处，提高写作课的趣味性和实用性。同时，编写一套以结果法为主要理念、融合各家之所长的教材，解决汉语写作教学中的主要困难。

（二）教学策略与建议

1. 针对不同年级制定合适的教学策略

通过以上的论述和分析，在目前的教学条件下，写作课的教学内容和策略需要做出一定的调整和改变。在课时不增加、学生数量和国籍不发生变化、教材《汉语写作教程》仍继续使用的情况下，笔者建议针对不同年级的写作课进行因地制宜的调整。在二年级上的写作教学中，不讲“看图写故事”和“扩写故事”（根据实际教学发现学生对这两课普遍感到难度较大，学习兴趣也不高），酌情使用其他教材中的某些内容，如引入《体验汉语写作教程》中的《初到中国》《难忘的旅行》等课，结合课堂实际情况，有选择地应用该册教材中的教学环节（如写前热身环节），使作文内容与留学生的实际生活相联系，提高趣味性。

对于二年级下的记叙文写作，仍以结果法为主要教学方法，但修改课后练习，引入其他教材中优秀且实用的语言练习项目。以《汉语写作教程》这部教材的练习为例：

你与家人或者朋友久别重逢。请设计一段与动作相配合的对话，表现出喜悦的心情。

（《汉语写作教程》，第十四课，第168页）

该练习的目的为训练学生在特定情景下的语言表达能力，但却忽视了语境的真实性和文化的差异性，实用性不高。在这种情况下，应该充分参考和借鉴其他教材上的优秀练习。

针对三上的说明文写作教学，应该适当借鉴和引用过程法的某些教学环节。目前三上写作课使用的教材为《高级汉语写作》，该教材对写作知识讲解过多，对讲解和训练说明文常用结构与篇章布局的内容过少，建议借鉴和吸收《外国人汉语写作过程》中的教学环节，强化在构思、提纲和谋篇布局方面的教学，增强师生的互动和交流，提高学生的写作积极性。

2. 思考和建议

（1）以读带写。这里的“读”并不是指的阅读，而是教师的示范朗读和学生朗读自己的作文。以二年级的写作教学为例，如果教师在课堂上能将范文朗读得声情并茂、情真意切，可以让学生理解文中的真情实感，从而产生情感上的共鸣，激发出表达的欲望。笔者认为这比头脑风暴等构思活动更适合对外汉语写作教学，但同时也对教师的综合素质和范文的质量要求很高。让学生朗读自己的作文，可以增加他们的写作成就感，在整个学期的教学中应该至少让每个学生都有一次上台朗读自己作文的机会，并在平时成绩方面设立相应的激励制度。在范文选择方面，建议首选适合朗读的范文，在此基础上兼顾写作知识的示范作用。此外，还应考虑引入汉译的国外经典文学作品作为范文，如某些耳熟能详的童话故事、小说段落等。这样的范文在朗读的时候，一方面可以让学生有天然的亲切感，另一方面也可以感受汉语表达的独特魅力。

（2）将微博、微信等新媒体技术作为写作教学的辅助。写作能力的提高是一个长期过程，需要坚持不懈的练习。教师应该鼓励学生在日常生活中养成用汉语写作的习惯。在微博、微信成为语言表达平台的同时，写作教学也应该与时俱进，引导学生在这些平台上训练书面语表达，如在微博、微信上记录自己今天的情况、心情、所感所悟等，教师可根据实际情况进行评论、转发和修改。除了鼓励学生进行随意性写作外，教师还可以布置写作任务，如向班里学生转发一条微博，要求他们对该条微博发表评论和看法。此类任务的话题应尽量接近学生的真实生活和日常需求，这样既不会给学生造成过多的负担，又可以激发他们的写作兴趣。同时，新媒体平台还可以成为语言输入的重要媒介，教师可向学生转发和分享语言优美、内涵深刻的微博或微信段落，在一定程度上解决教材范文脱离实际生活的问题。

五、不　足

本文仍存在一些不足之处：第一，理论高度不够。本文未提出针对对外汉语写作教学的新理论和新方法，所提供的想法和建议也缺乏理论性的支持。第二，没有经过教学实证性研究。本文仅以引介各类方法和总结个人教学经验为主，造成这一问题在于，笔者教授写作课时间尚短，教学经验相对较少，对于整个对外汉语写作教学仍处于摸索和熟悉阶段。在今后的教学中，笔者将投入更多的时间和精力进行教学方法的实证性研究，争取开拓研究思路，取得更大的研究成果。

参考文献

陈作宏 2007 《体验汉语写作教程》，高等教育出版社。

陈作宏 2010 对外汉语写作教学与写作教材建设刍议——兼论《体验汉语写作教程》的编写思想及特点，《民族教育研究》。

崔贤美 2009 针对韩国留学生的汉语写作教学研究，北京语言大学硕士论文。

冯 燕 2010 对外汉语写作教材研究，陕西师范大学硕士论文。

郭丽霞 2010 二语作文教学法给对外汉语写作教学的启示，《语言教学研究》。

胡明扬 2002 对外汉语写作教学研究（序），中国社会科学出版社。

陆跃伟 2010 初级阶段留学生汉语写作偏误分析及教学建议，《语文学刊·外语教育教学》(2)。

罗青松 2002 《对外汉语写作教学研究》，中国社会科学出版社。

吴 名 2012 基于任务型教学理念的《体验汉语写作教程》教材分析，华中师范大学硕士论文。

吴 双 2008 论过程体裁写作理论在对外汉语写作教学中的应用，《现代语文》。

夏纪梅、孔宪辉 1998 “难题教学法”与“任务教学法”的理论依据及其模式比较，《外语界》。

许国萍、王一平 2002 对外汉语写作教学中的重要一环——谈作文评讲的现状和对策，《暨南大学华文学院学报》(2)。

闫 婧 2007 《“结果法”与“过程法”》，暨南大学硕士论文。

杨 俐 2006 《外国人汉语过程写作》，北京大学出版社。

赵建华、祝秉耀 2003 汉语写作教程，北京语言大学出版社。

王光远，男，1985年出生，硕士。2010年参加工作，任北京语言大学汉语学院讲师。教学专长为对外汉语写作教学。

对外汉语中级写作课的思考

张　卓

摘　要：对外汉语写作课一直存在着难教、难学、学习效果不明显的问题。针对中级水平的学习者，本文在总结前人研究成果的基础上，分析九套有代表性的写作教材，对中级写作课的目标、课程定位、教学重点进行了探讨。

关键词：对外汉语教学　中级写作课

对外汉语写作教学与其他技能教学相比，研究基础薄弱、成熟教材与相关研究成果较少，自上个世纪 90 年代以来，随着对外汉语教学学科的发展，这一领域的研究受到了学者的关注，取得了一定的进展（罗青松，2011）。在写作课的目标定位方面，目前对外汉语教育学界取得了基本的共识，认为对外汉语写作课属于第二语言教学，应该与第一语言写作教学区别开来，重在提高学习者的汉语书面交际能力和书面语表达能力。

虽然在理论研究上取得了一定的共识，但在写作课教学实践中却存在很大的差异，比如在教学法方面是采用结果教学法（product-oriented teaching approach）、过程教学法（process-oriented teaching approach）还是体裁教学法（genre-based teaching approach）？又如教学重点是写作技巧、审题立论、布局谋篇还是语言运用？教学理念的不同引发的结果是对外汉语写作教材的内容往往大相径庭，不同院校的写作课千差万别，差异、分歧过大反映出理论研究的缺失，同时也会使得学习者无所适从。本文将本着提高学习者书面语表达能力这一主线，根据前人的研究成果，分析现有教材，结合写作课教学经验，对对外汉语中级写作课的教学内容与训练重点进行思考和探索，以期明确教学重点、提高教学效率。

一、对外汉语中级写作课的课程定位

写作是语言输出的过程，在对外汉语教学体系下，写作课教学是在学习者既有的汉语水平之上指导他们将已掌握的汉语词汇、语法、篇章知识顺利“输出”的课。与综合课、阅读课、听力课等课型的不同在于，写作课上不关注或较少关注新的语言知识，而是运用已有的知识构建符合汉语表达习惯的篇章，就好比盖房子，在符合建筑学原理（篇章和表达习惯）的情况下，用所占有的材料（词汇和语法），建造出可以居住的房子（符合汉语表达习惯的文章）。

陈贤纯（2003）认为，语言表达的心理过程存在两个阶段，第一阶段是从话语动机到深层结构，第二阶段是从深层结构到表层结构，母语写作训练是两个阶段的全过程，对外汉语写作教学初中级阶段实际上只涉及第二阶段即深层到表层的转换过程。

Campell（2006）指出，用第二语言写作的人所使用的写作策略有限，他们依赖的是过去成功的经验而不是在新的写作环境中试验不同的写作策略。也就是说，写作能力是固有的，学生亟待提高的是使用汉语进行写作的水平。

因此，我们不需要把诸如头脑风暴（brain storming）、构思、确定主题、列提纲、语言检查等属于从话语动机到深层结构阶段或写作策略的部分纳入中级写作课的教学内容。有的研究者认为不教学生写作技巧、写作策略会导致学生无法下笔，其实很多写作课的学生抱怨不知道写什么是人类写作普遍面临的问题，母语者同样如此（辛平，2001），所以对外汉语写作教学不必越俎代庖，把母语作文教育涵盖进来，否则就会出现负担过重、重点不突出的问题。

辛平（2001）对 11 篇高级水平留学生的作文进行了偏误统计，结果发现语法、词汇错误占到了 58.5%。高级水平的学生尚且如此，我们有理由推断，中级学生的作文中语言知识方面的错误所占比例应该更高。因此中级写作课的教学重点仍然是在语言使用方面，包括词汇语法的运用和句子之间的衔接。

综上，对于只掌握了基本语法结构和常用词汇的中级学习者来说，他们缺乏的是对汉语表达方式的了解和掌握，这是训练的重点，写作教学的目标应该是正确使用词汇、语法，做到表达连贯、自然、准确。至于确定主题思想、构思写作内容和合理使用写作策略，则不必纳入中级写作的教学范围，因为学习者已具备使用母语写作的能力，并熟悉母语写作的技巧和策略，如何审题、如何立论、如何寻找论据、如何推理等母语作文的训练成果会自然运用到汉语写作中。

二、现有教材评析

通过整理现有的适合中级水平学习者的写作课教材，我们选取了下列九种比较有代表性的教材，可以反映目前对外汉语写作教学的状况。写作课的教材一共有两类，一类是目标单纯的纯写作课教材，一类是将阅读与写作训练合并进行的，我们以教材出版的时间为序进行评介。

第一类，纯写作教材：

赵建华、祝秉耀（2003）的《汉语写作教程·二年级》每课均从语言练习重点出发，有配合该语言重点的范文学习，然后进行基本语言知识的练习，最后是写作训练部分。整本书的写作重点在记叙文，包括写地方、写事、写人等，同时还涉及简单应用文的写作。

何立荣（2003）从句子训练入手，有写单句、复句及修改病句等，篇幅约占全书的八分之一；然后进行连句成段的段落训练，展示如何按时间顺序、空间顺序写一段话等，篇幅约占全书的十四分之一；余下的是篇幅最大的篇章训练，应用文与记叙文、说明文和议论文穿插进行。

陈贤纯（2005）的《汉语强化教程·初级写作》每课分为两部分，写作知识和写作练习；第一、第二课的写作知识关注标点符号和写作格式，余下每课的写作知识均介绍一种简单的应用文写作；写作练习部分先练习该课学习的新的应用文，除此之外每课还均设有“听后写”和“看图写”，“看图写”的图片情景包含许多语言难点，比如“把”字句、趋向补语等，考查并强化学生对该语言点的运用。

陈作宏（2007）的《体验汉语写作教程·初级 2》是一部针对水平稍低的学生的、偏向句子训练的教材，话题类似口语课的日常生活内容，练习部分小组活动较多，将口语表达落实到了书面。

李增吉（2009）的《汉语中级写作教程·上册》课文内容以复杂的应用文为主，包括书信、倡议书、感谢信、慰问信等，辅以看图作文和成语故事扩写等练习。

朱希祥（2009）的《留学生汉语写作》是一部涵盖初中高三个阶段的写作教材，初级部分包括写作方法训练、简单应用文的写作和记事、记人、写景的记叙文写作；中级部分教学内容包括写作技能训练、复杂的应用文写作和说明文写作；高级部分包括立意和结构训练，以及议论文写作。

路广（2011）的《拾级汉语·第7级·写作课本》是该系列书中的第7级，属于中级汉语写作水平较高的阶段，每课由四部分组成：小组讨论、看范文回答问题、相关知识讲解和写作任务练习。该册侧重于较复杂的应用文写作，包括申请书、推荐信、会议记录等。

第二类，阅读与写作教材：

张园（2006）每课由两部分组成：阅读训练和写作训练。阅读部分的话题选择很广泛，包括人与动物、人性的弱点、电影欣赏等；写作部分重点练习与课文话题相关的记叙文、说明文、议论文，还加入了过程写作的训练，如多稿写作、同伴评改等方法。

刘立新（2007）的《初级汉语阅读与写作教程II》每课由两部分组成：阅读训练和写作训练。阅读部分的话题选择具有普遍性，比如情绪管理、城市问题、幸福是什么、读书时间等，比较容易引起不同国籍的学生的共鸣，在阅读后设计有基本语言知识的练习；写作训练分两部分，第一为语段练习，与阅读课文连接紧密；第二为命题式写作练习，题目与课文相关。

为方便起见，我们把这九种教材的特点总结为下表：

编著者与出版时间	教材名称	写作训练重点内容	写作训练方法	每课构成
第一类：纯写作训练教材				
赵建华、祝秉耀 2003	《汉语写作教程·二年级》	标点符号与写作格式、简单应用文、写地方、记事、记人、写游记等记叙文	听后写、看图写、扩写、命题写、根据材料写	范文学习、基本语言练习、写作练习
何立荣 2003	《留学生汉语写作进阶》	句子、段落、篇章包括较复杂应用文、记事、记人、说明文、议论文	命题写	知识讲解、范文学习、基本语言练习、写作练习
陈贤纯 2005	《汉语强化教程·初级写作》	标点符号与写作格式、简单应用文、基本语言点的运用	听后写、看图写、命题写	范文学习、写作练习
陈作宏等 2007	《体验汉语写作教程·初级2》	日常生活相关话题的句子、语段、简单应用文	小组口述、看图写	热身活动、语言知识、范文学习、写作练习

（续表）

编著者与出版时间	教材名称	写作训练重点内容	写作训练方法	每课构成
李增吉 2009	《汉语中级写作教程·上册》	日记、复杂应用文	看图写、扩写、命题写	范文学习、基本语言练习、写作练习
朱希祥等 2009	《留学生汉语写作》	初级：简单应用文和记事、记人、写景的记叙文 中级：复杂的应用文写作和说明文	听写、看后写、缩写、改写、续写、命题写	知识讲解、范文学习、写作练习
路广 2011	《拾级汉语·第7级·写作课本》	复杂应用文、议论文、游记	命题写	小组讨论、范文学习、知识讲解、写作练习
第二类：阅读与写作训练教材				
张园 2006	《中级汉语阅读与写作教程 I》	（阅读部分话题内容广泛） 写作部分注重练习记叙文、说明文、议论文	命题写、过程写作	阅读文章学习、基本知识练习、写作练习
刘立新 2007	《初级汉语阅读与写作教程 II》	（阅读部分选取的是容易引起学生共鸣的普遍性热门话题） 写作部分注重练习记叙文、简单议论文	扩写、缩写、命题写	阅读文章学习、基本知识练习、写作练习

综合以上的分析我们可以看出中级阶段写作课教材的几个特点：

第一，写作教学的内容多以文体为纲，主要针对应用文、记叙文，只有张园（2006）和刘立新（2007）两部教材没有延续这个思路，而是选择了更容易引起学生兴趣和写作欲望的普遍性的话题。

第二，写作训练方法多以命题作文为主，同时看图写作和听后写也是比较常用的方法。

第三，虽然我们将上述教材分为了纯写作和关注阅读的写作两类，但实际上我们发现第一类教材也都有“范文学习”的环节，除了陈贤纯（2005）的范文比较简要，其余的教材均为范文设计了篇幅不短的练习，并希望从范文引入写作练习。

虽然上述教材各有所长，但也存在许多问题：

第一，写作内容依文体而定，话题不易引起学生写作的兴趣，尤其是命题作文，学生缺乏写作的热情，写作只是为了给老师看，不是真正意义上的交流，这会导致学生作文内容空洞、老师批改过的错误仍一再出现，达不到预期的练习目的（吴双，2008）。

第二，各教材所列的范文都偏难，生词量较大，相应的课文练习过多，导致学生学习重点由写作转向了阅读理解与生词学习，写作课变成了阅读课的延伸。

第三，写作练习的题目范围过大过于分散，缺少教师有针对性的指导和必要的教学控制，练习效果很难衡量。

第四，部分教材设计了写作技巧的教学内容，比如按照时间/空间顺序来写、通过写事来写人、通过写周围的环境来写心情等，如前文所述，这些写作技巧学习者已经通过母语写作训练获得了，出现在第二语言写作教学中徒增负担、影响效率。

三、对外汉语中级写作课的构想

通过上文的分析，在总结前人理论研究成果和教材实例的基础上，我们对对外汉语中级写作课的设计进行了如下思考：

第一，写作课是否需要一条主线贯穿，比如文体方面，记叙文、说明文、议论文都要照顾到，记叙文先写事、再写人、再写活动等？我们认为不需要。因为学生现有的语言水平未必有能力按照这根主线来写作，这就容易造成前文所说的范文对学生而言过难的问题，从而失去了示范的作用。因此应该针对学生水平设计作文要求，比如"听后写""读后写"和"看图写"，以语言点为重点，从学生语言水平的实际出发进行训练，提高效率与针对性。

第二，写作课教学要不要给学生范文？回答是要的。但是要考虑到学生水平，不必要求范文原汁原味、使用书面语等难词，主要原则是表达准确、衔接自然，让学生能看到与自己水平相当的、完整、流畅的汉语表达，作为自己通过努力就可以"输出"得到的样例，这也符合克拉申的"i+1"假说。

第三，写作题目可不可以是命题式的？答案是可以。在中级阶段既要避免完全自由的创作，也要避免学生无话可说，这就需要增加作文的限制条件或者说给出足够的提示，使教师对写作目标有所控制。具体来说，可以限定文章结构，比如张园（2006）第四课《人与动物》的写作练习值得我们借鉴，要求如下：

400字作文：《一只动物》

结构：第一部分：介绍动物（名字、长相、特点）

第二部分：它的一件事（时间顺序、动作描写）

第三部分：对它的评价

第四，写作训练的主要方法是命题作文吗？我们认为不必是命题作文。命题作文限制了学生的思路，为了写作而写作，不能表达学生的真情实感，不能激发学生的写作欲望。从写作心理过程来说，写命题作文的构思阶段属于从话语动机到深层结构的转换阶段，不在第二语言写作教学范围之内，学习者在这一阶段冥思苦想缺乏针对性、效率不高。我们认为中级阶段重在练习成段表达，重在基础语言点和语法、篇章衔接手段，因此有目的的"听后写""读后写"和"看图写"都是很好的练习形式，比如选择文章中含有动作补语较多的动作描写情景、描写突出练习"把"字句的连环画等，这些教学素材需要教师课前精心准备。

综上所述，对外汉语中级写作教学的重点是语言运用和句子衔接，以达到提高学习者书面语表达能力的目标，这一阶段的教学应以语段表达为主，降低范文难度以便于模仿；增强可控性，减少空泛的命题作文；增加有针对性的"读后写""看图写"等内容，减少不必要的写作过程干扰，切实训练、提高学习者的语言表达能力。

最后我们需要指出两点：一是强调语言知识的运用绝不意味着忽视写作的整体训练，有的教材以句子练习为主，过分强调基础语法知识，把写作课变成了语法课，这是不正确的，写作的整体训练始终是教学重点，不能舍本逐末。由于受语言水平所限，写作字数可以不必过多，但应该写段落，练习掌握汉语篇章衔接的规律。二是学生的写作过程和结果要受固有母语写作能力和有限的汉语水平的影响，因此如果学生个体差异较大，在教学效果方面就很难设立统一的目标，教师应顺应写作课规律，因材施教、关注每个学生个体，在开课初期了解每个学生的汉语水平与写作能力是一项十分必要的工作，为此，我们设计了用于第一次课了解学生情况的调查表（见附表）。当然更重要的了解是通过批改学生的作文，这是一个渐进的过程。

附表：学生母语写作能力与汉语水平调查

母语写作能力考查
1. 你喜欢用你的母语写文章吗？
2. 你有记日记的习惯吗？
3. 你喜欢写哪些方面的文章？（比如写人物、写故事等）为什么？
4. 你觉得自己的母语写作水平怎么样？
汉语水平考查
1. 你学习汉语多长时间了？在哪儿学习的？
2. 你觉得你的语法用得怎么样？
3. 你觉得你的词语知道得多吗？
4. 平时你喜欢读汉语的文章吗？（比如小说、杂志等）
5. 你一般能用汉语写多长的文章？
6. 你觉得写多少字的文章你会觉得很难、很累？
课程期望考查
1. 你希望通过学习写作课达到什么目标？

参考文献

陈贤纯　2003　对外汉语教学写作课初探，《语言教学与研究》，第 5 期。
陈贤纯　2005　《汉语强化教程·初级写作》，北京语言大学出版社。
陈作宏　2007　《体验汉语写作教程·初级》，高等教育出版社。
何立荣　2003　《留学生汉语写作进阶》，北京大学出版社。
李增吉　2009　《汉语中级写作教程·上册》，北京大学出版社。
刘立新　2007　《初级汉语阅读与写作教程 II》，北京大学出版社。
路　广　2011　《拾级汉语·第 7 级·写作课本》，北京语言大学出版社。

罗青松　2011　对外汉语写作教学研究述评，《语言教学与研究》，第3期。

吴　双　2008　论过程体裁写作理论在对外汉语写作教学中的应用，《现代语文》，第3期。

辛　平　2001　对11篇留学生汉语作文中偏误的统计分析及对汉语写作课教学的思考，《汉语学习》第4期。

张　园　2006《中级汉语阅读与写作教程I》，北京大学出版社。

赵建华、祝秉耀　2003《汉语写作教程·二年级》，北京语言大学出版社。

朱希祥等　2009《留学生汉语写作》，华东师范大学出版社。

Campell, C　2006《第二语言写作教学》，北京师范大学出版社。

Harmer, J　2011《朗文如何教写作》，人民邮电出版社。

张卓，女，硕士，1982年11月出生。2008年参加工作，任北京语言大学汉语进修学院讲师，主要从事汉语听和说、写作课及商务汉语课教学。

基于学习策略培训的对外汉语写作教学研究

莫　丹

摘　要：本文针对目前对外汉语写作教学的现状与问题，提出了“基于学习策略培训的写作教学”模式，将策略培训融入写作教学之中，培养学生的策略意识，从而提高写作能力。该模式包括目标策略、计划策略、读者意识策略、复查策略、文体策略等内容，并提出了策略教学的步骤与方法。

关键词：学习策略　对外汉语写作教学　策略意识

一、关于对外汉语写作教学

二语写作作为一项能产性的技能，是语言技能中不可缺少的重要组成部分，与同为目的语输出的口语相比，写作要求以书面形式进行表达，在结构、篇章、词汇与句法等方面有着更高的要求。写作过程是语言学习到语言运用的过程，写作能力直接体现学习者的综合语言能力，运用第二语言进行写作是二语学习成功的一个重要标志。然而，由于写作过程涉及众多相关知识能力，除了学习者的二语知识与能力以外，他们的心理认知水平、逻辑思维能力、人生阅历、文化知识背景、母语写作能力等都会对二语写作产生错综复杂的影响，是一项综合性很强的实践活动。学界对以上问题研究薄弱，加上长期以来“听说领先、读写跟上”的教学传统的影响，导致学生“听、说能力与读、写能力往往不够协调，甚至有脱节现象”，汉语写作“成为学习者诸项语言技能中的弱项”（赵金铭，2006）。

陈田顺（1999）在《对外汉语教学中高级阶段课程规范》中对中级汉语写作课提出明确的要求，即学生应能在两小时之内按题目要求写出一篇600字以上的记叙文，并能达到以下标准：

1. 语法正确，全篇语法错误不超过5%。

2. 能正确使用虚词、句式、常用词组、成语，用词确切，错误率不超过2%。

3. 正确、熟练地书写汉字，错字率不超过 2%。

4. 正确使用标点，熟练掌握书写格式。

5. 思路清晰，结构完整，条理清楚，表达明确，语言表达有变化。

而在中级水平留学生的习作中，能够达到以上标准的不多，语法错误、词汇贫乏、语体不当、逻辑混乱、篇章结构不清晰、错别字连篇等问题相当普遍，甚至不乏下文这样极端的例子：

四川，一听我们就想到辣的菜，特别是麻辣的。如果不能吃辣的菜，就不能再四川活。我是印尼人，但是我不喜欢吃辣的菜，所以对我来说，四川菜尤其是麻辣火锅十分好吃。我觉得一点儿担心，旅行社安排的菜不是四川特色的菜，不那么辣。每次午饭和晚饭差不多吃一样的菜。

与写作课的课程教学要求相对照，我们不难发现，学生的写作能力与我们的教学目标之间存在严重的脱节。出现这种情况，主要是由于写作教学的“研究基础薄弱，成熟教材与相关研究数量较少”（罗青松，2011），导致教学中对“写”的训练远远少于“听”“说”和“读”的训练。根据我们对北京语言大学汉语速成学院速成系中级以上水平 6 个班（C 班—E 班）共 98 名留学生的问卷调查，结果显示，53.1% 的学生很少写甚至没写过文章，经常写作的仅占 4.1%；写作目的是为了应付教师的作业或考试的高达 69.4%，为了表达自己的想法和意见而写作的仅占 17.3%。由此可见，写作教学成了对外汉语教学中一个亟待解决的难题。

那么，我们的写作教学与研究现状究竟如何呢？回顾数十年的教学实践，早期的写作教学受汉语作为第一语言的作文教学影响很大，对外汉语写作教材与汉语母语写作教材雷同，在教学中，面对汉字、词汇、语法、篇章、衔接等多层次的教学内容，教师往往采用汉语作为母语的传统作文教学法，学生写作与教师批改都要花费相当的时间和精力，教学效果却不尽如人意。教师在批改过程中往往侧重于格式、语法、用词等表层错误，“头痛医头，脚痛医脚”，学生在得到教师的反馈后往往只知其然不知其所以然，这一次的错误似乎解决了，但下一次又会重复同样的错误。同时由于在资料收集、构思、结构、衔接等写作技巧方面缺乏指导，最终写作水平无法得到大幅提高，写作教学的效果与师生的投入不成正比。有学者就指出："汉语作为第一语言的写作教学长期以来缺乏理论的探讨和总结，基本停留在经验主义阶段……无法为第二语言写作教学提供有效的理论指导和具体的操作方法"（胡明扬，2002）。而这一时期对写作教学的研究则大多集中在学生习作偏误分析方面。（何立荣，1999；辛平，2001）

近年来，对外汉语写作教学从英语第二语言教学领域借鉴了许多理论和方法，其中包括过程教学法、体裁教学法、过程体裁教学法及任务型教学法等，"教学的侧重点由传统的篇章结构、语法、词汇，转向了对写作内容及写作过程的关注"（杨俐，2004），学习者的学习需求逐渐得到重视，教师的作用由评改学生最后的作品延伸到写作前、写作中、写作后各个阶段，写作的表达与交际功能开始得到重视，写作过程中注重生生之间、师生之间的互动。对写作教学的研究逐渐从对英语第二语言写作教学理论的介绍（杨俐，2004）深入至教学的各个微观层面，包括任务型写作教学法的应用（张笑难，2004；刘壮等，2007；罗青松，2008）、过程写作法某一教学步骤的研究（包小金，2008）、写作教学中应遵循控制性训练原则（杜欣，2006）、语篇教学的教学设计（彭小川，2004）、写作教学中实现口语词向书面语词转换的教学方法（李海燕，2009）、写作教材的特点分析（马金科，2007），等等；在写作课教学效果评估方面，辛平（2009）通过调查问卷的方式分别从教师和学生的角度对过程写作的各个教学环节做了反馈性检验研究，雷英杰、龙叶（2007）通过写作教学实验提出了相应的教学策略。从目前已有的成果看，我们的研究集中在教师如何教这方面，侧重于对英语第二语言写作教学法在对外汉语写作教学领域的应用，而对学生如何写以及如何教会学生写这两个重要的方面，也就是写作策略的介入性研究方面尚为空白。

二、学习策略与写作策略

（一）学习策略

20 世纪 70 年代，随着外语教学法和认知心理学的发展，外语教学研究的重点由教师如何教转向了学生如何学，对学习者本体的研究开始兴起，最初主要是对成功的语言学习者的特征进行描述和归纳，后来很快发展到对语言学习策略的研究。语言学习策略是指“学习者为了使语言学习更成功、更有目的、更愉快而采取的行为或行动”（Oxford，1989）。学习策略研究以认知学习理论、信息加工过程理论、Krashen（1981，1982）的监控理论等为基础，以学习者本体为对象，对学习者语言学习过程中的普遍规律及学习者个体特征如何影响语言学习过程和学习效果进行观察、描述和分类，分析学习策略与文化的关系，研究如何进行学习策略培训，包括各种微技能学习策略，如阅读理解策略、听力理解策略、词汇学习策略等。其中影响最大的是 Oxford（1990）建立的语言学习策略量表（Strategy Inventory for Language Learning)，它作为语言学习策略使用情况的诊断工具被广泛采用。研究者们发现，学习策略的使用与学习效果之间存在正相关关系，有效的学习策略可以“大面积地改进学习，提高学习效果和质量”，“减轻学习负担”（程晓堂、郑敏，2002），在教学中进行学习策略培训，可以教会学习者怎样独立、自主、有效地学习，还可以“促进教师的教学”，帮助教师“调整自己的教学策略和教学方法，从而提高教学效果”（程晓堂、郑敏，2002）。

在对外汉语教学领域，对于学习策略的研究尚不多见，大多为对学习者自发形成的学习策略的调查研究，包括总体学习策略的调查（徐子亮，1999）和微技能学习策略调查，如汉字学习策略（赵果、江新，2002；马明艳，2007）、阅读策略（钱玉莲，2006）、听力策略（吴勇毅、陈钰，2006）、词汇学习策略（李雅梅，2008）等。对学习策略与其他因素的关系也有所涉及，如学习策略与学习效果之间的关系（杨翼，1998；李丽娜，2004），性别、母语、学习时间、汉语水平等因素与留学生汉语学习策略使用的关系（江新，2000）等。

（二）写作策略

学习策略根据其使用目的可分为语言知识学习策略和语言技能发展策略（程晓堂、郑敏，2002）。写作策略是语言技能发展策略的一个分支，它是指“学习者为了使写作更加有效而有意识地采取的行为或方法”（Cohen，2000），是学习策略研究领域的一个重要组成部分。对二语写作策略的研究始于 20 世纪 80 年代中后期，略晚于听力策略和阅读策略的研究，范围涉及对学习者写作策略的调查、写作策略与写作能力及写作质量的关系、写作成功者与不成功者策略使用的差异等。而在对外汉语教学领域，对写作策略的研究屈指可数，目前见到的有吴平（1999）将学生在写作时采用的学习策略划分为转移（语际转移和语内转移）、过度概括、简化、回避四种，并介绍了命题策略、局部连贯策略和宏观策略等三种与写作活动相关的策略；刘瑜（2008）以限时“听后写”的测试形式，通过对比学生书面复述的作文与例文之间的差异，对学生在写作中运用交际策略的情况进行了调查；殷佩蓓、闫丽萍（2011）对中级水平中亚留学生写作策略的使用情况进行了调查分析；张琦（2010）对中级水平日韩留学生和欧美留学生写作策略使用情况作了对比，目前还没有见到关于开展写作策略培训的研究。

三、在写作教学中进行策略培训的意义

学习策略的作用，“是使学习者意识不到的策略行为或者在学习早期阶段出现的不够充分的策略行为更加清楚、明显，也就是使学习者更加主动地、有意识地参与信息加工的心理过程，从而获得更好的学习效果”（江新，2000）。我们认为，写作作为技能教学中难度最大、最为薄弱的一项，在教学中开展学习策略培训，让学生将写作策略自觉地、有意识地运用到写作过程中，对于提高写作课的教学效率、提升学生的写作能力具有积极作用。写作是一项创造性的思维活动，写作模式可谓“千人千面”，无一定之规，很难找到一种“万能”的模式可以随意套用，导致学生在学习过程中经常会产生畏难情绪。因此，写作教学的根本目标不应该仅仅停留在“这篇文章写什么、这篇文章怎么写”的层面上，而应该引导学生探索适合自己的写作模式，掌握根据交际需要在规定时间内完成一篇用词正确、语法无误、立意清晰、结构完整、书写规范、内容丰富的习作的策略，逐渐形成有策略的写作能力。“授之以鱼”莫若“授之以渔”，让学生明确掌握写作策略远比为他修改出一篇优美的文章更有效果。如果学习者能在培训的过程中掌握自我管理、自我监控、自我修正与自我评估的写作策略，他就能依靠自己的努力写出一篇好文章，并且能对“怎样才能写出好文章”这个问题做出充满自信的回答。

另一方面，根据我们的调查，学习者目前对写作策略自发的掌握与使用情况不容乐观。以计划策略中的“写前拟定提纲”这一点为例，E班（HSK水平

为6～8级）学生中有46.7%只是有时拟定提纲或大多数情况下不拟提纲，多达40%的学生在“写作时想到哪儿写到哪儿”这一选项中选择了“经常这样做”和“一直这样做”。这也说明我们急需在写作教学中开展策略培训，帮助学生建立策略意识，提高写作水平。

四、基于策略培训的写作教学

如前所述，学习者在语言学习过程中对学习策略的使用往往是自发的、无意识的，对学习策略的选择也常常是随意的，即使是最好的学生也未必能在学习策略的选择和使用上做出最适合自己的决定，这时，教师的介入就显得尤为关键了。因此，我们提出“基于策略培训的写作教学”模式，将策略培训融入写作教学之中，培养学生的策略意识，从而提高写作能力。

（一）基于策略培训的写作教学内容

写作是作者利用自己的知识和语言储备输出观点、成段书面表达的过程，包括心理认知、思维创作和社会交互等诸多方面。写作者的相关知识储备包括与主题相关的知识、与读者相关的知识（对读者的背景、知识水平、理解能力以及需求的了解）以及与修辞相关的知识（写作方法、文本结构、文体、修辞手法的运用等）。在这个过程中，成功的写作者往往首先根据写作任务确定写作目标，然后根据写作目标从知识储备中提取相关信息内容加以组织和整理，最后对输出的文本进行复查加工。对二语写作者来说，一方面，选题立意、思想内容、谋篇布局等写作方法与技巧都是与母语写作相同的，可能会受到母语写作策略能力的影响，我们常常可以发现，成功的二语写作者在使用母语写作时也游刃有余，而不成功的二语写作者即使在使用母语写作时也无话可说。另一方面，语言表达能力是二语写作中的一大难点，一篇习作往往因为词汇贫乏、语法错误或衔接手段缺失而大为失色。因此，我们认为，基于策略训练的写作教学应以书面语言表达能力为重点，同时兼顾普遍意义上的写作策略，因为策略的成功使用可以在一定程度上弥补语言表达能力的不足，在语言能力一定的前提下，明确地、有意识地使用写作策略还是无意识地或完全不使用写作策略，对写作任务能否成功完成具有决定性的意义。已有实验研究表明，实验前产出

性词汇量较小的一组学生经过写作策略训练后，写作质量高于实验前产出性词汇量较大的一组学生。（刘东虹，2004）

1. 有效产出目的语的策略

二语学习中听和读的能力是输入性的，说和写的能力是产出性的，因此口语和写作往往滞后于听力和阅读。学习者能听懂、读懂一篇美文毫无困难，但是要自主完成一篇结构完整、层次分明、内容丰富、表达清楚的文章却殊非易事。并且，在写作教学中教师也经常会发现学生采用回避策略，回避使用那些难度较大的、在自己的目标语知识体系中较为模糊的语言结构单位，因此，有效产出目的语应成为策略教学的一个重要内容。这一策略的教学主要在写作前的准备阶段进行，突出低起点高要求的特点，主要以扩大词汇量，熟练掌握与写作主题相关的语汇、结构、句式为主，并从中发现学生存在的各种问题。策略教学的第一步采用发散性教学，鼓励和引导学生表达自我，就写作主题充分发挥想象力和创造力，树立自信心，提高用外语写作的兴趣。第二步，教师可通过与学生一起研读范文，讨论文章中使用的语汇、句式等，总结文章的行文逻辑结构，帮助学生储备和激活与写作任务相关的词句结构，尽可能地提前扫清语言障碍问题。

2. 目标策略

自主设定写作目标是学习者成为独立的写作者的标志。在语言学习的过程中，许多学习者无法有效地完成各种技能训练和交际任务的原因就是因为对训练和任务的目的缺乏清晰的认识，写作也同样如此。在具体的写作中，写作目标贯穿于写作的整个过程，作者对“为什么写作”的问题能否明确做出回答直接影响到作者对读者的知识、信息的搜集、文章的结构与组织，是写作过程中至关重要的一环。没有明确的写作目标，学习者的写作就如无本之木、无源之水，容易走向盲目和无序。

二语学习者在写作时往往把注意力过于集中在字词与语法错误等方面而忽视传递信息、交流意见、表达观点等高层次的写作目标，因此，目标策略培训应引导学生建立正确的、高层次的写作目标，该项策略培训贯穿于写作前、写作中和写作后三个阶段：写作前设定总体目标和具体目标，在写作中及时监控文本与目标的对应情况并灵活调整目标，写作后检查目标完成情况，减少无关的写作行为。

3. 计划策略

设定目标之后，需要一个详细的写作计划来保证目标的实现。已有研究表明（Raimes，1985），不成功的写作者有一个共同的特点，即缺乏写作计划。Cumming（1989）认为学习者可以分为两类：预先计划者和临时计划者，预先计划者可以产出高质量的文章，而临时计划者的文章质量比较低。缺乏计划的学习者在写作过程中往往会出现“想到哪儿写到哪儿，写到哪儿算哪儿”的情况，最后导致写作的失败。

计划策略培训的目标是使学生有意识地将计划作为具体写作的第一个程序，在每一次写作之前都列出详细提纲，在写作过程中按照计划进行书写，并在写后回顾和检查。教师可在每次写作前给学生一张计划表，要求学生写出写作主题、提纲、各段的主题句以及题目，作为写作的依据。

4. 读者意识策略

语言交际活动不是简单的单向给予，而应该是动态的双向互动。写作也是如此，它不只是简单的传递信息的过程，同时还是交际双方主观态度的形成与展现的过程。在写作过程中作者要设身处地考虑读者的社会心理状况，揣测他们可能会做出的恰当的反应，这是一种作者与读者的互动过程。因此，写作时心中应有特定的阅读对象，考虑读者的背景和交际策略，采用有利于读者接受的表达方式，在语篇模式、体裁样式和修辞方面与读者达成一致。然而，在实际教学实践中，教师在批阅学生习作时，往往能观察到，学生心中只有唯一的读者——教师。因此，“基于策略的写作教学”应将读者意识策略纳入其中，要求学生树立读者意识。这项策略的教学可以与文体策略的教学相结合，不同的文体写作目的不同，往往也有不同的读者群，教师可有意识地选择目标读者跨度较大的文体，指导学生进行有针对性的写作。

5. 复查策略

复查是一项非常重要的写作策略，通过复查，学习者不但能完善自己的作品，而且在这一过程中能发现自己文章的优点与不足，总结经验与教训，自悟写作门道，“文字频改，功夫自出”。已有研究表明，写作者的优劣也表现在复查方面：擅长写作者可以明确地指出一篇作品好不好、好在哪里，而不善写作者则不容易识别作品的特征，因此复查的时候也更难发现自己作品的弱点。

因此教师有必要向学习者明确指出复查的角度、步骤和方法，复查策略教学的内容包括：

（1）复查角度。引导学生从文章的主题、内容、结构、语言等方面着手进行复查；

（2）复查步骤。复查前，首先要将初稿与写作计划、写作目标进行对照，确定是否需要修改中心论点与全文的布局，其次是文章的衔接、篇章手段等，最后具体到字、词、句的修改；

（3）复查的方法。复查有多种方法，可以由学习者独立进行，也可以利用同伴的反馈复查，可以在初稿完成之后马上进行，也可以“冷却”一段时间之后再开始。

6. 文体策略

文体知识储存在写作者的长时记忆中，对文体掌握和运用的纯熟程度对写作是否得体和成功起着重要作用。不同文体的语篇为特定的交际事件服务，具有不同交际目的和篇章结构，因此在语篇结构、文体风格、社会功能等方面都具有特定的特征。让学生认识到语篇不仅是一种语言建构，而且是一种社会的意义建构，同样应是写作教学的内容之一。

文体策略教学可以通过对专门用途的汉语语篇进行文体分析，引导学生掌握语篇布局的机制及其文体特征，如围绕报告、阐释、讨论和说明等交际事件开展教学活动，以帮助学生掌握教学计划要求的各类文体的写作能力。在写前阶段，教师结合语篇结构与语言形式指导学习者分析不同体裁文章的层次结构、交际目的及语言风格，培养学生的体裁意识，并将有关此类体裁的语篇结构和语言特点方面的知识自觉应用于写作实践；在评改阶段，要求学习者主动对照语篇体裁的要求进行自我评改。文体策略教学便于学生今后接触各类应用性文本，与他们在实际生活中运用汉语的最终目标一致。

（二）基于策略的写作教学步骤与方法

根据 Chamot 等（1999）的培训模式，学习策略培训应该包括以下五个步骤：

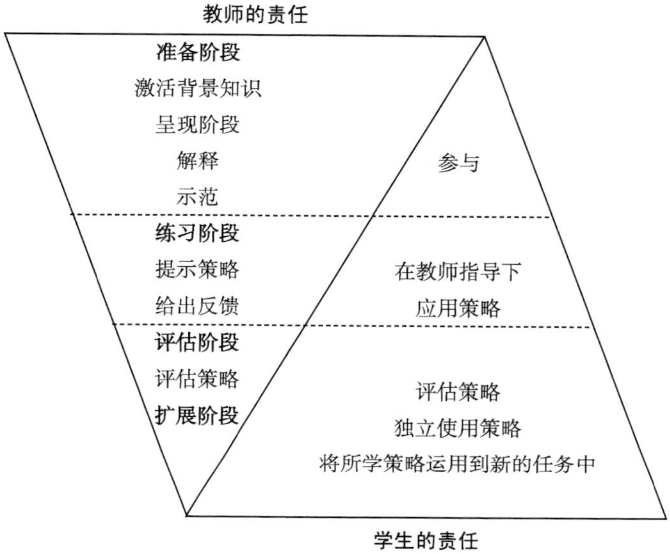

Chamot, Barnhardt, El-Dinary & Robbins（1999：45）

他们认为，整个策略训练分为准备、呈现、练习、评估和扩展五个阶段。在此过程中，教师和学生都应负责各自的任务。在准备阶段，教师要通过提供范文、讲解、示范等帮助学生激活背景知识，学生也要积极参与互动；呈现阶段，教师对使用策略的目的和意义进行说明和描述，并示范如何使用该策略；在练习阶段，教师主要负责对学生可以使用的学习策略进行提示并给出反馈，学生则在教师的指导下将策略应用到具体的学习内容中；之后教师和学生双方都要对学习策略的使用进行评估；经过一段时间的训练后，学生在扩展阶段能够形成不需支持独立使用学习策略的习惯。

我们认为，由于对外汉语写作教学时间紧、任务重，其中还涉及汉字作为表意文字的特殊性和复杂性，在培养上文提到的几种写作策略意识时，要针对策略本身的特点决定是“集中传授”还是“分散教学”。有的贯穿写作课程的始终，如目标策略、计划策略、复查策略，教师需要通过在每一次写作课的具体教学步骤中提出要求，培养学生使用这些策略的意识；文体策略可以在几次不同文体的写作训练之后通过总结归纳的方式进行；读者意识策略可以采用“集中”和“分散”结合的方法，在每次写作教学中都要求学生为特定的对象写作，同时也可以专门安排适当的课时，专门针对读者意识策略进行训练。可以从以不同读者为对象的同一主题写作入手，如同一个故事或广告，分别写给孩子和成人看；也可以从不同文体的写作入手，如通知、书信等，多角度引导学生建立读者意识。适于进行分散教学的写作策略，在每次教学过程中都要进行示范、强调和总结，如复查策略，教师在每次写作练习完成后都要求学生完成自查、互查和交给教师检查三个步骤，在自查和互查时给学生提供一张表格，列出复查的几个方面（词、语法、主题、结构等），方便学生有的放矢地进行修改，教师检查时也从词汇、语法、结构、主题等方面给出反馈，帮助学生逐步了解复查的内容和方法。而对适于进行集中讲授的写作策略，在教学中要引导学生领会自己在何种情况下使用该策略。无论属于哪一类型的策略，在教学中都要明确地向学生指出，某一教学步骤的目的是培养哪一种策略意识，如要求学生在写作前写提纲时，每次都向他们强调这是为了培养“计划策略”，以此帮助他们在此后长期的自主写作练习中形成自发的策略意识。此外，在训练之初，教师就应向学生强调写作策略的重要性，这将有助于策略意识的建立和对策略的主动监控。

值得指出的是，要把关于写作的知识切实转化为技能，应该针对学生的实际情况进行扎实的分解训练和整合训练；写作策略培训的目标应始终贯穿于学期写作教学的全过程，同时也应融入每一次教学活动中，在每一次课堂教学中将长期的策略培训目标与具体的语言教学目标结合起来。在开始写作策略培训以前，应该进行一次摸底，了解学生自发的策略使用情况，并引导学生在策略培训的有效性方面与教师达成共识，帮助学生明确策略培训的目标。在策略培训过程中，教师要随时监控培训效果，注意收集学生的反馈，及时调整训练方案，对已经培训过的写作策略要时时提醒学生加以使用。通过“学中用”与“用中学”提高写作水平。策略教学的总体目标是让学生明确：为了达到写作目的，何时何地使用何种策略。教师的作用就是为学生提供写作策略和使用策略的机会，帮助学生识别特定策略使用的情境，知道何种情境中使用何种策略会达到何种效果。当然，本文仅是对基于策略培训的写作教学模式的设想，具体操作与教学效果我们将通过后续的实验研究进行验证。

参考文献

陈田顺主编　1999 《对外汉语教学中高级阶段课程规范》，北京语言大学出版社。

程晓堂、郑敏　2002 《英语学习策略》，外语教学与研究出版社。

何立荣　1999　浅析留学生汉语写作中的篇章失误，《汉语学习》，第 1 期。

江　新　2000　汉语作为第二语言学习策略初探，《语言教学与研究》，第 1 期。

雷英杰、龙叶　2007　对一次请柬和启事写作教学的分析和思考，《云南师范大学学报（对外汉语教学与研究版）》，第 9 期。

李海燕　2009　对外汉语写作教学中如何实现口语词向书面词语的转换，《吉林省教育学院学报》，第 4 期。

李丽娜　2004　关于留学生汉语学习策略的调查报告，《汉语学习》，第 3 期。

李雅梅　2008　泰国学生汉语词汇学习策略使用情况调查研究，《云南师范大学学报（对外汉语教学与研究版）》，第 3 期。

刘东虹　2004　写作策略与产出性词汇量对写作质量的影响，《现代外语》，第 8 期。

刘　瑜　2008　复述写作中交际策略使用的实验研究，《云南师范大学学报（对外汉语教学与研究版）》第 1 期。

罗青松　2011　对外汉语写作教学研究述评，《语言教学与研究》，第 3 期。

马金科　2007　系列《汉语写作教程》给对外汉语写作教学的启示，《云南师范大学学报（对外汉语教学与研究版）》，第 1 期。

马明艳　2007　初级阶段非汉字圈留学生汉字学习策略的个案研究，《世界汉语教学》，第 1 期。

彭小川　2004　关于对外汉语语篇教学的新思考，《汉语学习》，第 2 期。

钱玉莲　2006　韩国学生中文阅读学习策略调查研究，《世界汉语教学》，第 2 期。

吴　平　1999　从学习策略到对外汉语写作教学，《汉语学习》，第 3 期。

吴勇毅、陈　钰　2006　善听者与不善听者学习策略对比研究，《汉语学习》，第 2 期。

辛　平　2001　对 11 篇留学生汉语作文中偏误的统计分析及对汉语写作课教学的思考，《汉语学习》第 4 期。

辛　平　2009　对外汉语写作课教学的验证性研究，《云南师范大学学报（对外汉语教学与研究版）》，第 3 期。

徐子亮　1999　外国留学生汉语学习策略的认知心理分析，《世界汉语教学》，第 4 期。

杨　俐　2004　过程写作的实践与理论，《世界汉语教学》，第 1 期。

杨　翼　1998　高级汉语学习者的学习策略与学习效果的关系，《世界汉语教学》，第 1 期。

殷佩蓓、闫丽萍　2011　中亚留学生汉语写作策略调查分析———以中级阶段中亚留学生为例,《新疆职业大学学报》,第 4 期。

张 琦 2010 《中级水平留学生汉语写作策略研究》,中国优秀硕士学位论文全文数据库。

赵 果、江 新 2002 什么样的汉字学习策略最有效——对基础阶段留学生的一次调查,《语言文字应用》,第 5 期。

Chamot, A. U., Barnhardt, S., El-Dinary, P. B. & Robbins, J. 1999 *The Learning Strategies Handbook*, NY: longman.

Cohen, A 2000 *Strategies in Learning and Using a Second Language*, Beijing: Foreign Language Teaching and Research Press.

Cumming, A 1989 Writing Expertise and Second Language Proficiency, *Language Learning*.

Ellis, R 1994 *The Study of Second Language Acquisition*, Oxford: Oxford University Press.

Oxford, R. L. 1990 *Language Learning Strategies: What Every Teacher Should Know*, Heinle ELT.

Raimes, A. 1985 What Unskilled ESL Students Do As They Write: A Classroom Study of Composing. *TESOL Quarterly*.

莫丹，女，1978 年出生，硕士。2003 年参加工作，北京语言大学汉语速成学院讲师。曾获 2007 年北京语言大学“优秀教学奖”一等奖、2010 年第十届国际汉语教学研讨会“创新示范课”奖、2012 年首届“北语社”杯教学资源大赛二等奖。研究方向为对外汉语教学法，发表《初级综合课词汇教学环节课堂活动研究》《多媒体技术在初级综合课教学中的应用初探》等论文多篇。

在短期强化班开展过程写作教学的探讨

徐雨隽

摘　要：过程写作教学法作为一种不仅注重写作结果，更注重写作过程的教学法，在英语写作教学中已占主导地位，在对外汉语教学中也不乏实证。然而，由于短期强化汉语教学的特殊性，写作教学在现阶段并没有被系统地纳入到课堂教学中。由于缺乏相应的写作指导，学习者写作能力相对薄弱，并影响了语言综合能力的正常发展。基于以上问题，本文尝试讨论了过程写作教学的特点和常用教学模式，并根据实际教学情况和学习者需求，探讨了适合短期强化教学的新的过程写作教学模式及具体操作步骤。

关键词：短期强化　过程写作教学法　教学模式　教学步骤

一、问题的提出

早在上世纪70年代的对外汉语听说法教学中，语言技能已经被明确地划分为听、说、读、写四个方面。然而由于短期强化班学生，尤其是欧美生偏重听说能力的特点，现阶段短期强化班写作方面的教学情况主要以布置写作作业为主，写作教学并没有被系统地纳入到课堂教学中来。

听说领先的教学方法使学生在短期内解决了开口说话的问题，然而由于读写没有跟上，在教学过程中，我们发现了如下矛盾：

（1）由于听、说、读、写四个方面的能力相辅相成，缺一不可，随着学生听说能力的日渐提高，汉语读写能力的不足日益明显，并且严重制约了语言能力的进一步发展。

（2）写作是短期速成班测试笔试中必考的一项，然而，由于缺乏系统的写作指导，学生的文章暴露出语体不恰当、结构混乱、用词不当、格式错误等严重问题。

因此，把写作教学纳入到短期强化教学中来，是十分必要和迫切的。

二、过程写作教学模式及教学步骤

过程写作教学模式是一种将写作教学的重点放在培养学生写作过程中的认

知能力和策略运用上的教学，它不仅重视写作结果，更重视写作过程。Brown（1994）从九个方面讨论了过程写作的特点：（1）为了完成写作成果而注重写作过程；（2）帮助学生了解自己的创作过程；（3）帮助学生掌握写作前、草稿和修改的策略；（4）给学生时间写作和修改；（5）给予修改过程足够的关注；（6）让学生发现是否有词不达意的情况；（7）教师的反馈贯穿于整个写作过程，而不仅限于写作后；（8）反馈来自于教师和同伴；（9）写作过程中包括教师与学生的一对一讨论。

基于以上特点，研究者们总结出了一系列过程教学模式，详尽地描述了过程写作的教学步骤，比较实用的有 White & Ardnt（1991），Gardner & Johnson（1997），Hughes（2007）的过程写作模式，这些模式介绍了过程写作的阶段及各个阶段的代表性活动。根据学者们的模式，过程写作法在英语教学中分为写作前、写作中、反馈、修改、编辑、出版分享这六个阶段。同时，从他们的模式图可以看出，由于写作是一个动态的过程，写作过程并不是直线进行的，而是可以在各个阶段循环反复。

三、适合短期强化班的过程写作法

过程写作教学法理论已经得到对外汉语教学界的青睐并运用于教学实践中。（罗青松，1998；陈作宏，2007；杨俐，2006）然而，由于短期课程的进度压力，在短期强化班进行写作教学不能完全照搬现有的过程教学模式和步骤。我们基于教学实践和短期学习者的学习需求，在现有过程写作教学模式的基础上，尝试提出一个符合短期强化学习者特点的写作教学模式：

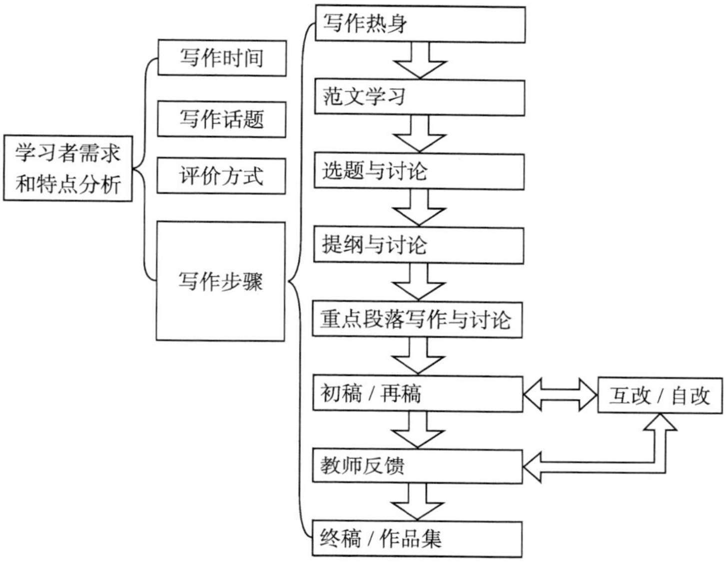

如上图所示，由于学习者的多元化，在短期强化班进行的过程写作教学是完全由学习者需求和特点驱动的。在短期强化班，学习者学习周期短，直接制约了写作在课程中所占的时间；同时，由于学习者的学习需求不一样，提高写作技能的动机差异很大；除此以外，由于年龄、职业、教育背景等差异，学习者感兴趣的写作话题和文体也有很大差异。因此，在写作课教学开展以前，必须首先针对每一期的学习者进行写作需求和学习者特点分析，然后再制定写作时间、写作话题、评价方式和写作步骤。在准中级学习者中进行的过程写作教学实践，我们的具体操作是：

（1）从写作时间来看，可以隔一周安排两个小时的写作课，这样能不间断写作练习，但又不至于给学生造成太大的写作负担。

（2）写作的话题基于综合课话题，文章体裁尽量多样化。比如描述一个菜的做法、介绍一次旅行和就一个问题发表看法，这样，写作课成为了综合课的一种补充和拓展。学生通过写作课的平台继续练习学过的生词和语法。探索书面语体和大量同义词的正确使用方法。除此以外，还可以布置一篇学期论文，学生自由选题，在这篇文章的写作过程中，整合平时的话题写作中练习过的写作技巧；同时，还可以安排每个学生一次的课堂小演讲，学生为了演讲，要准备演讲稿，就能充分体会到口语与书面语、正式语体和非正式语体的区别。

（3）从评价方式来看，过程写作课采取形成性评价方式，最终的成绩由平时的每次写作成绩和最后的作品集构成，而不是单凭最终的一次考试决定。

（4）写作步骤做了相应的调整。由于时间有限，写作活动在课堂和课后进行，课堂写作活动主要由以下环节构成：

① 热身活动

在本环节可以做一些趣味写作任务，或者讨论与话题相关的问题，以达到激活学生现有知识体系的目的。

② 范文学习阶段

在此阶段老师提供与写作任务相关的优秀写作范例。引导学生完成范例的阅读和分析工作。这也体现出技能的综合训练。范例的分析主要包括文章内容理解，比如读后就文章内容回答问题；还有生词和语法处理阶段，在此阶段挑选对学生写作有用的词语和语法做简单讲解；最后也是最重要的是文章结构分析阶段。教师带领学生总结段落大意，画出结构图。

③ 学生选题与讨论阶段

现有的学生文章有时甚至没有题目。然而一个好的选题是一篇好文章的根基。课堂上有充裕的时间允许教师指导学生确定话题。在审题时必须做到话题主题明确，避免写出中心不突出的泛泛而谈的文章。操作的方法是就范文分析题目，然后给学生时间思考题目，最后全班一起讨论。让学生认识到《那次难忘的中国之旅》的题目为什么比《一次旅行》更容易生发出好的文章。学生还可以通过集体讨论酝酿自己的构思，为下面的提纲阶段做准备。

④ 提纲与讨论阶段

教师应该在课堂上指导学生依据任务要求提出写作要点；列出提纲，使所要写的内容条理化；根据要点及提纲酝酿、选取素材。学生在审题时根据写作任务，先围绕主题和要点，边构思边写出每个段落的主题句（可以用母语），再依据主题句进行选材，写出关键词及短语，并努力在脑海中构思能支撑主题句的有关内容，为下一步起草做好准备。学生画好的提纲教师要再次引导学生互相修改并集体讨论。

⑤ 重点段落写作与讨论阶段

受课堂时间限制，学生没有充足的时间在课堂上完成整篇文章的写作，但是可以在教师的帮助下完成重点段落，特别是主题段落的写作，为他们课后写作扫除障碍。

⑥ 大部分在课下进行的起草阶段

强化班紧张的教学进度不允许教师在课堂上拿出大量的时间给学生完成整个文章的起草工作。但是好在提纲阶段完全是在教师指导下进行的，学生已经有了一个好的框架，由于学生大部分是有较强自学能力的成人，他们完全有能力在课下独立完成初稿阶段。

⑦ 有选择和有指导地进行的互改阶段，教师反馈阶段和再稿阶段

根据强化班学生的特点，互改必须有选择和有指导地进行。有选择是指教师可以只让学生注意某一个方面的写作，比如描述已经发生的事件的话题，请学生互相看看“了”的用法是不是准确；有指导是指教师帮助学生找到需要审查的方向，因为学生的教育背景是不一样的，有的学生并没有接受正规的高等教育，在修改文章时可能会不知道从何下手。例如介绍一位朋友的话题，教师指导学生从以下方面进行互改：

1）他（她）写的句子你能看懂吗？把看不懂的画出来，告诉他（她）。

2）他（她）写错字了吗？有的话请告诉他（她）。

3）有你不认识的词和字吗？问问他（她）是什么意思。

4）他（她）的标点符号用得对吗？

5）他（她）的作文结构怎么样？你有更好的建议吗？

6）他（她）的作文内容怎么样？你有更好的建议吗？

学生将经过自己初步修改过的稿子交给自己的伙伴看或者在小组中传阅，由这些同学根据老师提出的问题看一遍并提出他们各自的意见，然后再由作者本人在听取他们意见的基础上对文章做进一步的修改。学生在小组合作中相互倾听、相互帮助，同学之间的讲解比较容易接受，常可起到教师讲解达不到的效果。

当初稿完成后，时间问题再次制约了学生修改的次数。在英语写作教学中有足够的时间让学生进行反复的修改，而汉语强化课堂上可以让学生根据自己的需要和学习目的进行一次或者多次的修改。教师也应该针对不同层次、不同

基础的学生的习作，采用不同的批改方式：学生自己改正不了的错误可帮其改正；学生自己有能力改正的错误只用红笔画出其需要修正的地方，不直接帮其改正，让学生思考后自己加以修正，重在提示启发，以培养学生自主学习的能力。

⑧ 最终稿和作品集

学生根据教师的反馈改出最终稿。教师从内容、结构、语言、格式方面给出最后的分数。对学生作文中带有普遍性的问题和一些典型错误应在课堂上进行讲评，及时将这些信息反馈给学生，让他们从中得到启发或警示，逐步提高写作水平和写作技巧。学生把最终稿保存到作品集中。学期结束的时候，在班级做一个成果展示，通过这个展示，学生可以清楚地看到通过过程写作带来的写作技能的提高。

四、过程写作教学的初步成效和局限

通过短短 20 周的过程写作教学，参与实验的学习者写作水平得到了显著的提高，这主要体现在以下两个方面：

（1）学习者的写作在内容、结构、语言、格式四个方面有显著进步。为方便比较，我们的第一次写作任务是在没有教师指导的情况下进行的，文章普遍存在内容空泛、结构随意、语言简单、格式错误等严重问题。经过学习，每一次的写作都能看到进步，特别是拿期中考试、期末考试的写作部分与未参加实验的同学比较，参加过过程写作教学的学习者结构清晰、格式正确、内容逻辑好，而未参加实验的学习者可能还存在想到哪儿说到哪儿、大部分文章没有段落之分等问题。

（2）学习者通过过程写作激发出的写作兴趣更是令人欣慰。一部分同学投入了大量的精力撰写学期论文。一位美国学生在论文中汇报了他对中国河北农村的考察情况，内容丰富有趣，竟洋洋洒洒写了几千字，这对开学时写 400 字都头疼的他来说无疑是很大的进步；期末的时候，学习者们交出了精心设计的作品集，有的同学写的文章还见报了，有的同学利用上课写的简历找到了工作，同学们认识到写作也是实用的技能，明显提高了写作的积极性。

然而，由于我们采取小班教学，参与实验者的数目较小，本文仅仅对小部分班级的过程写作教学实践做了经验总结，我们需要在以后的教学中扩大实验的范围，以得到更多更全面的数据支持。

五、结　　语

综上所述，在短期强化班开展过程写作教学是十分必要和可行的，我们从学习者的需求和教学客观条件出发，探索了新的写作教学模式，并初步运用于教学实践。由于短期强化班学习者的多元性和不稳定性，过程写作教学模式注定是动态发展的。这就要求教师必须在教学实践中，针对不同的学习者，不断地进行行为研究，利用收集到的写作数据探讨和总结教学步骤，以促进短期强化过程写作教学模式的完善和发展。

参考文献

陈作宏等　2007 《体验汉语写作教程》，高等教育出版社。

罗青松　1998 《汉语写作教程》，华语教育出版社。

王　蔷等　2000 《英语教学法教程》，高等教育出版社。

杨　俐　2006 《英语教学法教程》，北京大学出版社。

Brown, H.D.　1994　*Teaching by Principles, an Interactive Approach to Language Pedagogy*, Prentice Hall.

Gardner, A. & Johnson, D.　1997　*Teaching personal experience narrative in the elementary and beyond*, Flagstaff, AZ: Northern Arizona Writing Project Press.

Janette Hughes　2007　*Teaching Language and Literacy, K-6*, http://faculty.uoit.ca/hughes/Writing/WritingProcess.html

Ron White & Valerie Arndt　1991　*Process Writing*, Longman.

徐雨隽，女，1981年8月出生，硕士。2007年参加工作，北京语言大学汉语速成学院讲师。教学特长为写作教学、中国文化教学，研究方向为第二语言教学及习得。

零起点欧美班汉语读写课教学内容与实践

张　倩

摘　要：欧美学生在汉字形音义的认知、阅读过程中字词的切分等方面存在难点，应在课堂教学中有意识地尽早培养其运用汉字的能力，以逐步获得字感、语感。本文主要介绍了针对这一问题所开设的零起点欧美班读写课的主要教学内容和教学方法，做一点有益的尝试。

关键词：零起点欧美班　汉字认知特点　汉语读写应用

一、引　言

美丽而神秘的汉字文化或许曾激发了欧美学生最初的学习热情，然而却又可能成为他们汉语学习道路上的最大难关。在汉语学习起始阶段，汉字读写于欧美学生而言是一项全新而艰难的任务，在教学过程中如何结合汉字知识教学，有意识地培养学生尽早发展汉语阅读及写作能力，从而逐步获得汉语字感、语感很值得不断探索、尝试。

二、零起点欧美班开设汉语读写课的必要性

（一）欧美学生汉语读写难点

汉字的特点决定了以表音文字为母语的欧美学生在汉字认知和汉语读写应用方面存在很大的困难，主要表现在：

第一，汉字是形音义的结合体，但是看到字形并不能确知其读音，即便是形声字，声旁也未必能准确反映该字的读音。对欧美学生来说，汉字认知是一种全新的认知过程，要掌握形音义结合的汉字，学习环节要比表音文字多。心理学认为，缺乏过去经验的支持，新事物的认知过程要复杂、困难得多。

第二，汉字是方块字，是由一系列的笔画按照一定的生成规则所组成的，字形结构布局比较复杂。欧美学生在不了解汉字构造的情况下，往往会把一个

个汉字模糊地感知为互不相干的笔画所构成的“图画”，正确地分析、感知和书写汉字的难度大大增加。

第三，汉字在不同语境下既可独立成词，也可以充当词素与其他汉字组词。欧美学生由于不善于分析字与词之间的联系与区别，很难对句中的词进行正确地切分并准确地理解具体语境中的词义，因而易造成汉语阅读理解上的困难。

（二）零起点欧美班开设读写课的必要性

第一，零起点欧美班通常会开设汉字课，学习汉字知识并练习书写汉字，然而我们认为单纯的汉字知识教学不足以满足学生的汉语读写需求，毕竟学以致用，“用”才是最终的目的。因此欧美学生如能在听说读写的各种语境中感知、掌握和使用汉字将是其汉语学习过程中的一大助力。

第二，在以往的教学过程和汉字学习需求调查结果中，我们也了解到欧美学生渴望尽早发展汉语读写能力的需求。特别是在华留学的欧美学生，每天身处汉字环境中，用汉字“做事”是理所当然并无可避免的。在汉语学习之初就应尽可能多地让学生接触汉字环境，将汉字知识学习和汉字应用训练相结合，逐步消除其对汉字的畏难情绪，愉快而自信地融入汉语文化之中。

三、零起点欧美班汉语读写课教学内容与实践

“汉语读写入门”是汉语速成学院速成系专门为零起点欧美学生开设的汉语读写技能训练课，每周两课时。本课程的教学分为两个阶段：

（一）第一阶段：汉字读写（8 周左右）

教学内容以汉字知识及字、词、句、段的读写训练为主。汉字知识主要包括汉字的基本造字法及生成规律、汉字笔画与笔顺、汉字结构与部件，以及汉字的历史文化涵义等。学习心理学研究证明，任何一种学习都要经历泛化、初步分化和精确分化三个阶段。因此我们将汉字读写教学分为三个阶段进行。针对每一阶段的认知特点，我们采取针对性的教学方法、突出相应的教学重点。

1. 泛化阶段

欧美学生初学汉字时，通常尚未建立汉字形音义之间的联系，书写时往往

把注意力放在汉字整体轮廓上而忽略笔画、部件及细部结构，表现为“画”出某汉字的轮廓，而不是按照笔画、笔顺、书写规则来“写”汉字，因此不可避免地会出现笔画混淆、笔画缺失、结构混乱等错误。这一阶段的主要教学目标是通过汉字造字法及汉字结构知识的讲解，帮助学生获得汉字生成规律的一点理性认识，以初步建立汉字形音义间的联系。教学重点如下：

第一，结合主干课出现的生词，介绍汉字最基本的四种造字法：象形、指事、会意、形声。利用生动的例子展示一些汉字的生成规律，比如“人、大、天、夫、肤”等，以此来引导学生尝试在字形与字义之间建立联系。

第二，介绍汉字笔画笔顺、汉字基本结构知识。汉字的基本笔画及其派生出的复杂笔画的训练必不可少。同时培养学生熟练地感知和分析汉字，在看到一个汉字时自然而然地将其分为独体、左（中）右、上（中）下、内外等结构。

第三，最先学习使用最频繁（特别是口语中最常用的）、组字构词能力最强的一些独体字，同时也为之后声旁、形旁的学习以及由字到词的认知训练做好铺垫。

此外，在教学过程中，不断给予学生汉字学习方法、策略方面的建议。比如在第一堂课，我们就明确指出养成良好的汉字书写习惯的必要性。在书写汉字之前，先要读出汉字的读音、理解汉字的意义、分析汉字结构；然后在田字格中按照笔顺规则正确书写，先抄写，后默写，进而组词、造句。

2. 初步分化阶段

学生逐步习惯了建立汉字形音义三者的联系，基本掌握了字形结构之后，有意识地逐步培养其对汉字部件、形近字、结构较复杂的汉字的自主分析能力。教学重点如下：

第一，在常用独体汉字学习的基础上介绍最常用的声旁、形旁及其他部件。形声字占汉字的 80% 左右，“从统计可知，如果学生掌握了 118 个基本部件的正确形式，也就解决了 1000 个最常用汉字中的 80% 的部件书写问题”（张旺熹，1990）。汉字部件的学习可大大减轻欧美学生的记忆负担。将常用声旁形旁列表发给学生，要求学生收集主干课每课所学的汉字，按声旁、形旁归类。课堂练习的设计多种多样，比如制作声旁形旁卡片，以打扑克的形式，每个学生依次打出手中的卡片与他人打出的卡片组成正确的汉字，先出完手中卡片者获胜。

第二，形近字的分析和比较。由于对汉字的感知还不够精确，欧美学生往往容易混淆形近字，书写时汉字部件被张冠李戴。收集常用字中的形近字并列表，设计相应的对比分析练习或游戏十分必要，比如加减笔画使一些汉字成为别的汉字；再比如，第一屏列出五至六个形近字，学生观察半分钟后，第二屏减掉其中一个汉字，最先找出哪个字不在了的学生得分。这些练习都有助于引导学生关注形近字的细微差异，并有意识地去掌握它们。

第三，培养学生对结构较复杂的汉字的自主分析能力。训练方式尽量轻松活泼，比如，学生分组，每组选出一位学生到黑板上，教师向其他组员出示汉字，组员需用简单的汉语或身体语言尽量准确、详细地描述汉字的部件及结构，或者运用比较的、联想的，甚至荒诞的方式提示那位学生写出该汉字，规定时间内写出最多汉字的一组获胜。游戏过程强化了学生自主分析汉字的意识，加强了其汉字分析能力，逐步使得“分析”成为学生看到汉字时的第一反应。

3. 精确分化阶段

促进学生对汉字生成规律的认识和掌握，进一步培养其自主处理汉字的能力。并有意识地进行字、词、句、段相结合的练习，初步培养学生的阅读习惯和实际运用能力，使零起点学生在汉语读写过程中不断获得学习成就感。教学重点如下：

第一，汉字生成规律的领悟。每个汉字都有自己的历史。如讲解分析“取、娶、嫁”时，以生动的、讲故事的方式呈现，令学生能够更好更容易地理解汉字本身及其所承载的汉语文化。利用聚合关系和组合关系将相关汉字分组讲解，设计针对性的练习，学生在领悟规律的基础上理性地分析和自主处理汉字的能力将大大增强，这也有效地利用了成年人的学习优势。

第二，字词句段相结合，逐步培养良好的汉字读写习惯，帮助学生发现并获得适合自己的汉字学习方法和策略，深层次地激发学生学习汉字、使用汉字的兴趣。针对性练习包括字词接龙游戏、汉字拼词比赛等。此外每周根据本周学习内容及主干课所学词汇编写一两篇小短文，进行认读及互问互答练习，在不断的复现训练中使学生能够更好地掌握汉字形音义、区分字与词，启发学生在语境中去感知和记忆汉字。

（二）第二阶段：短文阅读及写作（12 周左右）

读写过程是一个多种语言知识，包括字、词汇、语义、语法知识同多种背景知识相互作用的复杂的心理过程。汉语读写课是留学生增加可懂输入，巩固主干课所学的语言知识，扩展、积累新词汇，培养阅读习惯，进而逐步获得独立阅读能力的必要途径。零起点欧美班读写课第二阶段的教学以实用性、实践性为教学原则，教学目标主要包括培养学生理解汉字文本所提供的信息的能力，培养学生的阅读技巧，培养其初步的汉语字感和语感。教学方法则借鉴任务型教学法，以学生为中心，立足于教学实践，以主干课所学词汇为主，编写适用的阅读材料，难度、篇幅循序渐进，长度控制在300字以内。课程内容包括六个部分：

第一部分：主要包括两篇中国文化、中国社会等方面的小文章及寓言故事、成语故事、小幽默等短文。任务的设计，第一部分是理解准确性训练，主要包括抓住主要内容、准确理解重要细节、重点词语的理解、通过上下文猜测词义等。此外还设计了相关的讨论话题，以及相关话题的写作训练等任务。例如：

过生日

中国人过生日的时候都会吃生日面，特别是中老年人过生日，要吃长长的面条，希望能长寿，所以一般五十岁以上的人过生日叫作“做寿”，过生日的人叫“寿星”。

以前，中国的小孩子一周岁生日的时候，家人会在小孩子身旁放书、笔、钱什么的。每件东西都有特别的含义，人们觉得从小孩子拿什么东西可以知道他长大以后可能会做什么，这叫作“抓周”。

现在很多人过生日的时候，除了吃面，也会跟西方人一样吃生日蛋糕。其实，只要是跟自己的家人、朋友一起过生日，怎么过都开心。

阅读理解任务完成之后，请学生根据课文内容简单介绍中国人过生日的习俗，并谈谈在自己国家人们过生日的习俗，课下写成小短文，要求尽量使用课文所出现的词汇，模仿课文的结构和句型，字数、句数不限。教师每周对学生的作文进行修改和评价并定期展示学生优秀作文，从中逐渐了解学生的个性、习惯、喜好、文化心理等，师生间在这个过程中也产生了良好的互动。通过完成围绕主课文设计的各项任务，学生在汉字听说读写各方面都得到了有效的训练，因此对本课汉语字词的掌握可事半功倍。

第二部分：应用文阅读。包括各类通知、广告、海报、菜单、启事、告示、名片、火车票、电影票等。生活中学生会接触到大量的汉字信息，有些是他们急需学习并使用的，这类阅读有助于学生积累生活中的常用词汇。课堂上我们将阅读练习和口语练习相结合，比如在看了一则通知后，要求学生根据通知的内容设计一段对话，阅读与口语练习交替，形式多样更有助于加深记忆，具有较强的实用性。

第三部分：信息查找。检索阅读是一种理解速度训练，目的在于培养学生快速查找所需信息的能力。阅读内容包括查找放假时间、火车、飞机时刻表、地图、网络信息、价目表、节目表、生活服务、旅游信息，等等。任务设计更加突出实用性，学生查找出有用信息来完成各种交际任务，比如解决日常生活中的衣食住行等常规问题、应对突发事件、求助等。快速查找练习的目的在于训练学生在茫茫“字海”中尽快捕捉到有用信息的技能，逐渐克服心理上的汉字阅读困难。

第四部分：趣味汉语。阅读内容主要包括俗语、歇后语、谜语、脑筋急转弯、流行语、诗词、儿歌、流行歌曲，等等。这一部分大多有注音，目的在于使得课堂上的阅读强度有张有弛，同时激发学生了解和体验中国文化的兴趣。

第五部分：边走边看。将读写训练由有限的课堂扩展到真实的社会环境。为学生展示路标、公共标识、公交或地铁指示牌、商铺招牌、各种户外媒体等等。给学生介绍相关词汇，帮助学生理解自己在生活中接触到的各类标识文字，同时也使其对中国社会、文化、习俗等有更加直接更加鲜活的认识。教师给出范例，设计社会调查任务让学生在课外完成。比如让学生在街上寻找某类标识，理解并记录下来，使其在课外一样可以充满学习的兴趣，学以致用。

第六部分：综合练习。练习形式丰富多样，重点在于本课所学生词、语言点的理解和运用。结合本课中出现的重点生词、句式，介绍一些汉语词法、句法知识，并设计相应的读写练习，主要包括词语搭配、通过上下文理解生词、字词切分、词语归类、常用结构模仿与扩展等。汉字的针对性练习贯穿始终，每课都结合本课出现的汉字设计趣味性汉字练习、汉字游戏。

此外，也在不同的学习阶段向学生推荐适合其学习水平的读物，鼓励学生在课外阅读一些国外著名漫画书的中文版（如《丁丁历险记》），中外童话、中国历史文化艺术故事（中英文对照简写版）、幽默故事等等，巩固其在课堂上所学字词的掌握，并不断积累新词汇。本课程使学生在学习汉语语言、培养汉语的读写兴趣和技能、养成良好的阅读习惯的同时逐渐获得汉语字感、语感，从而能够更加深入而从容地了解中国文化和社会。学生将在一学期的读写训练过程中不知不觉地跨越曾被他们认为是汉语学习最大“难关”的汉字“关”。

四、结　　语

“只有人们不把一门语言当作对象去学习，而是当作工具去应用时才能真正学好这门语言。”（赵果、江新，2002）汉语读写课的教学目标就在于尽早让学生掌握和运用汉字，领悟汉字之美，有意识地把汉字作为他们提高汉语水平、深入了解中国社会与文化的有效工具，而不只是为了学习汉字而学习汉字。然而，开设零起点欧美班汉语读写课的尝试到目前为止仍是感性认识多过理性分析，我们将在今后的教学实践中以实证调查为依据进行科学的分析，为汉语读写课做一点有益的探索。

参考文献

江　新、赵　果　2001　初级阶段外国留学生汉字学习策略的调查研究，《语言教学与研究》，第4期。

李静峰　2002　论汉字形音义相结合的特点及其在识字教学领域当中的应用，《广西大学学报》，第24卷第5期。

马明艳　2007　初级阶段非汉字圈留学生汉字学习策略的个案研究，《世界汉语教学》，第1期。

石定果　1999　从认知科学看对外汉字教学，《汉字与汉字教学研究论文选》，北京大学出版社。

石羽佳　1998　简论欧美留学生汉字认知的特点——运用心理学进行汉字教学的思考，《四川教育学院学报》，第4卷第4期。

严　彦　2013　不同教法对汉字形音义习得影响的教学实验研究，《语言教学与研究》，第3期。

张金桥、王　燕　2010　韩国、印尼留学生汉字识别中形音义的激活，《心理学探新》，第30卷第6期。

张旺熹　1990　从汉字部件到汉字结构,《世界汉语教学》, 第 2 期。

赵　果、江　新　2002　什么样的汉字学习策略最有效——对基础阶段留学生的一次调查研究,《语言文字应用》, 第 2 期。

郑继娥　2001　汉字认知心理研究成果与汉字教学,《成都教育学院学报》, 第 15 卷第 2 期。

张倩，女，1975 年 12 月出生，硕士。2003 年参加工作，北京语言大学汉语速成学院讲师。教学专长为初级汉语综合课、读写课。研究方向为社会语言学、跨文化交际与对外汉语教学，主要成果有《简妮·甘柏兹教授谈读写文化》《日常会话中年轻人插话现象的性别差异调查》《留学生社会称呼语的使用情况调查》等。编写的教材有《10 天进阶 HSK 全真套卷（初中等）》《60 天攻克 HSK 新题库（初中等）（第五辑）》《HSK 精解活页题选（初中等）（第 7 辑）》等。

后 记

2013年，北京语言大学教务处联合汉语学院、汉语进修学院、汉语速成学院在全校范围内组织开展了对外汉语读写课教学观摩研讨活动。此次活动是继对外汉语综合课（2008）和听说课（2010）教学观摩活动之后，我校举办的又一次大型教学观摩研讨活动。活动期间，广大教师现场观摩，集中研讨，围绕读写课教学理论和实践展开了深入的思考和讨论，并撰写了教学研究论文。现在面向读者的《对外汉语读写课课堂教学研究》和《对外汉语读写课优秀教案集》就是此次活动的重要成果。

对外汉语系列课程教学观摩活动，从启动到现在已经有六年时间，共完成了综合课、听说课、读写课三次大型教学观摩研讨活动，先前已经出版了《对外汉语综合课课堂教学研究》《对外汉语综合课优秀教案集》《对外汉语听说课课堂教学研究》《对外汉语听说课优秀教案集》，加上即将出版的《对外汉语读写课课堂教学研究》和《对外汉语读写课优秀教案集》，6部著作共包含27篇优秀教案和75篇教学研究论文。这些翔实规范的教案和科学严谨的论文，是举办对外汉语系列课程教学观摩研讨活动的重要成果和结晶。它们的出版标志着我们的教学研讨活动达到了既定的目标：通过教学领域内的学习与交流，以教学观摩带动教学研讨，以教学研究促进教学改革；利用观摩课的平台，鼓励教师在继承和发扬北语几十年对外汉语教学传统的基础上，结合当前汉语国际教育的新形势和新任务，广泛吸收国内外汉语教学的研究成果，进行教学理念创新、教学方法创新、教学手段创新，培养学生的合作学习和自主学习意识，研讨新形势下对来华留学生人才培养的新模式、新教法。

此次读写课观摩研讨活动，教务处会同校内各留学生学院，共同磋商，分工协作，相互支持。各学院领导高度重视，组织了备课小组，采用集体备课的形式，帮助开课教师反复推敲打磨。开课教师更是表现出高尚的职业道德和不畏困难的敬业精神，精心准备课上的每一分钟，保证了观摩课的教学效果。学校也成立了专家组，全程参与观摩和研讨，并对所有开课教师的观摩课进行了高水平的点评。专家一致认为，九位教师的观摩课体现了北语一贯秉承的教学理念和教学原则，有继承、有创新、有特色、有亮点，达到了预期效果。教案集的水平达到一流，论文集收入的23篇论文也都注重理论联系实际，在教学方法、教学原则、教学改革等方面提出了真知灼见，促进了汉语国际教育理论与实践研究的创新和发展。

2012年，以此活动为蓝本的“汉语国际教育教师发展的实践探索”项目荣获北京市高等教育教学成果一等奖。该成果在教师专业发展和培养模式上探索出一条有效之路。在此我们向先后参与对外汉语系列课程观摩研讨活动的所有教师表示由衷的感谢！同时感谢杨惠元、鲁健骥、崔永华、陈贤纯、刘希明、陈田顺、姜丽萍、张黎、周阅、郭鹏等诸位专家的鼎力支持，感谢汉语学院赵菁副院长、汉语进修学院张辉副院长、汉语速成学院陈军副院长的默契配合与大力支持。也感谢参与策划、指导和组织此项活动的各位领导和同仁，他们是：崔希亮校长，韩经太教授（原副校长），曹志耘副校长，刘伟副书记，校长助理张旺熹教授，组织部部长兼人事处处长吕静老师，预科教育学院翟艳院长，教务处周韧、李晓波、尚英等老师。最后还要感谢北京语言大学出版社张健总编辑，王亚莉、付彦白、刘艳芬、袁久强责任编辑对文集出版给予的大力支持。

对外汉语教学系列课程的观摩研讨活动作为教务处的一项重点工作，将持续开展、深入完善，并力争打造北语汉语国际教育研究和教师专业发展的知名品牌。最后，我们也欢迎学界专家和广大读者对这套丛书提出宝贵意见，帮助我们取得更大进步。

北京语言大学教务处

2014年10月